সরল শিশুদের দেবদূত

কৈলাশ সত্যার্থী

নোবেল শান্তি পুরস্কার বিজেতা

অশোক কুমার শর্মা

কৃত্তিকা ভারদ্বাজ

ডায়মণ্ড বুক্স

www.diamondbook.in

প্রকাশক ঃ ডায়মণ্ড বুক্স (প্রা.) লিমিটেড
X-30, ওখলা ইণ্ডাস্ট্রিয়াল এরিয়া, ফেজ - II
নূতন দিল্লী - 110 020
ফোন ঃ 011 - 40712100
ই-মেল ঃ sales@dpb.in
ওয়েবসাইট ঃ www.diamondbook.in
সংস্করণ ঃ 2026
মুদ্রক ঃ আদর্শ প্রিন্টার্স, শাহদরা, দিল্লী - 32

Kailash Satyarthi (Bengali)
By: Ashok Kumar Sharma & Kritika Bhardwaj

বিলক্ষণ কবি-সাহিত্যিক এবং হিমালয়,
গঙ্গা, আয়ুর্বেদ আর পরিবেশ সেবী সাংসদ
ডাঃ রমেশ পোখরিওয়াল 'নিঃশঙ্ক'
(প্রাক্তণ মুখ্যমন্ত্রী, উত্তরাখণ্ড)-য়ের প্রতি সমর্পিত।

রাষ্ট্রপতি শ্রী প্রণব মুখার্জী-র সাথে
নোবেল পুরস্কার বিজেতা কৈলাশ সত্যার্থী

প্রধানমন্ত্রী শ্রী নরেন্দ্র মোদী দ্বারা বিশ্ব শান্তির ভারতীয় নায়কের সম্মান

ভূমিকা

শিশু-দাসত্বের নরক

2014 সালটাকে সর্বদাই ভারতের সমকালীন ইতিহাসের অবিস্মরণীয় বছর হিসেবে মানা হবে আর এই বছরটাকে শান্তিপ্রিয় কোন ভারতীয়ই জীবনে কখনো ভুলতে পারবেন না... কারণ এই 2014 সালেই ভারতে জন্ম গ্রহণ করা এবং দেশের মাটির সাথে যুক্ত সামাজিক ক্রান্তিকারী কৈলাশ সত্যার্থী-কে বিশ্ব শান্তির ক্ষেত্রে পৃথিবীর সর্বোচ্চ সম্মান 'নোবেল পুরস্কার' দ্বারা পুরস্কৃত করার সিদ্ধান্ত গ্রহণ করা হয়েছে। বিশ্বের সব থেকে মহান সম্মান হাসিল করা এই মহান ভারতীয় ব্যক্তিত্বের ব্যাপারে বেশীর ভাগ লোক এজন্য জানেন না... কারণ উনি সারাটা জীবন আত্মপ্রচারের আড়ম্বরের থেকে দূরে সরে থেকে নিঃস্বার্থ রূপে দীন-দুঃখীদের সেবা করে এসেছেন।

শান্তির ক্ষেত্রে নোবেল পুস্রকার বিজেতা কৈলাশ সত্যার্থী-র জীবন এবং সংঘর্ষের ওপরে আধারিত এই পুস্তক আপনাদের, আমাদেরই দুনিয়ায়... বিশেষ করে বাচ্চাদের জন্য বানানো, সাক্ষাৎ নরকের বাস্তবিকতা জানানোর এক প্রচেস্টা মাত্র। যেসব ব্যক্তি কৈলাশ সত্যার্থী-র ব্যাপারে জানেন না... এই পুস্তক পড়ার পরে তাঁরা নিশ্চিত রূপে অত্যন্ত সাধারণ দর্শন এই মহান ভারতবাসীর জন্য গর্বিত অনুভব করবেন।

গোটা বিশ্বে দুর্বল আর নিম্ন মধ্যবিত্ত সমাজের 5 বছরের বেশী বয়সের বাচ্চাদের শিশু-দাসত্ব, শোষণ এবং অকল্পনীয় রূপে কুৎসিত, জঘন্য ব্যবসায়িক গতিবিধিতে জোর করে ঠেলে দেওয়া হয়। আপনারা এটা জেনে আরও আশ্চর্য হয়ে উঠবেন যে, আমেরিকাও এই ক্যান্সারের থেকে পুরোপুরি রূপে স্বাধীন হতে পারেনি। সব থেকে কটু সত্য হচ্ছে এটা যে, এই পৃথিবীতে 2 কোটি 10 লক্ষেরও বেশী স্ত্রী-পুরুষ আর বাচ্চা বিভিন্ন প্রকারের দাসত্বের মধ্যে দিন কাটাচ্ছেন। এই পুস্তক লিখতে বসার আগে আমার নিজেরও এই ব্যাপারে বিন্দুমাত্র অনুমান ছিল না যে, গোটা বিশ্বে শিশু-দাসত্বের কত প্রকারের নরক রয়েছে।

সংযুক্ত রাষ্ট্র মহাসভা 02 ডিসেম্বর, 1949 মানব-তস্করী, শিশু-দাসত্ব এবং বেশ্যাবৃত্তি দূর করার জন্য পৃথিবীর প্রতিটি দেশের সাথে এক সন্ধি অঙ্গীকার করেছিল। এর পরে সংযুক্ত রাষ্ট্র মহাসভা 02 ডিসেম্বর, 2004 তারিখকে 'আন্তজার্তিক দাসত্ব উম্মূলন দিবস' হিসেবে ঘোষিত করে দেয়। এই ঘোষণার পরে সংযুক্ত রাষ্ট্র মহাসচিব বান কী মুন গত মাসে নিজের এক বার্তায় এটা স্বীকার করে নিয়েছেন যে, গোটা বিশ্বে এখনও কম পক্ষে 2.7 কোটি ব্যক্তি দাসত্বের বিভিন্ন স্বরূপের শিকার হয়ে রয়েছেন। এই পৃথিবীতে আজ পর্যন্ত হওয়া কোন আন্দোলনই শিশু-দাসত্ব রূপী এই রোগকে পুরোপুরি নির্মূল করতে পারেনি। শ্রী মুন এই পৃথিবীর সকল রাষ্ট্রাধ্যক্ষদের উদ্দেশ্যে পাঠানো নিজের বার্তায় এটা স্বীকার করেছেন যে, দাসত্বের ওপরে নিয়ন্ত্রণের এত দশক পরেও সেটা কোন-না-কোন পারম্পরিক স্বরূপে জীবিত রয়েছে আর বৃদ্ধিও পাচেছ।

দাসত্বের আধুনিক স্বরূপগুলোর মধ্যে সব থেকে বেশী বিপজ্জনক, ব্যাপক আর সংগঠিত অবস্থা হচেছ শিশু-দাসত্ব... যাতে বাচ্চাদের বিভিন্ন জঘন্য উদ্দেশ্য পূর্তির জন্য ফুসলিয়ে বিভিন্ন ঘৃণ্য কাজে লাগানো... চুরি করে বা কিনে অথবা অপহরণ করে বিক্রী করা, তাদের শরীরের বিভিন্ন অঙ্গের তস্করী, যৌন দাসত্ব এবং মানব তস্করী শামিল রয়েছে। পুরো বিশ্বে এই ব্যবসা প্রতি বছর প্রায় 8000 কোটি টাকা উপার্জন করে। যে ব্যবসাকে সরকার পর্যন্ত শেষ করতে পারেনি... সেই ব্যবসায় কতটা ব্যাপক রূপে মাফিয়াদের নিবেশ রয়েছে আর এমন ব্যবসার বিরুদ্ধে আওয়াজ ওঠানোর ঝুঁকি যে কতটা ব্যাপক – সেটা সহজেই অনুমান লাগানো যেতে পারে।

এমনটা অনুমান করা হচেছ যে, গোটা বিশ্বে প্রতি বছর 06 থেকে 08 লক্ষ লোকেদের তস্করী করা হয়ে থাকে। এদের মধ্যে সব থেকে বেশী মেয়ে আর বাচ্চারা হয়। তাদের সাথে যা কিছু ঘটে... সেটা কল্পনা করাও অসম্ভব। বিশ্বের এই সব অভাগাদের পুনর্বাস দ্বারা প্রাপ্ত পরিসংখ্যানও আজ পর্যন্ত বিশ্বের কোন দেশের সরকারের কাছে নেই। এই কারণেই যখন 1980 সাল নাগাদ জর্জর অবস্থার এবং বিকাশের দৌড়ে তখনও পর্যন্ত সবার থেকে পেছিয়ে পড়া দেশ ভারতবর্ষে এক উচ্চ শিক্ষিত ইঞ্জিনিয়ার শ্রী কৈলাশ সত্যার্থী দাসত্বের সব থেকে উপার্জনশীল, আকর্ষক এবং বিপজ্জনক ব্যবসার বিরুদ্ধে একাই যুদ্ধ ঘোষণা করলেন... তখন সারা দুনিয়ার দৃষ্টি স্বাভাবিক রূপে ওনার দিকে ঘুরে গেল। শ্রী সত্যার্থীর এই সফর না তো সহজ ছিল আর না-ই প্রারম্ভিক স্তরে উনি সমাজ বা সরকারের তরফ থেকে কোন সহযোগ প্রাপ্ত করেছিলেন। এটা এক প্রকারে ওনার পাগলামীই ছিল বলা যেতে পারে যে, উনি একাই নিজের গন্তব্যের দিকে এগিয়ে চললেন আর ধীরে-ধীরে ওনার বিশ্বসনীয়তাও বৃদ্ধি পেতে লাগল।

শ্রী কৈলাশ সত্যার্থীকে শান্তির ক্ষেত্রে নোবেল পুরস্কার প্রদান করার ঘোষণা হওয়ামাত্র ডায়মণ্ড বুক্সের চেয়ারম্যান, শ্রী নরেন্দ্র বর্মা ওনার ওপরে পুস্তক প্রকাশিত করার সিদ্ধান্ত গ্রহণ করেন। শ্রী বর্মার দৃষ্টিতে মহাত্মা গান্ধীর পরে এই প্রথম বার গোটা বিশ্ব কোন ভারতীয়কে মানবতার সত্যিকারের পূজারী হিসেবে মেনেছে। আজ কৈলাশ সত্যার্থী বিশ্ব স্তরে 'শিশু-দাসত্ব মুক্তি'-র 'মহানায়ক' হয়ে উঠেছেন।

এটা স্বীকার করে নিতে আমার বিন্দুমাত্র সংকোচ নেই যে, এই পুস্তক লেখা শুরু করার আগে পর্যন্ত আমিও কৈলাশ সত্যার্থী, ওনার জীবন, কার্য, পরিবার, সংঘর্ষ, আদর্শ, আকাংখা এবং মানবতার জন্য করা অকল্পনীয় ত্যাগের ব্যাপারে ঠিক সেই ভাবে জানতাম না... ঠিক যেমনটা কোন কূয়োর ব্যাঙ-য়ের বাইরের দুনিয়ার ব্যাপারে বিন্দমুাত্র অনুমান থাকে না। ডায়মণ্ড বুক্সের চেয়ারম্যান, শ্রী নরেন্দ্র বর্মার প্রতি আমি হৃদয়ের আন্তরিক স্হল থেকে কৃতজ্ঞ... যিনি আমাকে এই পুস্তক লেখার জন্য প্রেরিত করেছেন। এই পুস্তক লেখার কাজে কুমারী কৃত্তিকা ভারদ্বাজ সহযোগী লেখকের ভূমিকা পালন করেছেন।

এর পরে আমার কাছে সব থেকে বড় সমস্যা হয়ে উঠেছিল এই বিষয়ের ওপরে সামগ্রী সংগ্রহ করা। নোবেল পুরস্কার প্রাপ্ত করার আগে পর্যন্ত শ্রী কৈলাশ সত্যার্থীকে দেশের সাধারণ জনতা চিনত না। ইন্টারনেটে বা লাইব্রেরীগুলোয় কৈলাশ সত্যার্থীর ওপরে পর্যাপ্ত প্রামাণিক তথ্য পাওয়া যাচ্ছিল না... যেগুলোর সহায়তায় এমন এক সম্পূর্ণ পুস্তকের রচনা করা যেতে পারে, যেটা রোচকও হবে। আমি শ্রী সত্যার্থীর সাথে যোগাযোগ করার অনেক চেস্টা করি... কিন্তু ওনার সাথে যোগাযোগ করাটা সম্ভব হচ্ছিল না। ওনার সাথে যোগাযোগ করার জন্য আমি অনেক পরিশ্রম করি। আমি ফেসবুক, ট্যুইটর, গুগল প্লাস, লিঙ্কডইন্ এবং ওনার ব্যক্তিগত ওয়েবসাইট সমেত সকল প্রকারের পদ্ধতি দ্বারা ওনার সাথে যোগাযোগ করার লাগাতার চেস্টা চালিয়ে যাই। ওনার পুরস্কার এবং জীবনের ব্যাপারে বিভিন্ন সংবাদপত্রে লিখতে থাকা সাংবাদিকদের ফোন নম্বর খুঁজে বার করে তাঁদের থেকেও সহায়তা প্রার্থনা করি... কিন্তু প্রত্যেকেই নিজেদের অসহায়তা ব্যক্ত করেন। যখন কোন ভাবেই ওনার সাথে আমার যোগাযোগ সম্ভবপর হচ্ছিল না... সেই সময় আমি 'শৈশব বাঁচাও আন্দোলন' (Save The Childhood Movement)-য়ের ওয়েবসাইটে মজুদ তাদের সাত রাজ্য প্রভারীদের যোগাযোগ বিবরণ বার করি আর এক-এক করে তাঁদের সবার সাথে যোগাযোগ করা শুরু করি। আমি এমনটা এই আশায় বুক বেঁধে করেছিলাম যে, কোন-না-কোন জায়গা থেকে শ্রী সত্যার্থী পর্যন্ত পৌঁছনোর কোন-না-কোন পথ অবশ্যই পাওয়া যাবে।

শেষ পর্যন্ত আমার সাথে 'শৈশব বাঁচাও আন্দোলন'-য়ের উত্তর প্রদেশ প্রভারী শ্রী উমাশংকর যাদবের সাথে কথা হয়। আমি ওনার প্রতি অত্যন্ত কৃতজ্ঞ যে, উনি আমাকে শ্রী কৈলাশ সত্যার্থী এবং ওনার পত্নী শ্রীমতি সুমেধা কৈলাশ সত্যার্থী পর্যন্ত পৌঁছে দেন। শ্রীমতি সুমেধার সাথে আমার অত্যন্ত বিস্তৃত বার্তালাপ হয়... উনি আমাকে ফোনেই অত্যন্ত বিস্তারিত ইন্টারভিউ দেন – যার ওপরে ভিত্তি করে আমি সত্যার্থী দম্পতির প্রেম, বিবাহ এবং পরিবারের অজানা পক্ষগুলোর ওপরে এক সম্পূর্ণ অধ্যায় লিখতে সফল হয়ে উঠি। এর পরে শ্রী সত্যার্থী নিজে আমাকে ফোন করেন। উনিও অনেকক্ষন ধরে আমার সাথে বার্তালাপ করেন আর আমাকে অনেক তথ্য প্রদান করেন। মজার ব্যাপার হচেছ এটা যে, আমি যখন ওনাকে এই পুস্তকে শামিল সামগ্রীর ব্যাপারে জানাই... তখন বেশ কিছু ব্যাপারে উনি হতপ্রভ হয়ে ওঠেন এবং এইটুকুই বলেন – "আরে বাহ! আপনি দেখছি সত্যি-সত্যি আমার ওপরে রিসার্চ করেই নিয়েছেন।" আমি ওনার উদারতা আর অনুকম্পার প্রতিও অত্যন্ত কৃতজ্ঞ। শ্রী সত্যার্থীর শাশুড়ী পণ্ডিতা রাকেশ রানী এবং বিদিশা নিবাসী ওনার ছোটবেলার সাথী, সমাজবাদী পার্টির সাংসদ চৌধুরী মুনব্বর সলীম-ও আমাকে অনেক আবশ্যক তথ্য প্রদান করেছেন। আমি ওনাদের এমন সহযোগের জন্য ওনাদের প্রতিও আন্তরিক রূপে কৃতজ্ঞ।

আমি এই পুস্তক আমার পত্নী শ্রীমতি রঞ্জনার অংশ থেকে সময় বার করে লিখেছি। এজন্য বরাবরের মত, এবারও ওনার এই ত্যাগের জন্য আমি ওনার প্রতি কৃতজ্ঞতা প্রকট করছি।

এর আগে আমি জীবনে কোন পুস্তক সহ-লেখনের ভিত্তিতে লিখিনি। কিন্তু এই পুস্তকের প্রস্তুতি এবং সংশোধনে বয়সে আমার মেয়ের থেকে ছোট এক প্রতিভাবন লেখিকা কুমারী কৃত্তিকা ভারদ্বাজ আমার সহায়তা করেছেন... সেজন্য এই পুস্তকের যশ আর সফলতার পেছনে আমি নিজের মত ওনাকেও সমান কৃতিত্ব প্রদান করতে চাই। এই পুস্তকের মূল হিন্দী সংস্করণের হেডিং হিসেবে 'মাসুমোঁ কা মসীহা' নামের পরামর্শ দেওয়ার জন্য 'আলমী সহারা'-র ব্যুরো প্রমুখ ডাঃ হমীদুল্লাহ সিদ্দীকী-কে আন্তরিক রূপে কৃতজ্ঞতা জানাই।

এই পুস্তকে শামিল সামগ্রী, সংকলন এবং অনুসন্ধানের কার্য বেশীর ভাগ সংবাদ পত্র, বিভিন্ন পত্রিকা, ইন্টারনেটে মজুদ তথ্যের ওপরে আধারিত। সকল তথ্য প্রামাণিক এবং স্বাভাবিক। অনেক চেষ্টা করা সত্ত্বেও কোন স্তরে সম্পূর্ণ তথ্য প্রাপ্ত না হওয়ায়, বৈধানিক কারণবশতঃ, কিছু-কিছু স্থানে কিছু ব্যক্তিদের পরিচয় গোপন করার জন্য তাঁদের আসল নাম প্রকাশ না করে কাল্পনিক নামের প্রয়োগ করা হয়েছে। এই পুস্তকে কোন ব্যক্তিকে জেনে-শুনে অপমান করার চেষ্টা

করা হয়নি... তবুও যদি কারও কোন ব্যাপারে আপত্তি থাকে... তাহলে বিনা শর্তে আগামী সংস্করণগুলোয় সেগুলো সংশোধন করে নেওয়া হবে। এই পুস্তকের জন্য না তো আমি কোন প্রকারের পারিশ্রমিক প্রাপ্ত করছি... না প্রকাশক মহোদয় এই পুস্তকের দ্বারা প্রাপ্ত মুনাফাকে নিজের সংস্থায় লাগাবেন। উনি এই পুস্তক থেকে প্রাপ্ত সকল মুনাফার অর্থ বিকলাঙ্গ বাচ্চাদের পুনর্বাসের জন্য কাজ করতে থাকা এক সংস্থার হাতে তুলে দেওয়ার সিদ্ধান্ত গ্রহণ করেছেন। এই পুস্তক বিভিন্ন সূত্রের ওপরে আধারিত শ্রী কৈলাশ সত্যার্থীর জীবন আর সংঘর্ষের ঘটনার এক দস্তাবেজ আর এই পুস্তককে কোন ভাবেই এক আত্মজীবনী হিসেবে মানা উচিত নয়।

শ্রী সত্যার্থী-র জীবন এবং সংঘর্ষের ব্যাপারে পড়ার পরে হয়তো প্রথমে আপনাদের এমনটা অনুভূতি হবে যে, এই সংসারে 'শিশু-দাসত্ব'-র কত প্রকারের পক্ষ রয়েছে। এই সংসারে বাচ্চাদের সাথে যুক্ত কত প্রকারের সামাজিক কু-রীতি রয়েছে। সেগুলোর সবার সাথে মোকাবিলা করার জন্য পৃথিবীর প্রতিটি দেশে কৈলাশ সত্যার্থীর এক আলাদা স্বরূপকে মানা হয়ে থাকে। 'শিশু-দাসত্ব মুক্তি', 'শিশু অধিকার আন্দোলন', 'শিশু শিক্ষা', 'শিশু যৌন-শোষণ মুক্তি', 'শিশু রক্ষা সামাজিক জাগরুকতা' এবং এই সব বিষয়ের ওপরে লেখা, ইন্টারভিউ এবং রেডিয়ো-টি.ভি. বার্তাকারের রূপে প্রতি বার দুনিয়া এক নতুন কৈলাশ সত্যার্থীর মুখোমুখি হয়। আসুন... ভারত মাতার এই সুপুত্র আর তাঁর সাথে যুক্ত লোকেদের সাথে আপনারাও পরিচিত হোন্।

– অশোক কুমার শর্মা

প্রধানমন্ত্রী শ্রী নরেন্দ্র মোদীর সাথে বিশ্ব শান্তি দূত
কৈলাশ সত্যার্থী ঃ এক ঐতিহাসিক মুহূর্ত

কংগ্রেস অধ্যক্ষা শ্রীমতি সোনিয়া গান্ধীর থেকে
অভিনন্দন গ্রহণ করছেন কৈলাশ সত্যার্থী

সূচীপত্র

01. পুনর্জন্মের কাহিনী 13
02. সুরেন্দ্র হয়ে উঠলেন কৈলাশ 19
03. শিশু বিপ্লবী 24
04. প্রেম, বিবাহ এবং সংঘর্ষ 28
05. শিশু দাসত্ব থেকে মুক্তির জেদ 36
06. বিভিন্ন ধরণের বিবাদ 46
07. বিভিন্ন প্রশ্নের চক্রব্যুহ 55
08. সমস্যার সমাধান 80
09. মহা সফলতার গুরু মন্ত্র 91
10. পারদর্শিতার জাদু 110
11. অদ্ভূত বৈচোরিক শক্তি 119
12. সংঘর্ষ চলতেই থাকবে 163
13. উপসংহার 167

শান্তির নোবেল পদকের সাথে শান্তির আধুনিক দেবদূত

নোবেল সমারোহে রাজ পরিবার, প্রমুখ রাজনায়ক এবং অত্যন্ত বিশিষ্ট অতিথিবৃন্দ সত্যার্থী-মলালাকে স্বাগত জানাচ্ছেন

1

পুনর্জন্মের কাহিনী

'কৈলাশ সত্যার্থী' – নোবেল পুরস্কার প্রাপ্ত এই ব্যক্তিকে আজ গোটা দুনিয়া যে নামেই জানুক না কেন... ওনার বড় ভাই শ্রী নরেন্দ্র কুমার শর্মার বক্তব্য অনুসারে আজ থেকে অনেক বছর আগে রাজা রামের নগরী ওরছা-তে বসবাসকারী এক ধার্মিক প্রবৃত্তির তহসীলদার কৈলাশ নারায়ণ তিওয়ারীর পুনর্জন্ম কৈলাশ সত্যার্থীর রূপে হয়েছে।

শ্রী নরেন্দ্র এমনটা বলেন – "দুনিয়া মানুক আর না মানুক -- আমাদের পরিবার কৈলাশকে সেই তহসীলদারের পুনর্জন্ম হিসেবেই মানে... যাঁর নামে কোন এক সময় স্বয়ং ভগবান রাজা রাম ওরছা-তে অবস্থিত নিজের প্রাচীন মন্দিরে তিন ক্ষুধার্ত মহাত্মাদের ভোজন করিয়েছিলেন। কৈলাশ বাস্তবে ভগবান শ্রী রামেরই চমৎকার!"

ঘটনা এই প্রকার জানানো হয়ে থাকে যে, কৈলাশ সত্যার্থীর পিতা পুলিশ কনস্টেবল রামপ্রসাদ শর্মা, 1952 সালে নিজের জ্যেষ্ঠ পুত্র সুরেন্দ্রের অসময়ে মৃত্যু হয়ে পড়ার পরে রাত-দিন অত্যন্ত অস্থির হয়ে থাকতে লেগেছিলেন। উনি বেশ কিছুদিন পর্যন্ত খাওয়া-দাওয়া করতেন না আর অত্যন্ত উদাস হয়ে থাকতেন। উনি এক অত্যন্ত পূজাপাঠী, সৎ এবং সংস্কারী ব্যক্তি ছিলেন। ওনার আরাধ্য দেবতা ছিলেন ভগবান শ্রী রাম। উনি নিজের ঘরেও ভগবান শ্রী রামের দরবারের স্থাপনা করে রেখেছিলেন। জ্যেষ্ঠ পুত্রের আকস্মিক মৃত্যুর আঘাত উনি ঠিক সহ্য করতে পারছিলেন না। উনি নিজের সাথীদের, বন্ধু-বান্ধবদের আর পরিচিত লোকেদের একটাই প্রশ্ন করতেন – "ভগবান আমাকে এটা কোন্ পাপের শাস্তি দিচ্ছেন? আমি কি এমন পাপ করেছি? আমি যদি গত জন্মে কোন পাপ করে থাকি... তাহলে তার সাথে এই জন্মের কিসের সম্পর্ক? আমি এটা কি করে জানব যে, গত জন্মে আমার দ্বারা কি এমন ভুল হয়ে বসেছে?"

রাম রাজা মন্দিরের প্রবেশ দ্বার

ওনার বন্ধু-বান্ধবেরা ওনাকে বোঝানোয় রামপ্রসাদ ওরছাতে অবস্থিত বিখ্যাত রাম রাজার মন্দিরে যান। ওরছা হচ্ছে মধ্য প্রদেশের এক প্রমুখ ধার্মিক স্থল। ওরছা সর্বদাই এক পর্যটন কেন্দ্রের রূপে বিখ্যাত হয়ে থেকেছে। গোটা সংসারে কেবলমাত্র ওরছাতেই রাজা রামের পূজা এক ন্যায়াধীশ এবং মহারাজের রূপে করা হয়ে থাকে এবং এমনটা মানা হয়ে থাকে যে, এই মন্দিরে এসে রাজা রামের দর্শন করলে নিঃসন্তান দম্পতিদের মনোকামনা অবশ্যই পূরণ হয়।

রাম রাজার মন্দিরের স্থাপনারও বড়ই অদ্ভূত কাহিনী রয়েছে। লোক-কাহিনী অনুসারে ওরছার রাজা মধুর শাহ ভগবান শ্রী কৃষ্ণের ভক্ত ছিলেন... যখন কি ওনার পত্নী গণেশ কুম্বরী ভগবান শ্রী রামের উপাসনা করতেন। রাজা সর্বদাই নিজের রানীকে ভগবান শ্রী কৃষ্ণের উপাসনা করার পরামর্শ দিতেন... কিন্তু রানী কেবল শ্রী রামের নামই জপ করতেন।

এক বার রানী কোন কিছু চিন্তা করে এমন প্রতিজ্ঞা করে নিলেন যে, তিনি ওরছাতে ভগবান শ্রী রামের এক সুন্দর মন্দিরের স্থাপনা করবেনই। এই উদ্দেশ্যে উনি নিজের কিছু আত্মীয়-স্বজন এবং কিছু সৈনিকদের সঙ্গে নিয়ে রাজাকে কিছুই না জানিয়ে, অযোধ্যার উদ্দেশ্যে রওনা হয়ে পড়লেন। অযোধ্যার উদ্দেশ্যে রওনা হওয়ার আগে উনি নিজের চাকর-বাকরদের এমন আদেশ দেন যে, তারা যেন প্রাসাদের কাছের মাঠে ভূমি পূজা করিয়ে এক সুন্দর চতুর্ভুজ মন্দিরের নির্মাণ কার্য শুরু করায়। উনি অযোধ্যা থেকে ফিরে আসার পরে সেই মন্দিরে ভগবান শ্রী রাম এবং ওনার পরিবারের অন্যান্যদের মূর্তির প্রাণ প্রতিষ্ঠা করা হবে।

অযোধ্যা পৌঁছে রানী রাম মন্দিরে ভগবান শ্রী রামের নামে বেশ কিছুদিন পর্যন্ত উপবাস রাখলেন। এমনটা বলা হয়ে থাকে যে, রানীর

এই ভক্তি দেখে স্বয়ং ভগবান শ্রী রাম ওনার সামনে এসে প্রকট হলেন। লোক-কাহিনী অনুসারে, সেই সময় রানীর সাথে অযোধ্যা যাওয়া ওনার আত্মীয়-স্বজন, সৈনিক এবং পূজা করাতে থাকা মহন্তেরও অলৌকিক কিছু একটা অনুভূতি হয়েছিল। ভগবান রাম আশীর্বাদ দিতে চাইলে রানী ভগবান শ্রী রামকে ওনার সাথে ওরছা আসার অনুরোধ জানান। এতে ভগবান শ্রী রাম প্রস্তুত তো হয়ে পড়েন... কিন্তু এর জন্য উনি রানীর সামনে তিনটি শর্ত রাখেন – "আমি ওরছায় শিশু রূপে যাব... আমি ওরছা পৌঁছনোর পরে সেখানে আমাকে বাদ দিয়ে আর কোন রাজা থাকবে না এবং আমার মন্দিরের স্থাপনা পুরুষ নক্ষত্রে হবে।"

রানী ভগবান শ্রী রামের সকল শর্ত মেনে নেন। রানী যখন শ্রী রামের শিশু রূপের সাথে ওরছায় এসে পৌঁছলেন... তখন স্বয়ং রাজা অত্যন্ত ধূমধামের সাথে ওনাকে স্বাগত জানাবেন বলে মনস্থির করেন। কিন্তু রানী রাজা দ্বারা করা স্বাগত সমারোহকে অস্বীকার করে দেন এবং উনি ভগবান শ্রী রামের শিশু রূপকে সাথে নিয়ে নিজের প্রাসাদে চলে যান। পরের দিন উনি যখন পুরোহিতদের দিয়ে ভগবান রামকে চতুর্ভুজ মন্দিরে স্থাপিত করার শুভ মুহূর্ত বার করান... তখন ভগবান শ্রী রাম প্রাসাদের বাইরে আসতেই অস্বীকার করে দেন আর উনি রানীর উদ্দেশ্যে এমনটা বলেন – "আমি তোমাকে মায়ের মত মেনে তোমার সাথে এখানে এসেছি আর আমি নিজের মায়ের আঁচল ছেড়ে এখান থেকে আর কোথাও যাব না।"

বাস্তবে এর পরে রানীও ভগবান রামের প্রাণ প্রতিষ্ঠা চতুর্ভুজ মন্দিরে করানোর নির্ণয় ত্যাগ করে দেন আর এর পর থেকেই ওরছার রানীর প্রাসাদই রাম রাজার মন্দিরের রূপে বিশ্ব বিখ্যাত হয়ে ওঠে। প্রতি দিন এখানেই রাম রাজার পূজা করা হয় এবং এমনটা বিশ্বাস করা হয় যে, রাজা রাম নিজের ভক্তদের সাথে ন্যায় বিচার করার পরে রাত্রি আরতি হয়ে পড়ার পরে ঘুমোবার জন্য হনুমান জী-র সাথে অযোধ্যা চলে যান আর পরের দিন সকালে সেখান থেকে আবার এক বার ওরছায় নিজের দরবারে আসেন।

ওরছার চতুর্ভুজ মন্দির

আমরা কৈলাশ সত্যার্থীর পিতা রামপ্রসাদ শর্মার ব্যাপারে আলোচনা করছিলাম। উনিও রামের বিরাট বড় ভক্ত ছিলেন

আর প্রচণ্ড জেদীও ছিলেন। উনি রাম রাজার মূর্তির সামনে বসে ভগবান রামের সাথে রীতিমত ঝগড়া করতে শুরু করে দিলেন – "আমার সুরেন্দ্রকে আমার কাছে ফিরিয়ে দাও।"

রামপ্রসাদ শর্মা স্বয়ং নিজের আত্মীয়-স্বজনদের এমনটা বলেছিলেন যে, সংযোগবশতঃ এক দিন উনি যখন ভগবান শ্রী রামের কাছে ওনার সাথে হওয়া অন্যায়ের বাপারে অভিযোগ জানাচ্ছিলেন... সেই সময় ওরছার তহসীলদার কৈলাশ নারায়ণ তিওয়ারীও সেখানে পূজার জন্য এসেছিলেন। উনি বলেন – "পণ্ডিত জী! ভগবান আপনার প্রার্থনা শুনে নিয়েছেন; এবার আপনি ভগবানের সাথে ঝগড়া করা বন্ধ করে দিন। আজ থেকে দু বছরের মধ্যে আপনার বংশে এক পুণ্যাত্মা পুত্র সন্তানের জন্ম হবে... যে আপনার বংশ এবং দেশের নাম গোটা বিশ্বে উজ্জ্বল করে তুলবে।"

কৈলাশ সত্যার্থীর বড় ভাই নরেন্দ্র শর্মার বক্তব্য অনুসারে, স্বয়ং ওনার পিতা এমনটা বলেছিলেন যে, সেটা সম্ভবতঃ 1952 - 53 সালের ঘটনা ছিল। উনি ওরছার মন্দিরের কপাট বন্ধ হওয়ার পরে মন্দিরের বাইরে বেরিয়ে এলে সেই সময় তিনজন সন্ন্যাসীও রাম রাজার দর্শ ন করার জন্য কোথাও থেকে এসেছিলেন। সেই তিন সন্ন্যাসী ক্ষুধার্ত ছিলেন। সেই সন্ন্যাসীরা বললেন – "রাম রাজার নগরীতে কেউ কখনো ক্ষুধার্ত অবস্হায় ঘুমোয় না... কিন্তু আমরা খাবার কোথা থেকে পাব ?" ঠিক তখনই এক চৌকিদার সেখানে এল আর সে সেই সাধুদের বলল – "আপনারা ক্ষুধার্ত... তবে আপনাদের খাবারের কিছু-না-কিছু ব্যবস্হা ঠিকই হয়ে পড়বে।" এই বলে সেই চৌকিদার সাধুদের মঠিয়া নামক এক মহিলার ভোজনালয়ে নিয়ে গেল আর তার হাতে কাগজের এক চিরকুট ধরিয়ে বলল – "তহসীলদার তিওয়ারী সাহেব এই তিন সাধুকে খাবার খাওয়ানোর আদেশ দিয়েছেন... খাবারের দাম ঠিকই পাওয়া যাবে।" সেই চিরকুটের ওপরে তহসীলদারের হস্তাক্ষর আর মোহর ছিল। মঠিয়া সেই তিন সাধুকে পেট পুরে খাবার খাইয়ে দিল। পরের দিন সকালে সে যখন খাবারের দাম নেওয়ার জন্য তহসীলদারের কাছে পৌঁছল... তখন তহসীলদারও নিজের হস্তাক্ষর আর মোহর লাগানো চিরকুট দেখে চমকে উঠলেন।

রাম রাজা মন্দিরের মূর্তি

রাম রাজা মন্দিরের বিহঙ্গম দৃশ্য

তহসীলদার মঠিয়াকে বললেন – "আমার চৌকিদার তো আমার সেবা করার জন্য সব সময় আমার কাছেই ছিল এবং আমার বাসস্হান-কার্যালয়ের দরজাও বন্ধ ছিল। আর আমি কাল থেকে কোন চিরকুটে হস্তাক্ষর করিনি আর মোহরও লাগাইনি। তাহলে এই চিরকুটে আমার হস্তাক্ষর আর মোহর কি করে আসতে পারে?" শেষ পর্যন্ত তহসীলদার মঠিয়া নামক সেই মহিলাকে সাধুদের খাবার খাওয়ানোর জন্য কিছুটা বেশীই মূল্য দিয়ে দিলেন। এর পরে তহসীলদার রাম রাজার মন্দিরে নিজেদের অভাব-অভিযোগ জানাতে আসা দর্শনার্থীদের উন্মুক্ত হস্তে সহায়তা করা শুরু করে দিলেন। উনি বার-বার রামপ্রসাদের স্বপ্নে এসে ওনাকে স্বান্তনা দিতেন – "আপনি রাম রাজার ন্যায় বিচারের ওপরে বিশ্বাস রাখুন... আপনি নিজের হারানো পুত্রকে শীঘ্রই ফিরে পাবেন।" এর কিছুদিন পরে রামপ্রসাদের পত্নী চিরৌঞ্জী বাঈ গর্ভবতী হয়ে পড়লেন। এর পরে অকস্মাতই রামপ্রসাদের স্বপ্নে তহসীলদারের আসাও বন্ধ হয়ে পড়ল।

11 জানুয়ারী, 1954 ভোর প্রায় 05:00-টা নাগাদ রামপ্রসাদের পত্নীর প্রসব যন্ত্রণা শুরু হয়ে পড়ল। সেই সময় পরিবারের অধিকাংশ মহিলারা প্রসব কক্ষেই থাকতেন। রামপ্রসাদ শর্মাও নিজের পরিচিত মহিলা আর দাই-দের ডেকে পাঠালেন। 2 ঘন্টা পরে ঐতিহাসিক বিদিশা নগরীর কিলা অন্দর এলাকায়, বীর হকীকত মার্গের এক অত্যন্ত সাধারণ পরিবারে, তুলা লগ্নে, শনি + বুধের যুতিতে এবং মেষ রাশিতে, দশম কর্ম ভাবে, উচ্চস্হ বৃহস্পতির ছায়ায় এক পুত্র সন্তানের জন্ম হল।

নরেন্দ্র শর্মার বক্তব্য অনুসারে – "সেদিন যখন কৈলাশের জন্ম হল... সেই সসয় বাবা এমনটা বলেছিলেন যে, আমাদের হারানো ভাই সুরেন্দ্র এবার সত্যি-সত্যি ফিরে এসেছে। রাম রাজা আমাদের সাথে ন্যায় বিচার করেছেন। বাবা নিজের স্বর্গীয় পুত্রের স্মৃতিতে, নিজের আস্থা আর বিশ্বাস অনুসারে নবজাত শিশুর নাম 'সুরেন্দ্রই'-ই রেখেছিলেন... কিন্তু সুরেন্দ্রের বয়স যখন 2 - 2.5 বছর হয়ে পড়ল আর ও একটু-একটু করে কথা বলতে শুরু করল... তখন ও নিজেকে সুরেন্দ্র হিসেবে মানতে অস্বীকার করে দিল। ও এমনটাও চাইত না যে, কেউ ওকে সুরেন্দ্র নামে ডাকুক। ভাঙা-ভাঙা শব্দে ও এমনটা বলল – "আমি সুরেন্দ্র নই... আমি হচ্ছি ওরছার তহসীলদার কৈলাশ নারায়ণ তিওয়ারী।" এই শুনে বাবার সাথে-সাথে আমাদের গোটা পরিবার হতবম্ব হয়ে উঠল। পরে এটা তো এক খেলায় পর্যবসিত হয়ে পড়ল। আমাদের বাড়ীতে কোন আত্মীয় এসে সুরেন্দ্রকে 'সুরেন্দ্র' নামে ডাকলে ও রেগে উঠে বলত – "কে সুরেন্দ্র ?! আমি হচ্ছি ওরছার তহসীলদার। রাম রাজার ইচ্ছায় আমি তোমাদের এই পরিবারে এসেছি। আমাকে কেউ যেন 'সুরেন্দ্র' নামে না ডাকে।" পরে রামপ্রসাদ ওরছা গিয়ে তহসীলদার কৈলাশ নারায়ণ তিওয়ারীর ব্যাপারে খোঁজ-খবর করলে এটা জানতে পারা যায় যে, কয়েক মাস আগে দতিয়ার কাছে এক পথ দুর্ঘটনায় তহসীলদার কৈলাশ নারায়ণ তিওয়ারীর আকস্মিক মৃত্যু হয়ে পড়েছিল। সুরেন্দ্রকে হারানোর দুঃখ আমাদের পরিবার ধীরে-ধীরে ভুলতে সফল হয়ে উঠেছিল।"

❑❑❑

2

সুরেন্দ্র হয়ে উঠলেন কৈলাশ

বালক কৈলাশ স্বভাবের দিক থেকে বড়ই অদ্ভূত প্রবৃত্তির ছিলেন। বাড়ীর মধ্যেও নগ্নাবস্থায় ঘোরাফেরা করতে ওনার লজ্জা অনুভব হত। চার পাশ থেকে বন্ধ বাড়ীতেও খোলা উঠোনে শৌচকার্য করা ওনার পছন্দ ছিল না। পাড়ার ছেলেদের কুকুর-বেড়ালের বাচ্চাদের গলায় দড়ি বেঁধে ঘোরাতে দেখলে ওনার রাগ হত আর কান্না পেত। নিজের ভাইদের দুনিয়া ভরের প্রশ্ন করাটা ওনার হবি ছিল। মায়ের অত্যন্ত আদরের সন্তান হওয়া সত্ত্বেও উনি নিজের পিতার ভক্ত ছিলেন। পরিবারের সদস্য বা নিজের বড় ভাইদের সাথে কোথাও ঘুরতে যাওয়ার সময়, গুরুজনেদের আর মন্দিরে ভগবানের মূর্তিদের প্রণাম করার জন্য ওনাকে বলতে হত না।

03 বছর বয়স পর্যন্ত উনি প্রায়ই নিজের ওরছার তহসীলদার হওয়ার কথা বলে লোকেদের চমকে দিতেন আর কেউ ওনাকে 'সুরেন্দ্র' বলে সম্বোধন করলে প্রচণ্ড রেগে উঠতেন। ওনার এমন ব্যবহারে পরিবারের কোন সদস্য যদি অত্যন্ত অখুশী হয়ে উঠেছিলেন... তাহলে তিনি ছিলেন ওনার মা। নিজের সব থেকে ছোট আর সব থেকে আদরের পুত্রের এই পুনর্জন্মের ব্যাপারটা ওনার একেবারেই ভালো লাগত না। যেন কেউ ওনার ছোট্ট বাচ্চাকে ওনার থেকে কেড়ে ওরছা নিয়ে যাবে।

ধীরে-ধীরে উনি এক পদ্ধতি গ্রহণ করলেন যে, যখনই ছোট্ট সুরেন্দ্র পূবজন্মের স্মৃতিতে হারিয়ে যাওয়ার মুদ্রায় চলে আসত... উনি সুরেন্দ্রকে কোন-না-কোন অজুহাতে ভুলিয়ে তার মনোযোগ অন্য কোন গতিবিধিতে লাগিয়ে দিতেন। ছোট্ট সুরেন্দ্রও ধীরে-ধীরে নিজের মায়ের এই অপ্রসন্নতার ব্যাপারে বুঝতে পারল আর পরে ও নিজের ওরছার তহসীলদার হওয়ার, রাম রাজা মন্দির বা ওরছার সাথে ওর কোন যোগাযোগ থাকার ব্যাপারে আলোচনা করাই বন্ধ করে দিল। এটা আলাদা ব্যাপার ছিল যে, ও তখনও 'সুরেন্দ্র' হিসেবে নিজের পরিচয় দেওয়াটা পছন্দ করত না।

ওনার বড় ভাই জগমোহন শর্মা জানিয়েছেন – "এক সৎ এবং অত্যন্ত অনুশাসন প্রিয় পুলিশ কর্মী হওয়া সত্ত্বেও আমাদের পিতা অত্যন্ত ধর্ম পরায়ণ ছিলেন এবং উনি নিজের পরিবারকে অত্যন্ত ভালবাসতেন। আমাদের মাতা চিরৌঞ্জী বাঈ কেবল এক গৃহিণীই ছিলেন। আমাদের সবার বড় ভাই চন্দ্রভান শর্মা কেবলমাত্র পড়াশোনা আর সুযোগ পেলে খেলাধূলোয় আগ্রহ দেখাতেন। বড় হয়ে উনি শিক্ষা বিভাগে নিযুক্ত হন এবং ডি.আই.ও.এস. পদে থাকাকালীন চাকরী থেকে অবসর গ্রহণ করেন। চন্দ্রভানের ওপরেই পুরো পরিবারের আর্থিক দায়িত্ব ছিল। ওনার পরে আমার জন্ম হয়। আমি পরিবারের কাজ-কর্ম তো করে নিতাম... কিন্তু পড়াশোনা বা চাকরী করার প্রতি আমার তেমন আগ্রহ ছিল না। বর্তমানে আমি মাধবগঞ্জে নিজের এক ছোট্ট ব্যবসা সামলাচ্ছি। আমার পরে জন্ম গ্রহণ করা তিন নম্বর ভাই নরেন্দ্র শর্মা বর্তমানে পেশায় শিক্ষক। কৈলাশ আমাদের সব থেকে ছোট, চার নম্বর ভাই ছিল। আমাদের এক বোনও হয়েছিল... যার নাম হচ্ছে লীলা শর্মা। এটা খুবই পরিস্কার যে, মাতা-পিতা আর ভাইদের সব থেকে বেশী আদর-ভালবাসা ওর ভাগেই পড়েছিল... কিন্তু কৈলাশ ছোটবেলা থেকেই নিজের সীমার মধ্যে থাকা আর সুযোগের সদ্ব্যবহার না করা বাচ্চা ছিল।"

ছোটবেলায় এক বার ওনাকে ওনার বড় ভাই চন্দ্রভান শর্মা শহরে দেওয়ালীর সাজসজ্জা দেখানোর জন্য নিজের এক বন্ধুর সাথে নিয়ে গেলেন। বেতবা নদীর তটে ঐতিহাসিক বাঢ়ওয়ালা গণেশের মন্দির অবস্থিত। এক বার বিদিশায় আসা ভয়ানক বন্যাতেও যখন গণেশ জী-র এই প্রচীন মন্দিরের কোন ক্ষতি হল না... তখন স্থানীয় বাসিন্দারা একে 'বাঢ়ওয়ালা গণেশ জী'-র রূপে প্রতিষ্ঠা করে। মন্দির দর্শন করার পরে ওনারা সবাই ফিরে আসছিলেন... এমন সময় রাস্তায় চন্দ্রভানের কোন এক বন্ধুর মাতা-পিতার সাথে ওনাদের দেখা হয়। চন্দ্রভানের সাথে অত্যন্ত শালীন, সুশীল আর এক সুন্দর বালককে দেখে সেই বন্ধুর পিতা বালককে প্রশ্ন করেন – "তোমার নাম কি ?" তারপর যেন কিছু একটা মনে করে উনি বলেন – "তুমি সুরেন্দ্র না ? রামপ্রসাদ জী বলছিলেন... ।"

এই ফাঁকে এই প্রথম বার চন্দ্রভান নিজের ছোট ভাইকে কোন গুরুজনের প্রতি উপেক্ষার ভাব প্রদর্শন করতে দেখলেন। কৈলাশ সেই ব্যক্তির কথার মাঝখানে বলে উঠলেন – "কৈলাশ... আমার নাম কৈলাশ !" চন্দ্রভান বাড়ী ফিরে আসার পরে এই ঘটনা সবাইকে জানালে সেদিন থেকে সবাই এটা ঠিক করেন যে, ভবিষ্যতে কেউ কোনদিনও ওনাকে 'সুরেন্দ্র' বলে ডাকবে না। 04 বছর বয়স হয়ে পড়ার পরে উনি যখন বর্ণমালা আর সংখ্যা চিনতে লাগলেন... তখন এটা ঠিক করা হল যে, পরের বছর ওনাকে বাড়ীর কাছেই অবস্থিত দুর্গ প্রাথমিক শালা (পাঠশালা)-তে ভর্তি করিয়ে দেওয়া হবে।

বিদিশায় দুর্গের ভেতরের এলাকার বিল্ডিং আর গলিগুলোর গঠন প্রণালী সম্ভবতঃ কখনো এটা চিন্তা করে করা হয়নি যে, কোন এক সময় এমন যুগও আসবে... যখন লোকেরা পায়ে হাঁটা আর পছন্দ করবে না। সেই সময় ঘোড়া-টাঙ্গা, রিক্শা, সাইকেল, বিভিন্ন প্রকারের দু চাকা আর চার চাকার বাহন রাস্তা দিয়ে ছুটে চলবে। এই এলাকায় ছোট্ট কৈলাশের বাড়ী থেকে অল্প কিছুটা দূরত্বে মুগলটোলা মসজিদের পেছনে এক গলি ছিল... যেটাকে বিদিশার লোকেরা 'চোর গলি' বলত। সেই গলি আজও ঠিক ততটাই সংকীর্ণ রয়ে গেছে আর এই গলির এক প্রান্তে অবস্থিত ছিল দুর্গ প্রাথমিক শালা।

09 জুলাই, 1959 বৃহস্পতিবার, প্রথম বার কৈলাশকে দুর্গ প্রাথমিক শালায় পাঠানো হয়েছিল। ওনাকে প্রথম শ্রেণীতে ভর্তি করা হয় আর প্রথম দিনই উনি সেখানে হৈ-চৈ ফেলে দেন।

চন্দ্রভান শর্মার বক্তব্য অনুসারে, সেদিন ওনাদের পিতা নিজের ডিউটি চলে যাওয়ায় কৈলাশকে স্কুলে পৌঁছে দেওয়ার দায়িত্ব ওনার ওপরে সঁপে দেওয়া হয়।

সেই সময়ও বাচ্চাদের পরিস্কার নখ, সুন্দর করে কাটা চুল, কাচা স্কুল ড্রেস পরে এবং স্কুলের ব্যাগে বই-খাতা নিয়ে স্কুলে আসতে হত। এই কারণে পায়ে হেঁটে স্কুলে আসা ছাত্র-ছাত্রীরাও স্কুলে ঢোকার আগে হয় নিজেদের স্কুল ব্যাগ থেকে জুতো সাফ করার কাপড় বার করে নিজেদের জুতো সাফ করে নিত... নয়তো স্কুলের বাইরে বসে বুট পালিশ করতে থাকা মুচিকে এক পয়সা দিয়ে নিজেদের জুতো পালিশ করিয়ে নিত।

হয়তো এটাই মুখ্য কারণ ছিল যে, অন্যান্য স্কুলের মত দুর্গ প্রাথমিক পাঠশালার বাইরেও দু-একজন বুট পালিশ করা মুচি বসত। বালক কৈলাশ স্কুলে ঢোকার সময় এটা লক্ষ্য করেছিলেন যে, কাঠের এক ছোট্ট বাক্সে বিভিন্ন প্রকারের ব্রাশ, ক্রীম, পালিশের কৌটো সাজিয়ে এক বাচ্চা নিজে খালি পায়ে সেখানে বসে থাকত। তার সাথে প্রায় 55 বছর বয়স্ক তার পিতা বসে থাকত... তার পায়ে অবশ্য ময়লা আর প্রায় ছিঁড়ে আসা চটি থাকত। পালিশওয়ালা বাচ্চাটা বড়ই লোভী দৃষ্টিতে পরিস্কার-পরিচ্ছন্ন ড্রেস আর জুতো পরা বাচ্চাদের দেখত। এই দেখে না জানি বালক কৈলাশ কি অনুভব করেছিলেন যে, উনি স্কুলের ব্যাগ হাতে নিয়েই সেই বাচ্চাটার পাশে বসে থাকা ওর পিতার কাছে পৌঁছে গিয়েছিলেন। কৈলাশ বাচ্চাটাকে বলেন – "তুমিও স্কুলে চলো।" ঠিক তখনই স্কুল শুরু হওয়ার ঘন্টি বেজে উঠল আর বড় ভাই চন্দ্রভান কৈলাশকে কোন রকমে ঠেলে স্কুলের ভেতরে ঢুকিয়ে দিলেন।

কৈলাশ সত্যার্থীর পৈত্রিক বাড়ী

বিদিশা নগর পালিকার নিয়ন্ত্রণে সঞ্চালিত, নামমাত্র ফীস্ নেওয়া দুর্গ প্রাথমিক পাঠশালায় স্কুলে প্রতিটি দিনের সূত্রপাত অনিবার্য প্রার্থনা সভার মাধ্যমে হত। এটা সেই সময় ছিল... যখন স্কুলগুলোয় নৈতিক শিক্ষা প্রতিটি দিনের দিনচর্যার সব থেকে প্রথম অংশ হত। সেই সময়ের প্রমুখ প্রার্থনা গানের রূপে হত আর তাতে স্কুলের সঙ্গীত শিক্ষক / শিক্ষিকা হারমোনিয়ম বাজিয়ে পরোক্ষ রূপে ছাত্র-ছাত্রীদের সামূহিক রূপে গায়নের শিক্ষাও প্রদান করতেন। প্রধানাচার্য সমেত অন্যান্য সকল শিক্ষক-শিক্ষিকারা এবং স্কুলের কর্মচারীরাও এই প্রার্থনা সভায় অংশ নিতেন।

বালক কৈলাশও সেই সব প্রার্থনা সভায় অত্যন্ত আনন্দ পেতেন... কিন্তু প্রথম দিনে এমনটা হল না। বালক কৈলাশের দৃষ্টির সামনে তো সেই বুট পালিশ করা ছোট্ট ছেলেটা ঘুরে বেড়াচ্ছিল। প্রার্থনা সভা সমাপ্ত হতেই উনি বাচ্চাদের সবাইকে লাইনে দাঁড় করিয়ে বিভিন্ন ক্লাসে পাঠাতে থাকা এক শিক্ষককে প্রশ্ন করলেন – "বাইরে বসে বুট পালিশ করতে থাকা বাচ্চাটা স্কুলের ভেতরে কেন আসতে পারে না ?"

সেই শিক্ষক বালক কৈলাশের প্রশ্ন না শোনার ভান করে বললেন – "বেকার প্রশ্ন কোর না। নিজের ক্লাসে যাও।" সেখানেই দাঁড়িয়ে থাকা পাঠশালার প্রধান অধ্যাপক কৈলাশকে নিজের কাছে ডেকে নিলেন। ওনাকে প্রণাম করে কাঁধ থেকে বার-বার নীচের দিকে পড়ে যেতে থাকা স্কল ব্যাগ সামলাতে-সামলাতে ছোট্ট কৈলাশ প্রশ্ন করলেন – "গুরুজী ! ঐ বুট পালিশ করা ভাই কি এখানে পড়তে পারে না ?"

প্রধান অধ্যাপক শিশু-মনোবিজ্ঞানের জ্ঞান রাখা এক অভিজ্ঞ শিক্ষক ছিলেন। উনি বালক কৈলাশের মাথায় হাত বুলিয়ে বললেন – "ঐ বাচ্চাটার মাতা-পিতা যদি ওকে এখানে পড়াতে চায়... তাহলে ও অবশ্য এই পাঠশালায় আসতে পারে। কিন্তু যে পড়তে চায় না... তাকে কে পড়াবে ? এই পৃথিবীতে এমনটাই হয়।"

স্কুলের ছুটির পরে কৈলাশের মা চিরৌঞ্জী দেবী ছেলেকে স্কুল থেকে বাড়ী নিয়ে যেতে এলেন। মা-কে দেখে কৈলাশ ক্লাস রুম থেকে ছুটে বাইরে বেরিয়ে এলেন। সারা দিনের পড়াশোনার পরে ওনার প্রচণ্ড ক্ষিধেও লেগেছিল। উনি হাসতে-হাসতে মায়ের সাথে বাড়ী ফিরে এলেন। ওনার এই দিকে দৃষ্টিও গেল না যে, সেই বুট পালিশ করা ছেলেটা তখনও সেখানে ছিল, না কি সে চলে গিয়েছিল!

স্কুলে কৈলাশের দ্বিতীয় দিন, শুক্রবার ছিল। সেই সময় শুক্রবার হাফ ডে স্কুল হত আর মোট চার পীরিয়ড পড়াশোনা হত। এই ব্যবস্থা মুসলিম শিক্ষকদের নমাজ পড়ার সুবিধা প্রদান করার জন্য করা হয়েছিল। সেদিনও কৈলাশকে স্কুল পর্যন্ত পৌঁছে দেওয়ার জন্য পরিবারের কোন একজন বয়স্ক সদস্য এলেন। এবার বালক কৈলাশ বুট পালিশ করা সেই বাচ্চাটাকে দেখতে পেয়ে তার পাশে বসে থাকা ওর পিতার কাছে গিয়ে পৌঁছলেন। উনি বাচ্চাটার পিতাকে প্রশ্ন করলেন – "আপনি এএক পড়াশোনা শেখার জন্য স্কুলে আসতে দিন।"

সেই জুতো পালিশ করা মুচি ছোট্ট কৈলাশকে অবাক দৃষ্টিতে দেখতে লাগল... তারপর কিছু একটা চিন্তা করে সে জবাব দিল – "দেখো বাবু, না তো আমি কখনো স্কুলের দোরগোড়া পার করেছি... না আমার বাপ-ঠাকুর্দা কোনদিন স্কুলে গেছে। আমরা তো মজদুরী করার জন্য আর অন্যদের সেবা করার জন্যই জন্ম গ্রহণ করেছি।"

ছোট্ট কৈলাশের ওপরে জুতো পালিশ করা বাচ্চাটার পিতার সেই উত্তরের কেমন প্রভাব পড়ল... তার কোন জবাব কারও কাছে নেই। এটা আলাদা ব্যাপার যে, পরে উনি আর কোনদিনও স্কুল যাওয়ার সময় বা স্কুল থেকে ফেরার সময় সেই বাচ্চাটার কাছে যাননি। হয়তো উনি মনে-মনে কিছু একটা স্হির করে নিয়েছিলেন বা সেই বাচ্চাটার পিতার ওপরে উনি রেগে উঠেছিলেন অথবা উনি এমনটা বুঝতে পেরে গিয়েছিলেন যে, উনি এমন মামলায় এই মুহূর্তে কিছুই করে উঠতে পারবেন না। কেউ-ই এটা জেনে উঠতে পারেনি যে, কৈলাশ এই ঘটনাকে ঠিক কি ভাবে গ্রহণ করেছিলেন... উনি এর থেকে ঠিক কি শিখেছিলেন ?

কৈলাশ দুর্গ প্রাথমিক পাঠশালায় পঞ্চম শ্রেণী পর্যন্ত শিক্ষা গ্রহণ করেছিলেন। এক ছাত্র হিসেবে ওনাকে অত্যন্ত প্রতিভাবান মানা হত। এক বার উনি নিজের ভাইপো উমেশ শর্মাকে জানিয়েছিলেন যে, দুর্গ প্রাথমিক পাঠশালা ছুটী হওয়ার সময় বর্ষাকালে স্কুলের গলি অন্ধকার আর অত্যন্ত ভয়ানক লাগত... এজন্য বেশীর ভাগ বাচ্চা এক অজানা ভয়ের কারণে পুরো গলিটা চেঁচাতে-চেঁচাতে আর একে-অপরকে ভয় পাইয়ে পার করত।

❑❑❑

3

শিশু বিপ্লবী

রাজ্যসভা সাংসদ চৌধুরী মুনব্বর সেলিমের বক্তব্য অনুসারে – "দদ্দা কৈলাশ সত্যার্থী বয়সে আমার থেকে বড় আর আমি 6 বছর বয়স থেকেই ওনার সাথে যুক্ত হয়ে রয়েছি। ছোটবেলা থেকেই দদ্দা বড়ই অদ্ভূত ছিলেন। সবার থেকে আলাদা, সবার থেকে অদ্ভূত! ইঞ্জিনিয়ারিং পড়ার সময়কার আর তার পরের সকল ঘটনা তো আমার মনে আছে... কিন্তু তার আগের ঘটনার ব্যাপারে আমার খুব একটা ভালো করে মনে নেই। তবুও আমি কিছু-কিছু ঘটনার ব্যাপারে জানাচ্ছি।"

"দদ্দা বড়ই সৎ আর ভদ্র মাতা-পিতার সব থেকে ছোট পুত্র ছিলেন। পরিবারের আর্থিক অবস্হা খুব একটা ভালো ছিল না... কিন্তু পরিবারের সবার থেকে ছোট পুত্রের আশা-আকাংখা পূরণ করার স্বপ্ন ওনার বড় ভাইদের মধ্যে ছিল। এটা হয়তো শুনলে কেউ-ই বিশ্বাস করবেন না যে, দদ্দা ছোটবেলায় খেলনা, দামী জামা-কাপড় আর খাওয়া-দাওয়ার দামী জিনিষের ফরমায়েশ না করা এক অদ্ভূত বাচ্চা ছিলেন।"

"এমন এক বাচ্চার কল্পনা করুন... যে কাঁধে স্কুল ব্যাগ চাপিয়ে স্কুলে যায় আর প্রায় প্রতি দ্বিতীয় কি তৃতীয় দিনে রাস্তায় ভিক্ষা চাইতে থাকা কোন-না-কোন বাচ্চাকে নিজের টিফিন বক্স থেকে পরোটা-সব্জী বার করে দিয়ে দেয়। ছোটবেলায় ক্ষুধা সহ্য করাটা খুব একটা সহজ ব্যাপার মোটেই হয় না... কিন্তু আমার দদ্দা এমনটাই ছিলেন।"

"এমন কোন বাচ্চাকে খুঁজে বার করাটা অত্যন্ত কঠিন হবে... যে দুষ্টুমী করতে, দোলনায় দুলতে, লুকোচুরি খেলতে আর গল্প-কাহিনী শুনতে আনন্দ পায় না। দদ্দাও এসবে আনন্দ পেতেন। রামলীলা দেখতে গেলে রামের চরিত্র আর মাতা-পিতার জন্য রামের ত্যাগ স্বীকার করাটা খুবই ভালো লাগত। মুর্হরমের মেলাতেও দদ্দা শরবতের ষ্টল লাগিয়েছিলেন। সেই সময় ওনার বয়স বড় জোর 11 বছর ছিল। সেই সময় উনি এক ঠেলা নিয়ে পরীক্ষায় পাশ করে যাওয়া বাচ্চাদের থেকে তাদের পুরোন বই একত্রিত করতেন আর সেগুলো গরীব বাচ্চাদের মধ্যে বিনা পয়সায় বিলি করতেন।"

সাংসদ চৌধুরী মুনব্বর সেলিম

শ্রী সত্যার্থীর বড় বৌদি রতি দেবী শর্মা বলেছেন – "ছোটবেলায় কৈলাশ এক সমস্যাই ছিল। বাড়ীতে ভিক্ষা চাইতে আসা কোন ভিখারীর সাথে যদি কোন বাচ্চা এসে যায়... তাহলে কৈলাশ সেই বাচ্চাটাকে খাবার খাওয়ানোর জেদ ধরত। তাকে ও নিজের বই-খাতা দিয়ে দিত আর তাকে পড়াশোনা করার জন্য বলত। এক বার বিরক্ত হয়ে আমি ওকে শাস্তিস্বরূপ রোদে দাঁড় করিয়ে রাখি। অনেকক্ষন পর্যন্ত রোদে দাঁড়িয়ে থাকার কারণে বেচারার পায়ে ফোস্কা পড়ে গিয়েছিল।"

"ওর কোন দামী শখ ছিল না। সাধাসিধে খাবার ওর পছন্দ ছিল। ও টিক্কী খেতে খুবই ভালবাসত। চাটনী আর আটার তৈরী দেহাতী ব্যঞ্জন 'খীচলে'-ও ওর খুব পছন্দ ছিল। বাড়ীতে যখনই টিক্কী তৈরী হত... ও সেগুলো মজা করে খেত।"

সাংসদ চৌধুরী মুনব্বর সেলিম স্মৃতিচারণ করে জানিয়েছেন – "দদ্দার বন্ধু-বান্ধবদের সংখ্যা খুব একটা বেশী ছিল না। কিন্তু যেসব বাচ্চাদের জন্য ওনার হৃদয়ে প্রেম ছিল... তাদের সংখ্যা অসংখ্য ছিল আর সেই সংখ্যা যেন শেষ হওয়ার নামই নিত না। ছোটবেলায় আমরা দদ্দার জন্য নিজেদের গর্বিত অনুভব করতাম। পড়াশোনায় অত্যন্ত মেধাবী ছিলেন দদ্দা।"

"এক বারের ঘটনা। উনি তখন 14 - 15 বছরের ছিলেন এবং এস. এস.এল. জৈন স্কুলে নবম শ্রেণীর ছাত্র ছিলেন। সেই সময় উনি প্রথম বার এমনটা অনুভব করেন যে, হোটেল আর ঢাবাগুলোয় 6 থেকে 12 বছর বয়সের বাচ্চারা কাপ-প্লেট ধোয়। উনি নিজের সমবয়সী বাচ্চাদের নিয়ে এক টীম তৈরী করেন। এই 'বাচ্চা পার্টি' এই ধরণের হোটেলগুলোয় গিয়ে চেঁচামেচি শুরু করে দিত। ওদের বিরোধিতায় ভয় পেয়ে বিদিশার বেশীর ভাগ হোটেল-ঢাবাগুলোয় সেই সব বাচ্চাদের মা-বাবাদেরও কাজে রাখা হতে লাগল... যাতে 'বাচ্চা পার্টি'-কে শান্ত রাখা যায়।"

"আরও একটা ঘটনা – সরকারী গাড়ী বিদিশার সরকারী অফিসারদের বাড়ীর দৈনন্দিন কেনা-কাটা করার জন্য তাঁদের পরিবারের লোকেদের নিয়ে বাজারে আসা-যাওয়া করত। সরকারী অফিসারেরা কেনা-কাটা করতেন আর সরকারী গাড়ীতে ক্ষুধার্ত-তৃষ্ণার্ত অবস্থায় বসে থাকা তাঁদের গাড়ীর ড্রাইভার অস্থির হয়ে উঠত। সাধারণ লোকেদের বাজারে আসা-যাওয়া করাও মুশ্কিল হয়ে উঠত। দদ্দা সরকারী গাড়ীর এই ধরণের দুর্ব্যবহার বন্ধ করার জন্য অভিযান শুরু করলেন। ওনার এই অভিযানের এত বেশী প্রভাব পড়ল যে, সরকারী অফিসাররা খোলাখুলি ভাবে সরকারী গাড়ী ব্যবহার করাই বন্ধ করে দিলেন। এটা আলাদা ব্যাপার যে, তাঁরা তখনও বাজারে কেনা-কাটা করতে যেতেন আর সরকারী গাড়ীর ব্যবহারও করতেন – তবে লুকিয়ে-চুরিয়ে!"

"দদ্দা যেমন-যেমন বড় হতে লাগলেন... ওনার সাহসও ততই মজবুত হয়ে উঠতে লাগল। আরও একটা ঘটনার কথা আমার মনে পড়ে যাচ্ছে – সেই সময় উনি বোধহয় দ্বাদশ শ্রেণীর ছাত্র ছিলেন। সেই সময় ওনার একটা সাইকেল ছিল... যাতে আমিও অনেক বার চেপেছি।"

"এক বার, শহরের বাইরে অবস্থিত মলিন বস্তিতে কোন কারণে আগুন লেগে গিয়েছিল। বস্তিতে বেশ কিছু বাড়ী নক্শা পাশ না করিয়েই তৈরী করা হয়েছিল আর এই দৃষ্টিতে সেগুলো বে-আইনী ছিল। ফায়ার ব্রিগেডের গাড়ী সেখানে আগুন নেভানোর জন্য পৌঁছল না। এই খবর পেয়ে দদ্দা সেখানে পৌঁছলেন আর লোকেদের বাঁচানোর কাজ শুরু করে দিলেন। ওনাকে দেখে আরও কিছু লোকও এগিয়ে এল আর আগুনের ওপরে নিয়ন্ত্রণ প্রাপ্ত করে নেওয়া হল। মামলা শান্ত হলে লোকেরা এমনটা অনুভব করল যে, লোকেদের আগুনের হাত থেকে বাঁচাতে গিয়ে দদ্দার দুটো হাতই আগুনে পুড়ে গিয়েছে।"

"দদ্দার মাতা-পিতা ওনার বৈপ্লবিক পদ্ধতি আর সমাজ থেকে অন্যায়-অবিচার দূর করার জন্য ওনার ভেতরের ছট্‌ফটানি পুরোপুরি বুঝতে পারা সত্ত্বেও সর্বদা ওনার জন্য চিন্তিত হয়ে থাকতেন যে, দদ্দা কোথাও কোন ঝামেলায় ফেঁসে না যান। স্কুল-কলেজেও দদ্দা ক্লাসের দুর্বল-অসহায় ছাত্র-ছাত্রীদের সব রকম ভাবে সহায়তা করতেন।"

কৈলাশ সত্যার্থীর বৌদি রতি দেবী শর্মা জানিয়েছেন – "কৈলাশ ছোটবেলায় নিজের এলাকার দুর্বল বাচ্চাদের সহায়তা করত। ও যেমন-যেমন বড় হতে লাগল... সমাজের সকল স্তরের গরীব, অসহায়, বঞ্চিত বাচ্চাদের সহায়তা করতে শুরু করে দিল। এটা আলাদা ব্যাপার যে, আমাদের পরিবারের আর্থিক অবস্থা এতটাই দুর্বল ছিল যে, কৈলাশ স্কুল-কলেজ, ইঞ্জিনিয়ারিং কলেজের পড়াশোনা লাইব্রেরী থেকে বই নিয়ে এসে করেছিল। কখনো-কখনো তো আমরা এই চিন্তায় অস্থির হয়ে উঠতাম যে, ও জীবনে কি করবে?"

সাংসদ মুনব্বর চৌধুরী সেলিম জানিয়েছেন – "দদ্দা যখন যুবক হয়ে উঠলেন... তখন উনি ইঞ্জিনিয়ারিং-য়ের এন্ট্রান্স পরীক্ষা পাশ করে নিলেন। ওনার নম্বর এতটাই ভালো এল যে, ওনার ফার্স্ট প্রেফারেন্স অনুসারে উনি সম্রাট অশোক টেক্‌নিকাল ইন্সটিটিউট, বিদিশা (এস.এ.টি.আই.)-তে বি. টেক্. ইলেক্ট্রিকাল ইঞ্জিনিয়ারিং-য়ে এ্যাডমিশন পেয়ে গেলেন।"

সর্বদা অন্যদের সহায়তা করতে থাকা কৈলাশ নিজের বন্ধুদের কখনো ভোলেননি। ইঞ্জিনিয়ারিং কলেজে পড়ার সময়কার বেশীর ভাগ বন্ধুরা আজও কৈলাশ সত্যার্থীর বন্ধু হয়ে রয়েছেন। তাঁদের মধ্যে অন্যতম, প্রকাশ সোনী জানিয়েছেন – "লোকেদের ন্যায় বিচার প্রদান করা আর অন্যায়ের বিরোধিতা করা যে কোন গতিবিধি বা আন্দোলনে অংশ নেওয়াটা কৈলাশের শখ ছিল। এজন্য ওর পড়াশোনাও বিঘ্নিত হত। কোর্স পুরো হয়নি... এ্যাটেণ্ডান্স কমে এসেছে... পরীক্ষায় বসবে কি করে – এজন্য

বিদিশার এই স্কুলে পড়তেন কৈলাশ সত্যার্থী

ও বেশ কিছু সেমেস্টার ব্রেকও করেছে। এতে কৈলাশকে বাড়ীতে দাদা-বৌদিদের থেকে প্রচুর বকুনিও শুনতে হত।"

ওনার আরও এক বন্ধু অশোক বর্মা বলেছেন – "কলেজ থেকে ইঞ্জিনিয়ারিং কলেজ পর্যন্ত কৈলাশ শোষণ, অসমানতা, অন্যায় আর ভেদভাবের প্রতিটি বিষয়ে হড়তাল করেছেন, মিছিল বার করেছেন, আন্দোলন করেছেন। জয়প্রকাশ আন্দোলনে আমরা এক সাথে ছিলাম। এই সময় মূল্যবৃদ্ধির বিরুদ্ধে এক আন্দোলনে আমরা 144 ধারা ভঙ্গ করি এবং জেলের শাস্তিও ভোগ করি।"

এস.এ.টি.আই.-র স্হাপনা 1958 সালে হয়েছিল আর সেই থেকে বর্তমান সময় পর্যন্ত এই ইঞ্জিনিয়ারিং কলেজের শিক্ষণ স্তরে একটুও পরিবর্তনই আসেনি। শুরুতে এই ইঞ্জিনিয়ারিং কলেজে কেবল ডিগ্রী স্তর পর্যন্তই পড়ানো হত... কিন্তু 1970 সালে এই কলেজ ভোপালের বরকতউল্লা বিশ্ববিদ্যালয় থেকে মান্যতা প্রাপ্ত করার পরে পোস্ট গ্রাজুয়েট ডিগ্রীর পড়াশোনাও এখানে চালু হয়ে পড়ে।

ওনার পুরোন সহপাঠী বেদ প্রকাশ শর্মা জানিয়েছেন – "দারিদ্রতা কখনো ওনাকে পথচ্যুত করতে পারেনি। ইঞ্জিনিয়ারিং কলেজে পড়ার সময় উনি হোটেলে খাবার খাওয়ার পরিবর্তে এক চ্যাপ্টা পাথরের ওপরে আটা মেখে রুটি বানাতেন। সেই সময় ওনার কাছে আটা মাখার পাত্রও ছিল না। প্রথম বার কৈলাশ খবরের কাগজের হেডলাইনে সেই সময় আসেন... যখন উনি বিদিশায় মহাত্মা গান্ধীর মূর্তির কাছে সাফাই জমাদারদের দিয়ে খাবার তৈরী করিয়েছিলেন। ওনার এই গান্ধীবাদী পদক্ষেপ সেই সময় বিদিশায় এক নতুন বিতর্কের সৃষ্টি করেছিল।"

❑❑❑

4

প্রেম, বিবাহ এবং সংঘর্ষ

দিল্লীর অত্যন্ত ঘন জনসংখ্যার এলাকা করোলবাগে আর্য সমাজ রোড, গুরুদ্বারা রোড এবং হরধ্যান সিং রোড – এই তিনটি রাস্তা যে জায়গায় পরস্পরের সাথে মিলিত হয়... সেখানেই আর্য সমাজ আন্দোলনের প্রচার-প্রসারের কাজ করতে থাকা দয়ানন্দ সংস্থানের মাসিক পত্রিকা 'জনজ্ঞান'-য়ের সম্পাদকীয় কার্যালয়ে শনিবার, 02 অক্টোবর, 1976 দুপুরে প্রায় 22 বছরের এক লম্বা শরীরের যুবক এসে প্রবেশ করল। তার মুখে স্থায়ী হাসির সাথে হাল্কা দাড়িও ছিল। গান্ধী জয়ন্তীর ছুটি থাকার কারণে সেই সময় কার্যালয়ে অল্প কয়েকজন সহযোগীই কাজ করছিলেন। তাঁদের মধ্যে কোন একজনকে সেই যুবক বলল – "আমি কৈলাশ সত্যার্থী। গত সংখ্যায় সমাজের দশা আর দিশার ওপরে আমার একটা লেখা ছাপা হয়েছিল...।"

এই শুনেই নিজের টেবিলে ছড়িয়ে থাকা চিঠিপত্র সামলাতে থাকা 'জনজ্ঞান' পত্রিকার সিনীয়র উপ-সম্পাদক সুমেধা চমকে উঠে চোখ তুলে তাকালেন। উনি এক মুহূর্ত কিছু একটা চিন্তা করলেন আর তারপর নিজের ফয়সালা শোনালেন – "হতেই পারে না... আপনি কৈলাশ সত্যার্থী হতেই পারেন না।"

"কেন ? আমার মুখের ওপরে কি আমার নাম লেখা আছে ?" সেই যুবক হেসে উঠে প্রশ্ন করলেন আর কোন প্রকারের অনুমতি ছাড়াই সুমেধার টেবিলের সামনে রাখা দুটি চেয়ারের মধ্যে একটায় বসে পড়লেন। যুবকের প্রশ্নসূচক জবাব শুনে সুমেধার মাথা ঘুরে উঠল। উনি তখুনি কার্যালয়ের অন্য অংশে মজুদ নিজের সিনীয়র সম্পাদকীয় সহযোগীর সাথে কথা বললেন। এর কিছুক্ষনের মধ্যেই দয়ানন্দ সংস্থানের অধ্যক্ষ পণ্ডিত ভারতেন্দ্র নাথ সেই আগন্তুক যুবককে নিজের কেবিনে ডেকে পাঠালেন।

'জনজ্ঞান' পত্রিকার মুখ্য পৃষ্ঠায় পণ্ডিত ভারতেন্দ্র নাথ

যেসব ব্যক্তি পণ্ডিত ভারতেন্দ্র নাথকে চেনেন না... তাঁদের উদ্দেশ্যে জানাই যে, ভারতে চার বেদের সর্বপ্রথম হিন্দী ভাষায় ব্যাখ্যা করে সেটার প্রকাশনা করা এবং ভারতে আর্য সমাজের স্তম্ভ হিসেবে পরিচিত ভারতেন্দ্র জী অনেক ভাষায় পারঙ্গত এবং অত্যন্ত বড় সাহিত্য মর্মজ্ঞ বিদ্বান ছিলেন।

সুমেধা জানিয়েছেন – "পণ্ডিত জী আর নিজেকে 'জনজ্ঞান' পত্রিকায় প্রকাশিত সেই রচনার লেখক হিসেবে পরিচয় দেওয়া সেই যুবকের মধ্যে অনেকক্ষন পর্যন্ত বার্তালাপ চলতে লাগল।" সম্পাদকীয় বিভাগে বসে থাকা সুমেধা এটা জানতেই পারলেন না যে, ওনাদের দুজনের মধ্যে বৈঠক ঠিক কতক্ষন পর্যন্ত চলেছিল আর ওনাদের মধ্যে ঠিক কি বিষয় নিয়ে আলোচনা হয়েছিল। উনি সন্ধ্যা হওয়ার আগেই দিল্লীর সীমান্ত আবাসিক কলোনী, সূর্যনগরে নিজের বাসস্থানে চলে গিয়েছিলেন।

এখানে আমি এটা জানাতে ভুলেই গেছি যে, সুমেধা পণ্ডিত ভারতেন্দ্র জী-র পাঁচ কন্যার মধ্যে সব থেকে বড় কন্যা জ্যোৎস্না-র থেকে 2 বছর ছোট ছিলেন। নিজের পিতার কাজে সহায়তা করার জন্য সুমেধা দিন-রাত কাজ করতেন। লেখকদের সাথে পত্র-বিনিময়, পাঠকদের পত্রের উত্তর দেওয়ার যোগ্য আর পত্রিকায় স্থান করে দেওয়ার যোগ্য পত্রের অন্তিম নির্বাচন এবং সময় মত পত্রিকার প্রকাশন করার দায়িত্ব ওনার ওপরেই ছিল। সুমেধার থেকে বয়সে 13 মাস ছোট আভার থেকে 10 বছর ছোট ছিলেন ঋচা এবং সব থেকে আদরের আর সবার থেকে বয়সে ছোট দিব্যা সেই সময় মাত্র 5 বছরের ছিলেন। পাঁচ বোনের মাতা, 'পণ্ডিতা' উপাধি দ্বারা সুশোভিতা রাকেশ রানী আর্য সমাজের সামাজিক অনুষ্ঠানগুলোর সাথে-সাথে পত্রিকার সম্পাদন-মুদ্রন-প্রকাশনেও সহযোগিতা করতেন। ভারতেন্দ্র জী-র মৃত্যু হয়ে পড়ার পরে আজও 80 বছরেরও বেশী বয়সে উনি আর্য সমাজের প্রচার-প্রসার, দয়ানন্দ সংস্থান আর 'জনজ্ঞান' পত্রিকার কাজ দেখাশোনা করেন। এই কাজে ওনার সব থেকে ছোট বোন

দিব্যা এবং ওনার স্বামী কৃষ্ণকান্ত কোটপাল ওনাকে সহযোগিতা করেন।"

সেদিন রাত প্রায় 09:30-টার সময় ওনার পিতা পণ্ডিত ভারতেন্দ্র নাথ আর্য যখন বাড়ী ফিরে এলেন... তখন ওনার সাথে আরও দুজন ব্যক্তি ছিলেন... যাঁদের মধ্যে নিজেকে কৈলাশ সত্যার্থী হিসেবে পরিচয় দেওয়া সেই যুবকও ছিল। বাড়ীতে ঢুকতেই ভারতেন্দ্র জী ঘোষণা করলেন – "এ হচ্ছে কৈলাশ শর্মা 'সত্যার্থী'। অত্যন্ত সৎ, অত্যন্ত ভালো আর অত্যন্ত উচ্চ বিচারধারা সম্পন্ন যুবা বিদ্বান। আর ইনি হচ্ছেন কৈলাশের ঘনিস্ট মিত্র ওমপ্রকাশ শ্রীবাস্তব। এনারা আজ আমাদের সাথে রাত্রি ভোজন করবেন।"

সত্যার্থী পরিবার : 25 বছর আগে

"এর পরে আমাদের পুরো পরিবার অতিথি সৎকারে লেগে পড়ল। খাবার টেবিলে আমরা সবাই একত্রিত হলে আমাদের বাড়ীতে প্রথম বার আসা, সেই যুবা লেখক কৈলাশ যেন আমাদের সবাইকে মন্ত্রমুগ্ধ করে তুললেন। আমার সব বোনেদের 'বোন' হিসেবে সম্বোধন করা সত্ত্বেও, আমার মুখোমুখি হওয়ার পরে উনি যে কোন ব্যক্তিকে নিরস্ত্র করে তোলার সামর্থ্য রাখা হাসি হেসে আমাকে 'বোন' সম্বোধন না করেই প্রশ্ন করলেন – "কি... কেমন আছেন?"

"খাওয়া শেষ হওয়ার পরেও কৈলাশ আর ওনার সাথে আসা সেই মিত্র টেবিল ছেড়ে ওঠার নামই নিচ্ছিলেন না আর আমিও নিজের মাতা-পিতার মতই ওনাদের কথার আনন্দ উপভোগ করছিলাম। প্রায় মাঝরাতের পরে বাবা আদেশ দিলেন যে, আমার কামরার পাশের কামরায় যেন ওনাদের শোওয়ার ব্যবস্হা করে দেওয়া হয়। সেই সময় আমি খুব ভোরে মা-বাবার জন্য চা বানাতাম। সকালে ঘুম থেকে উঠে আমি দেখি যে, ওনারা আড্ডায় মেতে উঠেছেন। চা পান করে আর আমার মাতা-পিতাকে প্রণাম করে কৈলাশ ফিরে গেলেন। যাওয়ার সময় উনি আমাকে কিছুই না বলায় আমি মনে অত্যন্ত আঘাত পেয়েছিলাম। এর পরে পুরো একটা বছর আমরা কেউ ওনাকে দেখিনি। তখন আমার এটা জানা ছিল না যে, ভবিষ্যতে ওনার সাথেই আমার বিবাহ হবে। আজ জীবনের 5 দশক কেটে যাওয়ার পরে আমি এমনটা চিন্তা করি যে, প্রথম দৃষ্টিতেই সেই যুবককে 'জনজ্ঞান' পত্রিকার কার্যালয়ে দেখে আমার মনের মধ্যে

যুবা কৈলাশ সত্যার্থী

'খেয়ালী পোলাও'-য়ের মত কিছু একটা তো হয়েছিল ঠিকই। এমনটা মনে তো হয়েছিল যে, এই যুবক কত হ্যাণ্ডসাম। আমি সেই সময় এতটাই ছোট ছিলাম যে, আমি নিজের মনকেই ঠিক ভাবে বুঝে উঠতে পারিনি আর বিনা কারণেই ওনার সাথে কথা কাটাকাটিতে জড়িয়ে পড়ি।"

"এর ঠিক 1 বছর পরে, সেই 02 অক্টোবরই, কৈলাশ আবার এক বার আমাদের কার্যালয়ে এলেন... আমাকে কিছু না বলে সোজা বাবার কেবিনে চলে গেলেন আর তারপর ওনারা দুজন অনেকক্ষন ধরে কথাবার্তা চালাতে লাগলেন। ওনার মিত্র ওমপ্রকাশ শ্রীবাস্তব মাঝে-মাঝে আমাদের কার্যালয়ে আসতেন আর কৈলাশ জী-র নিত্য-নতুন উপলব্ধির ব্যাপারে আমাদের জানাতে থাকতেন। আমি এটা জানতেই পারিনি যে, কখন ওনার সাথে আমার পরিচয় আর আমাদের কার্যালয়ে ওনার আসা-যাওয়া বেড়ে উঠেছিল এবং 'খেয়ালী পোলাও'-য়ের জায়গায় কবে আমাদের দুজনের মধ্যে সত্যি-সত্যি 'দু তরফা খিচুড়ি' তৈরী হতে লেগেছিল। এক দিন মা আমাকে প্রশ্নই করে বসলেন যে, আমাদের দুজনের মধ্যে বিয়ে করার মত কিছু থেকে থাকলে আমি যেন সেটা ওনাদের জানিয়ে দিই।"

"কৈলাশ না জানি কোন্ ধাতু দিয়ে তৈরী মানুষ ছিলেন। উনি এক দিন আমাকে প্রশ্ন করলেন – "আমি সমাজসেবা করতে চাই। কাজটা মোটেই সহজ নয়। তুমি কি আমাকে সহায়তা করবে?" আমিও ওনার ভঙ্গীতেই জবাব দিলাম – "সেটাও আবার বলার মত ব্যাপার না কি!?"

"এই ফাঁকে আর্য সমাজ জগতে আমাদের দুজনের বিবাহের কথাবার্তা ছড়িয়ে পড়তে লাগল। সবাই এটা জানতেন যে, আর্য সমাজে বৈদিক মন্ত্রোচ্চারের সাথে-সাথে যজ্ঞ-হবন করারও পরম্পরা রয়েছে। ওদিকে সমাজ সংশোধন করার নেশায় মেতে উঠে বিদিশায় ইঞ্জিনিয়ারিং কলেজে পড়ার সময় কৈলাশ রাস্তা আর এলাকা থেকে আবর্জনা একত্রিত করে, সেগুলোর হবন করা শুরু করে দিয়েছিলেন। ওনার এমন কাজে অনেক আর্য সমাজী লোক ওনার প্রতি রেগে উঠেছিলেন। অন্য দিকে কৈলাশ সাম্যবাদের কথাও বলতেন। উনি লোহিয়ার আদর্শে বিশ্বাস করতেন। কৈলাশের বেশ কিছু মুসলিম মিত্র ছিলেন আর উনি কট্টর হিন্দুত্বের প্রবল বিরোধীও ছিলেন। এই সব কারণ এক সাথে মিলে আমার পিতার ওপরে চাপের সৃষ্টি করে তুলেছিল, যাতে তিনি এই বিবাহে মত না দেন।"

"অন্য দিকে কৈলাশ জী গরীব বাচ্চা, মজদুর আর নাগরিকদের

কল্যাণে এত কাজ করে বসেছিলেন যে, ওনার সমর্থনে গরীব বাচ্চা আর কৈলাশের পুরোন মিত্র, মুনব্বর সেলিম (বর্তমানে সাংসদ)-য়ের নেতৃত্বে হিন্দু-মুসলমান – সবাই এক জোট হয়ে উঠেছিলেন। আমার মা-ও আর্য সমাজীদের এমনটা বোঝালেন – "আপনারা বৃথা বিরোধিতা কেন করছেন ? আমাদের কৈলাশের মতই জামাই চাই !"

সুমেধা জী-র মা পণ্ডিতা রাকেশ রানী আমাকে ওনাদের দুজনের এই প্রেম কাহিনীর পৃষ্ঠভূমির সেই ঘটনার ব্যাপারে জানিয়েছিলেন... যে ব্যাপারে আজ পর্যন্ত কেউ-ই জানেন না। উনি বলেছিলেন – "1976 সালের জানুয়ারী মাসের আশপাশে পণ্ডিত জী (ভারতেন্দ্র নাথ) বিদিশায় আর্য সমাজের কোন এক অনুষ্ঠানে আমন্ত্রিত ছিলেন। সেই সময় কেউ একজন ওনাকে বলেন যে, বিদিশায় এক যোগ্য ব্রাহ্মণ পাত্র রয়েছে – কৈলাশ শর্মা। কৈলাশ ইঞ্জিনিয়ারিং-য়ের ডিগ্রী প্রাপ্ত করেছে আর ওর বড়ই নাম-ডাক হয়ে পড়েছে। আমার পতি, নিজের এক সাংবাদিক মিত্র বনারসী সিং-য়ের সাথে বিদিশা যান আর পাত্রের বাড়ী-ঘর, পরিবার ইত্যাদি সব কিছু দেখে আসেন। যখন বিয়ের কথাবার্তা পাক্কা হওয়ার সময় এল... তখনই বিদিশা থেকে বেশ কিছু হিন্দু আর আর্য সমাজী নেতাদের পত্র আমাদের কাছে এসে পেঁছনো শুরু হয়ে পড়ে – "নিজেদের মেয়েকে আপনারা এ কোথায় ঠেলে ফেলে দিচেছন ?" আমরা মেয়ের মা-বাবা হওয়ায় আমরা ভ্রমের মধ্যে পড়ে গেলাম।"

বিদিশা রেলওয়ে স্টেশন

"কৈলাশ মন, বচন আর কর্ম – সকল প্রকারেই এক উৎকৃষ্ট এবং অদ্বিতীয় ব্যক্তি ছিল। কৈলাশ তো সুমেধাকে তখনও পর্যন্ত চোখেও দেখেনি। যখন ওদের বিবাহের বিরোধিতা করা হতে লাগল... তখন কৈলাশ দিল্লী আসে আর পণ্ডিত জী-র সাথে কথা বলে বিদিশা ফিরে যায়। এটাই সেই সাক্ষাৎকার ছিল... যখন কৈলাশ আর ওনার মিত্র আমাদের বাড়ীতে ভোজন করেছিল। প্রথম দৃষ্টিতেই সুমেধাকে কৈলাশের পছন্দ হয়ে পড়েছিল আর সুমেধাও কৈলাশকে পছন্দ করতে লেগেছিল।"

"আজ এটা সবারই জানা যে, কৈলাশের এক মিত্র ওমপ্রকাশ শ্রীবাস্তব-ই সুমেধা আর কৈলাশের মধ্যে মৈত্রী বাড়ানোর কাজ করেছিলেন। কৈলাশের সাথে সুমেধার বিবাহের বিরোধিতা এই পর্যায় পর্যন্ত এসে পৌঁছেছিল যে, এর কিছু সময় পরে আমি আর পণ্ডিত জী ওদের দুজনের বিবাহ পাকা করার জন্য বিদিশা যাই... কিন্তু আংটি না পরিয়েই আমরা দিল্লী ফিরে আসি। কৈলাশেরই এক মিত্র অভয় শ্রীবাস্তব আমাদের জানিয়েছিলেন – "কৈলাশ বড়ই হুজুগে ছেলে। রোজই কোন-না-কোন আন্দোলন শুরু করে দেয়... শাসন-প্রশাসনের পরোয়া করে না আর ভিখারী... লোকেদের বাড়ী, দোকান আর কারখানায় কাজ করতে থাকা বাচ্চাদের পড়াশোনা করার জন্য ফুসলিয়ে এনে রোজ কোন-না-কোন ঝামেলায় জড়িয়ে পড়ে। ওর সাথে বিবাহ হলে আপনাদের মেয়ের জীবনটা নষ্ট হয়ে পড়বে।" এটাকে কৈলাশের মহানতাই বলতে হবে যে, ও কোনদিনও ওর সাথে সুমেধার বিবাহকে কেন্দ্র করে হতে থাকা আমাদের ভেতরের অস্থিরতার ব্যাপারে কাউকে কিছুই জানায়নি। আমরা যখন বিদিশা থেকে দিল্লী ফিরে এলাম... তখন সুমেধা আংটি না পরানোর ব্যাপারে জানতে পারল আর ও স্পষ্ট শব্দে আমাকে বলেছিল – "মা! অমি কৈলাশকে মনে-মনে নিজের স্বামী হিসেবে মেনে নিয়েছি আর তোমরা যদি কৈলাশ ছাড়া অন্য কারও সাথে আমার বিবাহ দেওয়ার চেস্টা করো... তাহলে আমি আত্মহত্যা করে নেব।"

"তখন আমি কৈলাশের সেই মিত্রকে ডেকে এনে প্রশ্ন করি যে, কৈলাশ কি মদ খায়? ও কি মেয়েদের বিরক্ত করে বা বাজে ছেলেদের সাথে কি ওর ওঠা-বসা আছে? আমার প্রতিটি প্রশ্নের জবাবে কৈলাশের মিত্র 'না' বলায় আমরা নিজেদের মাথায় হাত দিয়ে বসলাম। আমাদের মেয়ে কৈলাশের সাথে বিয়ে না হলে আত্মহত্যা করে নেওয়ার কথা বলছে আর আমরা ওদের দুজনের বিবাহ পাকা না করেই বিদিশা থেকে ফিরে এসেছি। এবার সব কিছু কি ভাবে সামাল দেওয়া হবে? এর পরে আমি সাহস জুটিয়ে পণ্ডিত জী, আমাদের সব থেকে বড় জামাই প্রো. ধর্মবীর আর্য (আজমের) আর সব থেকে বড় মেয়ে জ্যোৎস্না-কে নিয়ে সম্পূর্ণ প্রস্তুতির সাথে আবার এক বার বিদিশা গেলাম। ওনারা সবাই আমার

সুমেধা-কৈলাশ বিবাহের দুর্লভ চিত্র

মান-সম্মান রক্ষা করলেন এবং ধমবীর কৈলাশের হাতে আংটি পরিয়ে কৈলাশ আর সুমেধার বিবাহ পাকা করে দিল।"

সুমেধা জী-র মতানুসার – "শেষ পর্যন্ত 08 অক্টোবর, 1978 আর্য সমাজের বেশ কিছু গন্যমান্য ব্যক্তি আর ধর্মের ঠেকেদারদের কড়া বিরোধিতা সত্ত্বেও, দুই পরিবারের সম্মতি আর আশীর্বাদে আমাদের বিবাহ দিল্লীর করোলবাগের আর্য সমাজ মন্দিরে সম্পন্ন হয়। এর 01 বছর পরে আমাদের পুত্র ভুবন ঋভুর জন্ম 25 জুলাই, 1979 দুপুর 12:10-টার সময় দিল্লীর করোলবাগে অবস্হিত তিব্বিয়া কলেজ হাসপাতালে হয় আর তার 06 বছর পরে 30 আগস্ট, 1985 সকাল 11:15-টার সময় আমাদের কন্যা অস্মিতার জন্ম হয়। ভাগ্যের কথা বলতে গেলে বলতে হয় যে, আমাদের পুত্রের লালন-পালন আমাদের সংঘর্ষের দিনগুলোয় হয়েছিল আর আজ ও এক অত্যন্ত সফল এ্যাডভোকেট। কন্যার জন্ম হওয়ার পরে আমাদের আর কখনো পেছন ফিরে তাকাতে হয়নি।"

কৈলাশ সত্যার্থীর পত্নী শ্রীমতি সুমেধা কৈলাশ সত্যার্থীর মতানুসার – "1978 সালে ওনার সাথে বিবাহ হওয়ার পরে আমি বিদিশাতেই প্রায় 2½ বছর ছিলাম। সেই সময় উনি কলেজে ছাত্র-ছাত্রীদের ইলেক্ট্রিকাল ইঞ্জিনিয়ারিং পড়াতেন। 2 বছর উনি ইঞ্জিনিয়ারিং কলেজে শিক্ষকতা করেন এবং এই সময়ই উনি এমন চিন্তা করেন যে, বাচ্চাদের কি ভাবে শোষণ আর অন্যায়ের হাত থেকে বাঁচানোর সুনিয়োজিত প্রচেস্টা

শুরু করা যায়। এই ফাঁকে আমাদের পুত্র ভুবন ঋভুর জন্ম 25 জুলাই, 1979 দুপুর 12:10-টার সময় হয়েছিল। ভুবনের জন্ম হওয়ার কিছুদিন আগেই আমি দিল্লীতে নিজের মা-বাবার কাছে এসে থাকতে লেগেছিলাম। বিদিশায় থাকার সময় আমি আমার স্বামীর শৈশব, স্কুল আর কলেজের দিনগুলায় সমাজের অসহায় শ্রেণীর লোকেদের সহায়তা করা এবং সমাজ থেকে ভেদভাব আর শোষণ মিটিয়ে ফেলার জন্য করা ওনার প্রচেস্টাকে খুব কাছ থেকে বোঝার চেস্টা করি। কিন্তু আমি কখনো কারও মুখ থেকে এমনটা শুনিনি যে, উনি বালক, কিশোর বা যুবকের রূপে কাউকে কখনো কোন কস্ট দিয়েছেন বা কারও কোন ক্ষতি করেছেন।"

"ওনার শৈশবের কোন ফোটো আমার কাছে নেই। এমনিতেও কোন সৎ আর অত্যন্ত সংঘর্ষশীল পরিবারের বাচ্চাদের স্মৃতি ফোটো এ্যালবামে পাওয়া যায় না। বাড়ীতে অনেক কস্টে, আমার স্বর্গীয় শ্বশুরমশাই রামপ্রসাদ শর্মার একটা ফোটো ছিল... যেটা ঠিক করানোর জন্য কোন এক মিত্রকে দেওয়া হয়েছিল আর উনি সেই ফোটোটা হারিয়ে ফেলেন। পুরোন যুগের লোকেরা নিজেদের বাড়ীতে ক্যামেরা রাখতেন না... এজন্য আমার স্বামীর ছোটবেলার ফোটো অনেক খোঁজ করার পরেও পাওয়া যাবে কি না সন্দেহ!"

"ডাঃ রাম মনোহর লোহিয়ার বিচারধারায় প্রভাবিত হয়ে উঠে উনি 1971 সালে বিদিশায় 'সমাজবাদী যুবা জনসভা' গঠন করেন... যার উনি জেলা মহামন্ত্রী ছিলেন। সমাজবাদী পার্টি থেকে সাংসদ হওয়া চৌধুরী মুনাব্বর সেলিম এই সূত্রে কৈলাশ সত্যার্থীকে নিজের 'রাজনৈতিক গুরু'-ও মানেন। উনি এমনটা বলেন – "1975 থেকে 1980 সাল পর্যন্ত আমরা নিজেদের পরিচিতি গড়ে তোলার জন্য প্রচণ্ড সংঘর্ষ করেছিলাম। তার পরে কৈলাশ সত্যার্থী দিল্লী চলে যান।"

❑❑❑

5

শিশু দাসত্ব থেকে মুক্তির জেদ

বিদিশাতেই 'লাল প্যারেড' এলাকার কাছে বরুণ বীথি কলোনীতে বসবাসকারী জীব বিজ্ঞানের লেকচারার ডাঃ ডি. কে. শর্মা হচ্ছেন কৈলাশ সত্যার্থীর ভাইপো। ওনার মতানুসার – "শুরু থেকেই গান্ধী, রাম মনোহর লোহিয়া এবং জয়প্রকাশ নারায়ণের বিচারধারা দ্বারা প্রভাবিত হওয়ার কারণে আমার কাকা (কৈলাশ সত্যার্থী) 1977 সালে জয়প্রকাশ নারায়ণের আন্দোলনে সক্রিয় ভূমিকা নেন। জেপি ওনাকে নির্বাচনে দাঁড় করানোর ব্যাপারেও ভাবনা-চিন্তা করেছিলেন... কিন্তু কাকার আগ্রহ নির্বাচনে দাঁড়ানোর থেকে সোশালিস্ট বিচারধারার নিজের বন্ধুদের সহায়তা করার প্রতি বেশী ছিল আর উনি নিজের জন্য কিছুই চাইতেন না। ওনার বয়সও সেই সময় খুব কম ছিল। এর পরে 1980 সালে দেশের রাজধানী দিল্লীতে প্রথম বার কৈলাশ সত্যার্থী বন্ধুয়া মজদুরীর বিরুদ্ধে আন্দোলনে স্বামী অগ্নিবেশের সাথে কাঁধে কাঁধ মিলিয়ে সক্রিয় রূপে কাজ করা শুরু করেন। 'বন্ধুয়া মজদুর মুক্তি আন্দোলন'-য়ের এই সংগঠনের অধ্যক্ষ ছিলেন স্বামী অগ্নিবেশ এবং মহামন্ত্রী ছিলেন কৈলাশ সত্যার্থী। এই সময় ওনারা দুজনে মিলে 'সংঘর্ষ জারী রহেগা' নামক এক পত্রিকাও প্রকাশিত করেন।

1980 সালে ওনাকে এক সমাজসেবী ঘূরন মহাতো পলামৌ-য়ের নগরঊটারী গ্রামে হতে থাকা বন্ধুয়া মজদুরী আর বাচ্চাদের বিরুদ্ধে হতে থাকা শোষণের ব্যাপারে জানানোমাত্র, উনি নিজের সঙ্গী-সাথীদের সঙ্গে নিয়ে সেখানে গিয়ে পৌঁছন। সেখানে গুণ্ডারা উল্টে ওনাদের ওপরেই হামলা শুরু করে দেয়। উনি এর কিছু সময় পরে পলামৌ-য়ের নগরঊটারী গ্রাম থেকে দিল্লী পর্যন্ত বন্ধুয়া মজদুরীর বিরুদ্ধে পদযাত্রা করে সেই সব গুণ্ডাদের মুখের ওপরে জবাব ছুঁড়ে দেন। পুরো দুনিয়া এবার এটা জানতে পেরে যায় যে, নগরঊটারী গ্রামে কি চলছিল। হয়তো এই ঘটনাই পরে 'বচপন বাঁচাও আন্দোলন'-য়ের আধার হয়ে উঠেছিল।

80-র দশকেই নিজের প্রাণের বাজী রেখে, মির্জাপুর আর ভদোহী-র কার্পেট শিল্পে কাজে লাগানো শিশু শ্রমিকদের মুক্ত করানো শুরু করলে উনি এটা জানতে পারেন যে, এদের মধ্যে বেশীর ভাগ বাচ্চা বিহারের সহরসা, সুপৌল, মধেপুরা ইত্যাদি জেলার। এর পেছনের কারণের সন্ধানে উনি এই সব জেলায় যান। উনি বিহারের বেশ কিছু গ্রামেও যান। উনি রাজগীরের এক সংস্হানে কাজ করতে থাকা 11 মেয়েদের মুক্ত করান আর 01 মাসের ভেতরে কোন প্রকারের কোন সরকারী সহায়তা ছাড়াই তাদের পুনর্বাসের ব্যবস্হাও করেন। নবাদা জেলার হিসুয়ায় ওনার সংগঠন লাগাতার কাজ করে চলে আর শেষ পর্যন্ত এই ক্ষেত্রকে বিহারের সর্বপ্রথম 'শিশু মজদুর মুক্ত' এলাকার মর্যাদা প্রদান করা হয়।

শ্রীমতি সুমেধা কৈলাশ সত্যার্থী নিজের পতি এবং পরিবারের 03 দশক পুরোন সংঘর্ষ আর পুরোন দিনগুলোর স্মৃতিচারণ করে বলেছেন – "ওনার দ্বারা প্রকাশিত পত্রিকা 'সংঘর্ষ জারী রহেগা'-তে প্রকাশ করার জন্য পুরো দেশ থেকে আমাদের লাছে রিপোর্ট, সমস্যা এবং তথ্য আসত।"

উনি আরও বলেন – "সব থেকে বড় মামলা আমাদের কাছে চণ্ডীগঢ় থেকে এসেছিল... যাতে ভাসল খাঁ নামক এক ব্যক্তি আমাদের এই তথ্য প্রদান করেন যে, ওনার আত্মীয়া এক 14 - 15 বছরের ছোট মেয়ে আর আরও অনেক বাচ্চাদের সাথে এক ইঁট ভাঁটার ঠেকেদার, বন্ধুয়া গোলামের মত ব্যবহার করছে। এখন তাদের বিক্রী করে দেওয়ার প্রস্তুতি চলছে। এই শুনে আমার স্বামীর শরীরের রক্ত ফুটে উঠল। উনি নিজের কিছু সাথী আর একজন ফোটোগ্রাফারকে সঙ্গে নিয়ে সেই ইঁট ভাঁটায় পৌঁছে গেলেন। সেখানে বন্দী করে রাখা সেই মেয়েটিকে মুক্ত করানো হল এবং ইঁট ভাঁটার চৌকিদারকে ভয় দেখিয়ে সকল বন্ধুয়া মজদুরদের ট্রাকে চাপানো হল। ঠিক সেই সময় ইঁট ভাঁটার মালিক স্হানীয় পুলিশের সাথে সেখানে এসে হাজির হল। সে আমার স্বামীর সাথীদের ভয় দেখিয়ে সেখান থেকে ভাগিয়ে দিল। এই টানাটানিতে সঙ্গে যাওয়া ফোটোগ্রাফারের ক্যামেরা ভেঙে গেল... কিন্তু আগে তোলা ফোটোর তিনটি রীল বেঁচে গিয়েছিল। এত সব কিছু সত্ত্বেও আমার স্বামী সাহস হারালেন না। উনি সব ফোটো সংবাদপত্রে ছাপার জন্য দিয়ে দিলেন আর নিজে হাই কোর্টের দরজায় পৌঁছে গেলেন। আদালত ওনার চিন্তা বুঝতে পারল আর 48 ঘন্টার মধ্যে সেই সব বন্ধুয়া মজদুরদের মুক্ত করানোর আদেশ দিল।"

শ্রী কৈলাশ সত্যার্থীর পত্নীর মতানুসার – "শুরুতে ওনার সকল মনোযোগ বন্ধুয়া মজদুর মুক্তি অভিযানের ওপরেই ছিল... কিন্তু চণ্ডীগঢ়ের এই ঘটনার পরে, ওনার মনে শিশু দাসত্বের সাথে সুনিয়োজিত লড়াই লড়ার চিন্তা ঢুকে পড়ে আর উনি নিজের কিছু সাথীদের সহযোগে দীর্ঘ সময় পর্যন্ত এর ওপরে কাজ করেন... তারপর 1986 সালে উনি 'বচপন বাঁচাও আন্দোলন'-তে ঝাঁপিয়ে পড়েন। এই সময় উনি বাচ্চাদের জন্য যথেষ্ট সংঘর্ষও করেন এবং

হোটেল, ইঁট ভাঁটা, বাজীর কারখানা আর কাঁচের ফ্যাক্টরীতে কাজ করতে থাকা বাচ্চাদের মুক্ত করিয়ে তাদেরকে তাদের পরিবারের লোকেদের সাথে মিলিত করানোর জন্য সংঘর্ষ চালিয়ে যান। এই সময় ওনার ওপরে বেশ কয়েক বার প্রাণঘাতী হামলাও হয়েছে। পরিস্হিতি এমন হয়ে উঠেছিল যে, ওনাকে নাম বদলে আর ভেষ বদলে কাজ করতে হচ্ছিল। অনেক বার তো আমি এমনটা চিন্তা করতাম যে, উনি সকুশলে বাড়ী ফিরে আসবেন তো? 05 বছরের মধ্যেই ওনার ওপরে 07 বার হামলা চালানো হয়েছে। শিশু দাসত্ব মাফিয়ারা ওনাকে প্রাণে মেরে ফেলতে চাইছিল... কিন্তু অপার জন-সহযোগের জোরে উনি কখনো থেমে যাননি বা ক্লান্তি অনুভব করেননি। ওনার এই অভিযান জঙ্গলের দাবানলের মতই গোটা দেশ জুড়ে ছড়িয়ে পড়েছিল।"

'বচপন বাঁচাও আন্দোলন' শিশু দাসত্ব, মানব তস্করী আর বন্ধুয়া মজদুরীর মত অত্যন্ত সংবেদনশীল বিষয় নিয়ে শুরু হওয়া ভারতের এমন প্রথম সংগঠন ছিল... যে সংগঠন সমাজের মনোযোগ উন্নতিশীল দেশগুলোয় বিকরাল রূপে ব্যাপ্ত শিশু দাসত্বের প্রতি আকৃষ্ট করেছিল এবং বন্ধুয়া জীবন কাটাতে থাকা বাচ্চাদের স্বাভাবিক আর সুস্হ জীবন প্রদান করার সূত্রপাত করেছিল। এটা এই সংগঠনের সফলতা ছিল যে, মাত্র 03 বছরের মধ্যেই এই সংগঠন বিভিন্ন শিল্পে পিষতে থাকা বাচ্চাদের মুক্ত করাতে সফল হয় এবং সাউথ এশিয়ান কোয়ালিশন অন্ চাইল্ড সর্ভিচ্যুড (সাক্স) গঠন করার পেছনে সক্রিয় ভূমিকা পালন করে। এই সংগঠন এক নতুন দায়িত্বের জন্ম দেয় যে, শিশু দাসত্ব থেকে মুক্ত করানো বাচ্চাদের কি ভাবে পুনর্বাসিত করা যেতে পারে?

পূর্বাঞ্চলে বেশ কিছু দশক ধরে বন্ধুয়া মজদুরদের মুক্তির আন্দোলনের অগ্রণী রমা শংকর চৌরসিয়া বলেছেন – "কৈলাশ জী-র ভেতরে অসহায়, গরীব পরিবারের সরল বাচ্চাদের বেঁচে থাকার, পড়াশোনা শেখার আর খেলা করে বেড়ানোর স্বাধীনতা প্রদান করার নিজের লক্ষ্য প্রাপ্ত করার এক জবরদস্ত নেশা ছিল। যখন দিল্লীতে কৈলাশ জী 1980 সালে 'সংঘর্ষ জারী রহেগা' পত্রিকা প্রকাশ করা শুরু করেন... তখন উনিই সেই পত্রিকার সম্পাদক, লেখক, প্রুফ রীডার, কম্পোজিটর আর ডিস্ট্রিব্যুটর ছিলেন। এটা খুব কম লোকই জানেন যে, ভাসল খাঁ-র যে আত্মীয়াকে উনি পাঞ্জাবের ইঁট ভাঁটা থেকে অন্যান্য বন্ধুয়া মজদুরদের সাথে উদ্ধার করেছিলেন... উদ্ধার করার সময় তার অবস্হা অত্যন্ত খারাপ হয়ে পড়েছিল। তার মৃত্যুর পরে কবরস্হান থেকেই উনি শিশু-মুক্তির জন্য কাজ করার শপথ নিয়েছিলেন। এর ঠিক 01 বছর পরে উনি পলামৌ-তে বন্ধুয়া মজদুর মুক্তি চৌপালের আয়োজন করেছিলেন। এই উপলক্ষে হাজার-হাজার বাচ্চাদের মাতা-পিতারা এটা জানিয়েছিলেন যে, তাঁদের কি অবস্হায় জীবন কাটাতে হচ্ছে। শিশু দাসত্বের সাথে কৈলাশ

জী-র সংঘর্ষ এখান থেকেই শুরু হয়। পরিস্থিতি এতটাই খারাপ ছিল যে, মির্জাপুর-ভদোহী কার্পেট বেল্টেই প্রায় 22 লক্ষ মজদুর কাজ করছিল। তাদের মধ্যে 02 লক্ষেরও বেশী সরল বাচ্চা ছিল... যাদের বয়স 14 বছরের কম ছিল। এর পরে উনি অক্লান্ত পরিশ্রম করে পাথরের খনি, ইঁট ভাঁটা, কাঁচের কারখানা, আবর্জনা কুড়োতে থাকা আর অন্যান্য সকল প্রকারের কারখানায় বন্ধুয়া মজদুরী করতে থাকা বাচ্চাদের বাঁচানোর জন্য কাজ করা শুরু করে দেন।"

এমনই অসংখ্য সরল বাচ্চাদের জীবন গড়ে দিয়েছেন কৈলাশ সত্যার্থী

90-য়ের দশকে দক্ষিণ এশিয়ার কার্পেট শিল্পে বাচ্চাদের গোলামী করার বিষয়ের ওপরে উনি এক জবরদস্ত ইতিবাচক আর রচনাত্মক অভিযান শুরু করেন। শিশু শ্রমের সংবেদনশীল বিষয়কে মানবিক অধিকারের বিষয় করে তোলা এবং শিশু-শিক্ষাকে মানবাধিকারের গণ্ডীতে নিয়ে আসা ওনার অসাধারণ বুদ্ধিমত্তা আর কুশল ব্যবস্থাপনারই উদাহরণ।

না জানি আরও কত ক্ষেত্র রয়েছে... যেসব ক্ষেত্রে কৈলাশ সত্যার্থীর নাম কোন-না-কোন কারণে গোটা বিশ্ব জুড়ে অত্যন্ত সম্মানের সাথে নেওয়া হয়ে থাকে। উনি সমাজ সেবার ইতিহাসে সম্ভবতঃ একমাত্র এমন ব্যক্তি হবেন... যিনি চ্যালেঞ্জকে সুযোগে পরিবর্তিত করে তুলেছেন। 1992 সালে উনি যখন এটা জানতে পারলেন যে, ভদোহী-মির্জাপুরে সকল কল-কারখানা, ইঁট ভাঁটা, হোটেল-ঢাবা সমেত সকল কার্পেট নির্মাতা কোম্পানী দ্বারা 08 থেকে 14 বছরের বাচ্চা ছেলে-মেয়েদের বন্ধুয়া মজদুর বানিয়ে, তাদের দিয়ে দিনের মধ্যে 10 থেকে 12 ঘণ্টা পর্যন্ত লাগাতার কাজ করানো হচ্ছে... তখন উনি এই সব জায়গায় জবরদস্ত হানা দিতে শুরু করে দিলেন। ওনার এই অভিযানে ভয় পেয়ে ফ্যাক্টরী ঠেকেদাররা অল্ ইণ্ডিয়া কার্পেট ম্যানুফ্যাকচারিং এ্যাসোসিয়েশনের অডিটোরিয়ামে ওনাকে অত্যন্ত নিষ্ঠুর ভাবে মারধোর করে। কিন্তু কৈলাশ সত্যার্থী এতটুকু সাহস হারালেন না আর নিজের সহযোগী শ্রী চৌরসিয়ার সাথে মিলে নিজের অভিযান চালিয়ে যান। ওনার এই অভিযান সংবাদ

পত্রগুলোর হেডলাইনে উঠে আসত। কৈলাশ সত্যার্থী-র ওপরে হিংস্র হামলা হওয়ায় আন্তর্জার্তিক আমদানী-রপ্তানী জগত কেঁপে উঠল আর এই ঘটনার পরে হঠাৎই 'বচপন বঁচাও আন্দোলন'-য়ের যেন পাখনা গজাল। এই প্রথম বার এই আন্দোলনের গুঞ্জরণ আমেরিকা, ইউরোপ আর অস্ট্রেলিয়াতেও শুনতে পাওয়া গেল। ফল এটাই হল যে, আমেরিকা সমেত পুরো ইউরোপ ভদোহীর কার্পেটের বহিস্কার করে দিল। রাতারাতি কার্পেট মাফিয়ার আতংক আর অহংকার যেন আকাশ থেকে মাটিতে এসে আছড়ে পড়ল। বহিস্কারের কারণে 50 শতাংশেরও বেশী কার্পেট রপ্তানী কমে এল। ক্রমশঃ কমে আসতে থাকা রপ্তানী আর ধূলোয় মিশে যেতে থাকা প্রতিষ্ঠার কারণে ক্ষেপে ওঠা রপ্তানী কারকরা বিদেশী সংগঠকদের সহায়তা নিতে চাইল আর মাঝামাঝি কোন একটা রাস্তা খুঁজে বার করার চেষ্টা করল।

এই পুরো ঘটনার স্মৃতিচারণ করে শ্রী চৌরসিয়া বলেছেন – "সেই সময় কার্পেট শিল্পে ব্যাপক স্তরে বন্ধুয়া শিশু মজদুরীর ব্যাপারে যখন তথ্য কৈলাশ সত্যার্থীর কাছে এসে পৌঁছল... তখন উনি আমাকে সঙ্গে নিয়ে ভদোহী পৌঁছন। আমরা জ্ঞানপুরের এক কার্পেট কারখানায় যাই... যেখানে প্রচুর সংখ্যায় বাচ্চা বন্ধুয়া মজদুরের কাজ করছিল। শ্রী সত্যার্থী যখন কারখানার মালিককে এটা জানান যে, 14 বছরের কম বয়সের বাচ্চাদের দিয়ে কাজ করানো অপরাধ... তখন কারখানার মালিক উল্টে আমাদের ওপরেই গরম দেখাতে লাগেন। উনি রেগে উঠে আমাদের ওপরেই হামলা শুরু করে দেন।"

"পরে যখন কৈলাশ সত্যার্থী অল্ ইণ্ডিয়া কার্পেট ম্যানুফ্যাকচারিং এ্যাসোসিয়েশনের অডিটোরিয়াম পৌঁছন... তখন সেখানে চলতে থাকা মীটিং-য়ে উপস্থিত সমস্ত কার্পেট নির্মাতারা আমাদের বিরুদ্ধে হয়ে পড়েন। শ্রী সত্যার্থী সমেত আমাদের সবাইকে ধাক্কা মেরে বাইরে বার করে দেওয়া হয়। তবুও শ্রী সত্যার্থী এতটুকু নিরাশ হননি আর উনি নিজের 'বচপন বঁচাও আন্দোলন' চালিয়ে যান। এই সময় উনি কোথাও নিজের সহযোগীদের সহায়তায়... তো কোথাও প্রশাসনের সহায়তায় একের-পর-এক কার্পেট কারখানা থেকে বন্ধুয়া শিশু শ্রমিকদের মুক্ত করাতে লাগেন।"

কার্পেট শিল্প জগতে শিশু বন্ধুয়া মজদুরীর অভিযোগে উনি 1993 সালে জগদীশপুরে অবস্থিত এক কার্পেট কারখানায় তৎকালীন তহসীলদারের সাথে হানা দিয়ে গঢ়বা (বিহার) এবং সোনভদ্র (মধ্য প্রদেশ)-য়ের 62 শিশু শ্রমিকদের মুক্ত করান। এর পরে 1996 সালে ঊঞ্জে অবস্থিত এক কারখানায় হানা দিয়ে বিহারের 25 এবং 1997 সালে পুরে বিশ্বনাথ গ্রামে অবস্থিত কারখানায় হানা দিয়ে 07 শিশু শ্রমিককে মুক্ত করান।

'বচপন বাঁচাও আন্দোলন'-তে নিজের ছাত্র জীবনে সহভাগীতা করা বড়ৌত নিবাসী ডাঃ অনুরাগ মিত্তল জানিয়েছেন – "এই সময়েই কৈলাশ সত্যার্থীর রক্ষণাবেক্ষনে মির্জাপুর-ভদোহীর কার্পেট শিল্প হোক্ বা ফিরোজাবাদের কাঁচ শিল্প অথবা শিবকাশীর বাজী শিল্প – এই সব শিল্পকে শিশু শ্রম মুক্ত করে তুলতে 'শৈশব বাঁচাও আন্দোলন'-য়ের যথেষ্ট গুরুত্বপূর্ণ ভূমিকা ছিল।"

শ্রী চৌরসিয়া এমন দাবী করেছেন যে, 1994 থেকে 1999 সালের মধ্যেই শ্রী কৈলাশ সত্যার্থীর অভিযান দ্বারা গোটা পূর্বাঞ্চলের বিভিন্ন কল-কারখানা, কার্পেট শিল্প আর হোটেল-ঢাবা থেকে প্রায় 10 হাজারেরও বেশী বন্ধুয়া শিশু শ্রমিকদের মুক্ত করানো হয়েছিল। এই সব অভিযান কার্পেট রপ্তানী কারকদের মধ্যে হৈ-চৈ ফেলে দিয়েছিল। কার্পেট রপ্তানী কারকেরা কোথাও শ্রী সত্যার্থীর নাম শুনতে পেলেই তাঁকে মারার জন্য ছুটে যেতেন।

রপ্তানী কারকদের ভারী বিরোধিতা সত্ত্বেও শ্রী সত্যার্থী নিজের আন্দোলন চালিয়ে গেলেন। ব্যাপারটা ক্রেতা দেশ আমেরিকা আর ইউরোপ পর্যন্ত ছড়িয়ে পড়ল। বন্ধুয়া শিশু মজদুরী সেখানকার মীডিয়া এবং পত্রিকার হেডলাইন হয়ে উঠল। পরিস্হিতি এমন পর্যায়ে পৌঁছে গেল যে, ক্রেতারা কার্পেট কিনতে অস্বীকার করে দিল। রপ্তানী হার লাগাতার নীচের দিকে নেমে আসতে থাকায় রপ্তানী কারকদের মধ্যে হাহাকার পড়ে গেল। সরকারের সকল প্রকারের প্রচেস্টা সত্ত্বেও কিছুই করা গেল না। পরে কৈলাশ সত্যার্থী 'রগমার্ক'-য়ের স্হাপনা করান। শর্ত এটা রাখা হল যে, এবার থেকে সেই কার্পেটই দেশের বাইরে রপ্তানী হবে... যেটার ওপরে 'রগমার্ক'-য়ের লেবেল লাগানো থাকবে। এই লেবেলের অর্থ ছিল এই যে, এই কার্পেট বাচ্চারা তৈরী করেনি।

এই উপলক্ষে বিদেশী আমদানী কারক এবং বেশ কিছু দেশের সরকারের প্রচেস্টায় ভারত থেকে কার্পেট আমদানী করা লোকেরা এমন রাস্তা খুঁজে বার করলেন যে, যদি কোন ভাবে এটা প্রমাণিত হয়ে পড়ে যে, ভারতীয় কার্পেট-সতরঞ্চি ইত্যাদি প্রস্তুত করাতে বাচ্চাদের কাজে

কার্পেট নির্মাণ শিল্পে কার্যরত বাচ্চারা

লাগানো হয়নি... তাহলে সেসব বাইরের দেশগুলোয় রপ্তানী করার ওপর থেকে নিষেধাজ্ঞা তুলে নেওয়া হোক্।

এই পরিস্থিতি কৈলাশ সত্যার্থীকেই ন্যায় বিচার করার সুযোগ প্রদান করল... কারণ ওনার উদ্দেশ্য ভারতীয় কার্পেট শিল্পকে শেষ করে ফেলা মোটেই ছিল না... বরং ওনার উদ্দেশ্য ছিল সরল বাচ্চাদের দাসত্বের হাত থেকে মুক্তি প্রদান করা। শিশু অধিকারের সুরক্ষার জন্য উনি ইউরোপ, ভারতের বিভিন্ন মানবাধিকার সংগঠন, য়ুনিসেফ্-ইণ্ডিয়া এবং ভারত-জার্মান এক্সপোর্ট পরিষদের সাথে শলা-পরামর্শ করে এমন এক প্রোগ্রাম তৈরী করলেন... যার মূল উদ্দেশ্য আমদানী কারক দেশগুলোকে এই ভরসা প্রদান করা ছিল যে, তাঁদের দ্বারা কেনা কার্পেট তৈরী করার সময় কোন রূপেই বাচ্চাদের শোষণ করা হয়নি। এই প্রোগ্রাম 1994 সালের শেষে ভারতে শুরু করা হয় আর 02 বছরের ভেতরে এটা নেপাল পর্যন্ত ছড়িয়ে পড়ে। এর পরে জার্মানী, নেপাল, ভারত আর আমেরিকান শলা-পরামর্শের পরিণাম 'রগমার্ক ইন্টারন্যাশনাল'-য়ের রূপে সামনে আসে। 1998 সালের মে মাসে কার্পেট শিল্প থেকে শিশু-শ্রম সমাপ্ত করার উদ্দেশ্যে এক স্বেচ্ছাসেবী সংস্থার রূপে 'রগমার্ক ইন্টারন্যাশনাল'-য়ের জন্ম হয়... যেটা 2009 সাল থেকে 'গুডউইভ' নামে পরিচিত।

শ্রী কৈলাশ সত্যার্থীর বিশ্বসনীয়তা এতটাই ছিল যে, গোটা দুনিয়ার কার্পেট ক্রেতারা 'গুডভীভ' চিহ্ন না দেখে কার্পেট কিনতেনই না। এই সব অভিযানের কারণে কার্পেট শিল্প থেকে শিশু-শ্রম অনেকটাই মুক্ত হয়ে পড়েছে... কিন্তু হয়তো দু-একটা মামলায় কিছু-কিছু কার্পেট শিল্পে আজও শিশু-শ্রম করানো হচ্ছে।

শিশু-শ্রমের সমাপ্তির জন্য জন-জাগরণ আর জন-আন্দোলনের সাথে-সাথে মজবুত আইন আর সরকারী প্রকল্পের দাবী নিয়ে শ্রী সত্যার্থীর নেতৃত্বে অনেক পদযাত্রা করা হয়েছে। শিশু দাসত্বের ব্যাপারে পুরো দুনিয়াকে জানানোর জন্য সবার প্রথমে উনি 'বচপন বাঁচাও আন্দোলন'-য়ের অন্তর্গত 1993 সালে কার্পেট শিল্পে শিশু-শ্রমের বিরুদ্ধে নগরউটারী (বিহার) থেকে দিল্লী পর্যন্ত প্রায় 2000 কিমি. লম্বা পদযাত্রার আয়োজন করেন। এর ঠিক পরেই উনি 1994 সালে কন্যাকুমারী থেকে দিল্লী পর্যন্ত পদযাত্রা করেন। তারপর 1995 সালে উনি কোলকাতা থেকে কাঠমাণ্ডু পর্যন্ত পদযাত্রা করেন। 1996 সালে উনি পুরো দিল্লীতে 'শিশু-শ্রম জাগরুকতা যাত্রা'-র আয়োজন করেন।

1998 সালে উনি শিশু-দাসত্ব, শোষণ আর বন্ধুয়া শিশু-শ্রম মুক্ত বিশ্বের জন্য 103 দেশের ওপর দিয়ে যাওয়া প্রায় 80 হাজার কিমি. লম্বা বৈশ্বিক পদযাত্রা (গ্লোবাল মার্চ এগেন্সস্ট চাইল্ড লেবার)-য়ের আয়োজন করেন। এই পদযাত্রায় দুনিয়ার সকল দেশের রাজনৈতিক নেতারা এবং সংগঠনেরা অংশ নেন এবং গোটা বিশ্ব জুড়ে মীডিয়া এই পদযাত্রার ভূয়ষী

প্রশংসা করে। জানুয়ারী থেকে জুন মাস পর্যন্ত চলা 80 হাজার কিমি.-র এই পদযাত্রায় তৎকালীন আমেরিকান রাষ্ট্রপতি বিল ক্লিন্টন, ব্রিটিশ প্রধানমন্ত্রী টনি ব্লেয়ার, ফরাসী রাষ্ট্রপতি শোরাক, ভারতের তৎকালীন রাষ্ট্রপতি কে. আর. নারায়ণন সমেত বিশ্বের 70-য়েরও বেশী দেশের রাষ্ট্রপতি, প্রধানমন্ত্রী, রাজা-রানী ইত্যাদিরা অংশ গ্রহণ করেন। মোট 72 লক্ষেরও বেশী বাচ্চা, মহিলা আর পুরুষ এই পদযাত্রায় শামিল হন। এর 01 বছর পরেই আন্তর্জার্তিক শ্রম সংগঠন ঝুঁকিপূর্ণ এবং শোষণ যুক্ত কাজ থেকে বাচ্চাদের রক্ষা করার আইনও অঙ্গীকার করে নেয়।

এখানে এটা উল্লেখ্য যে, 1999 সাল পর্যন্ত বাচ্চাদের গোলামী আর বিপজ্জনক পরিস্থিতির শিশু মজদুরীকে বাধা প্রদান করার জন্য দুনিয়ায় কোন আন্তর্জার্তিক আইন তৈরী হয়নি। এমন কোন আইনের দাবী জানানো প্রথম ব্যক্তি ছিলেন শ্রী কৈলাশ সত্যার্থী। উনি বৃথা লেখালেখি বাদ দিয়ে এক অসাধারণ ঐতিহাসিক প্রচেস্টা চালান... যেটা সর্বদাই বিশ্ব জন-আন্দোলনের ইতিহাসের সব থেকে প্রভাবশালী ঘটনাগুলোর মধ্যে গন্য হবে।

2001 সালে শিশু-মিত্র গ্রামগুলোর অদ্ভূত পরিকল্পনা কৈলাশ সত্যার্থীকে এক নতুন আন্তর্জার্তিক পরিচিতি প্রদান করে। এই মডেলের বিশেষত্ব এটাই ছিল যে, শিশু মজদুরী প্রভাবিত গ্রামগুলোয় তাঁরা বাচ্চাদের পঞ্চায়েত গঠন করে বাচ্চাদেরই তাদের মামলায় নেতৃত্ব প্রদান করার সুযোগ করে দিতেন। 2006 সালে কৈলাশ সত্যার্থী 'মুক্তি-কারবাঁ'-র স্হাপনা করেন। চাকার ওপরে শিশু-শ্রম মুক্তির এই প্রচেস্টা অতুলনীয় ছিল। এতে শিশু-মজদুরী থেকে মুক্ত করে আনা আর প্রশিক্ষিত করে তোলা বাচ্চাদের দিয়ে লোক-কাহিনী এবং পথ নাটিকার মাধ্যমে সমাজকে শিশু-শ্রমের বিরুদ্ধে জাগরুক করে তোলা হত। 2007 সালে শিশু-ব্যবসা বিরোধী দক্ষিণ এশিয়ান পদযাত্রার মাধ্যমে, শিক্ষাকে মৌলিক অধিকার হিসেকে গড়ে তোলার কাজেও শ্রী সত্যার্থীর অনেক বড় অবদান ছিল।

শ্রী কৈলাশ সত্যার্থী-র অক্লান্ত প্রচেস্টার কারণেই আন্তর্জার্তিক স্তরের সাথে-সাথে ভারতেও শিশু-শ্রম, শিশু-দাসত্ব, শিশু-শোষণ আর শিশু-তস্করীর মত ভয়ানক বিষয়ের ওপরে অস্তিত্বমান শিশু শ্রম আইনে বিভিন্ন কঠোর সংশোধন এবং ব্যবস্হা গ্রহণ করা হয়েছে।

ওনার এমন প্রচেস্টার আগে শিশু মজদুরী আর শিশু দাসত্বের ওপরে কারোরই দৃষ্টি যেত না। এই সব খারাপ জিনিষ আমাদের সমাজের কোন বিষয়ই ছিল না। না তো সরকার আর না-ই কোন বে-সরকারী সংগঠন এই বিষয়ের ওপরে কাজ করছিল। শ্রী কৈলাশেরই এই ব্যাপারে কৃতিত্ব প্রাপ্য যে, ভারত সমেত গোটা বিশ্বের 144-য়েরও বেশী দেশে উনি নিজে গেছেন; আর সেখানেও শিশু দাসত্বকে সামাজিক, রাজনৈতিক এবং আইনী বিষয় করে তুলেছেন।

শ্রী কৈলাশ সত্যার্থী আজ বিশ্ব জুড়ে শিশু দাসত্ব এবং শিশু শ্রমের বিরুদ্ধে সংঘর্ষের অপর নাম হয়ে উঠেছেন। উনি শিশু দাসত্ব বিরোধী বিশ্ব আন্দোলন 'গ্লোবাল ক্যাম্পেন ফর এডুকেশন'-য়ের সংস্থাপক অধ্যক্ষ। উনি ভারতে 'বচপন বঁচাও আন্দোলন'-য়ের প্রণেতাও বটে। এই দুটি সংগঠন আলাদা-আলাদা ভাবে প্রায় 150 দেশে সক্রিয় হয়ে রয়েছে। এখনও পর্যন্ত উনি অত্যন্ত ঝুঁকিপূর্ণ গোপন হানা দ্বারা প্রায় 84 হাজার বাচ্চাকে শিশু দাসত্ব, শোষণ এবং বন্ধুয়া জীবন থেকে মুক্ত করিয়ে, তাদের পুনর্বাস দ্বারাও লাভান্বিত করে তুলেছেন। এই সংখ্যা লাগাতার বেড়েই চলেছে।

ওনার জীবন সর্বদাই ঝুঁকিতে পরিপূর্ণ হয়ে থেকেছে... কারণ গোটা দুনিয়ার সরল বাচ্চাদের চুরি করে ব্যবসা করতে থাকা আর বাচ্চাদের দিয়ে গোলামী করাতে থাকা মাফিয়ারা, ওনাকে নিজেদের সব থেকে বড় শত্রু হিসেবে মানে। ওনার প্রচেষ্টার পরিণাম স্বরূপ সুপ্রীম কোর্ট এবং হাই কোর্টগুলো দ্বারা এমন বেশ কিছু ঐতিহাসিক ফয়সালা শোনানো হয়েছে... যেগুলো দ্বারা বন্ধুয়া মজদুরী, শিশুদের গায়েব হয়ে যাওয়া, শিশুদের প্রতি দুব্যর্বহার, শিশু-শ্রমের বেশ কিছু জঘন্য পক্ষ এবং শিক্ষার পুনর্বাসের গুরুত্বপূর্ণ বিষয়গুলোকে পরিভাষিত করা হয়েছে। এই সব ফয়সালা দ্বারা দেশের লক্ষ-লক্ষ বাচ্চাদের সরাসরি রূপে লাভ হয়েছে... এর সাথে-সাথে কেন্দ্র আর রাজ্য সরকারগুলোকেও নিজেদের নীতিতে ব্যাপক পরিবর্তন করতে হয়েছে।

এই প্রথম বার সংযুক্ত রাষ্ট্র সঙ্ঘের আই.এল.ও. আধিবেশনে বে-সরকারী সংগঠন, সাধারণ ব্যক্তি আর বাচ্চাদের অংশীদারী প্রদান করা হয়েছে। শ্রী কৈলাশ সত্যার্থী এর প্রারম্ভিক অধিবেশনকে সম্বোধিত করেছিলেন এবং বিশ্বের সকল সরকারের থেকে শিশু দাসত্ব বন্ধ করার জন্য আন্তজার্তিক আইন বানানোর দাবী জানিয়েছিলেন। এর 01 বছরের মধ্যেই গোটা বিশ্বের সরকারগুলো এই আইনের ওপরে হস্তাক্ষর করে আর বর্তমানে 178 দেশের সংসদ, নিজেদের দেশে এই আইন পাশ করে নিয়েছে। গোটা দুনিয়ার কোটি-কোটি বাচ্চারা এর ফলে লাভবান হয়েছে।

শ্রী কৈলাশ সত্যার্থী হচেছন প্রথম বে-সরকারী ব্যক্তি... যিনি 2000 সালে সংযুক্ত রাষ্ট্র মহাসভার অধিবেশনকে সম্বোধিত করার সুযোগ পেয়েছিলেন। মহা অধিবেশন চলাকালীন তার সাথে-সাথে চলতে

দাসত্বের কারণে অসহায় শৈশব

থাকা সমান্তরাল বৈঠক আর অনুষ্ঠানে তো বিশেষজ্ঞরা অংশ নিতে থাকেন... কিন্তু মহাসভার মুখ্য অধিবেশনকে কেবলমাত্র কোন দেশের প্রধানমন্ত্রী বা রাষ্ট্রপতিই সম্বোধিত করতে পারেন। 2009 সালের বিশেষ অধিবেশন শিশু অধিকারের ওপরে কেন্দ্রীভূত ছিল। এজন্য সংযুক্ত রাষ্ট্রসভা নিজেদের প্রোটোকলে পরিবর্তন করে শ্রী সত্যার্থীকে বলার সুযোগ করে দেয়। ওনার আমেরিকা, ব্রিটেন, জার্মানী, ইটালী ইত্যাদি দেশের সাংসদদের বিশেষ বৈঠককে সম্বোধিত করার সুযোগও প্রাপ্ত হয়েছে। উনি শিশু মজদুরী আর শিক্ষার ওপরে সংযুক্ত রাষ্ট্র সঙ্ঘের বেশ কিছু গুরুত্বপূর্ণ কমিটির সদস্যও বটে। ওনাকে অক্সফোর্ড, হার্বার্ড, প্রিন্সটন ইত্যাদি অনেক বিশ্ববিদ্যালয়ে ভাষণ দেওয়ার জন্যও আমন্ত্রণ জানানো হয়ে থাকে।

শিশু দাসত্বকে পৃথিবীর মানচিত্র থেকে মুছে ফেলার জেদ কৈলাশ সত্যার্থীকে এই পর্যন্ত এমনি-এমনি নিয়ে আসেনি। উনি মনসা-বাচা-কর্মণা এই জীবন-শৈলীকে অঙ্গীকার করেছেন। উনি নিজের এই সংঘর্ষের সূত্রপাত 1980 সালে 'সংঘর্ষ জারী রহেগা' পত্রিকার প্রকাশনার মধ্য দিয়ে করেছিলেন। শিশু-শ্রম, শিশু দাসত্ব আর শিশু শোষণ মুক্ত বিশ্বে, এই ক্রান্তি নিয়ে আসাকে নিজের ধর্ম হিসেবে মানতে থাকা শ্রী কৈলাশ সত্যার্থী 'ক্রান্তি-ধর্মী' নামক হিন্দী পত্রিকা, 'ওয়ার্কার্স সোলিডরিটি' এবং 'ফ্রীড়ম নাউ' নামক ইংরাজী পত্রিকারও বহু বছর পর্যন্ত সম্পাদনা করেছেন।

❑❑❑

6

বিভিন্ন ধরণের বিবাদ

যেই কৈলাশ সত্যার্থী-কে শান্তির ক্ষেত্রে 'নোবেল পুরস্কার' প্রদান করার ঘোষণা করা হল... এক সাথে বেশ কিছু লোকেদের যেন গায়ে জ্বালা ধরে গেল। যে ব্যক্তিকে এতদিন পর্যন্ত ভারতে মীডিয়া আর প্রশাসন কোন গুরুত্বই প্রদান করেনি... তাঁকে বিশ্বের সর্বোচ্চ সম্মানের অধিকারী হিসেবে মেনে নেওয়া হয়েছিল। 17 বছরের পাকিস্তানী কিশোরী মলালা-কে 60 বছরের কৈলাশ সত্যার্থী-র সমান রূপে মূল্যাংকন করা হয়েছিল – এতে কেউ কোন প্রকারের আপত্তি জানালেন না। অন্য দিকে কৈলাশ সত্যার্থীকে নোবেল পুরস্কার প্রদান করার ওপরে সোশাল মীডিয়ার ওপরে টিপ্পণী করে এবং লাগাতার ই-মেল, ফ্যাক্স আর চিঠি পাঠিয়ে লোকেরা ওস্‌লোয় অবস্হিত নার্বেজিয়ন নোবেল পুরস্কার কমিটির রাতের ঘুম কেড়ে নিতে লাগল। বেশ কিছু লোক তো অনেক জায়গায় শান্তিপূর্ণ প্রদর্শন পর্যন্তও করে বসলেন।

নোবেল পুরস্কার কমিটির পুনর্বিচার বৈঠকের অধ্যক্ষ থোর্বেজোর্ন জগল্যাণ্ড নিজের নির্ণয় শুনিয়ে বললেন – "আতংকবাদ আর হিংসার ধারায় প্রবাহিত হওয়ার থেকে এটা অনেক ভালো যে, বাচ্চাদের স্কুলে যেতে দেওয়া হোক্ আর এই কাজটা দুটোই দেশে এমন লোকেরাই করতে পারেন। বিশেষ করে চাপগ্রস্ত ক্ষেত্রগুলোয় যদি বাচ্চারা পথভ্রষ্ট হয়ে পড়ে... তাহলে হিংসার আগুনে প্রজন্মের-পর-প্রজন্ম বর্বাদ হয়ে যেতে থাকে।"

এখন প্রশ্ন এটা ওঠে যে, যে নোবেল বিজেতার প্রতি সম্মান প্রদর্শন করতে পেরে দেশের প্রধানমন্ত্রী শ্রী নরেন্দ্র মোদী নিজেকে গৌরবান্বিত অনুভব করেন... তাঁকে নিয়ে ভারতে বিরোধাভাষ আর বিবাদের সৃষ্টি কেন হল ? বিরোধ আর সমর্থন জানাতে থাকা ব্যক্তিরা আলাদা-আলাদা যুক্তি দেখাচ্ছিলেন।

প্রথম যুক্তি ঃ শ্রী সত্যার্থী এবং ওনার শিশু-শ্রম, শিশু শোষণ আর শিশু দাসত্ব মুক্তি সম্বন্ধীয় অভিযান বস্তুতঃ ভারতীয় কার্পেট

শিল্পকে সমাপ্ত করার ষড়যন্ত্র আঁটতে থাকা পাশ্চাত্য দেশগুলোর চাপ সমূহের হাতের পুতুল! কিছু-কিছু সমালোচকদের মনে এমন সন্দেহ ছিল যে, শ্রী সত্যার্থী পৃথিবীর বিকশিত দেশগুলো থেকে ফাণ্ডিং প্রাপ্ত করার জন্যই ভারতে শিশু-শ্রমের সমস্যাকে বাড়িয়ে-চড়িয়ে গোটা পৃথিবীর সামনে পেশ করেছেন। এই পয়েন্টে সমস্ত সমালোচকদের স্বরও একই প্রকারের ছিল, যেমন দক্ষিণপন্থী ন্যুজ সাইট 'নীতি সেন্ট্রাল'-য়ের সংক্রান্ত সানু বলেন – "আমি এটাকে ক্রুর নগ্নতা হিসেবে মনে করি... এটা পাশ্চাত্য দেশগুলোর লোকেদের দ্বারা আমাদের ওপরে চাপিয়ে দেওয়া হচ্ছে।" 'সেন্টার ফর দ্য স্টাডী অফ্ ডেভেলপমেন্ট সোসাইটিজ'-য়ের প্রোফেসর মধু কিশ্বর এমনটা মনে করেন – "ভারতীয়দের নোবেল পুরস্কারের মত পুরস্কার একমাত্র তখনই প্রাপ্ত হয়... যখন তাঁরা আমেরিকান বা ইউরোপীয়ান এন.জি.ও.-র সহায়তা প্রাপ্ত কৃতজ্ঞতা সূচীতে শামিল হয়ে পড়েন।" উনি 'গ্লোবাল পোস্ট'-য়ের সাথে হওয়া বার্তালাপে বলেছেন – "এমন সম্মান পাওয়ার আর বিশ্বচর্চিত হওয়ার বা নিজের লক্ষ্য প্রাপ্ত করার সব থেকে সহজ পদ্ধতি হচ্ছে এটা যে, ফোর্ড ফাউণ্ডেশন থেকে আর্থিক সহায়তা প্রাপ্ত করা লোকেদের সূচীতে শামিল হয়ে পড়া।" যদিও 'ফোর্ড ফাউণ্ডেশন' এর ওপরে কোন তাৎক্ষণিক প্রতিক্রিয়া ব্যক্ত করেনি। তারা এটা জানিয়েছে যে, তারা মিশনারী এজেন্সী এবং চার্চ দ্বারা সমর্পিত একক। এমন লোকেরা ভারতের ইমেজকে এমন দেশের রূপে পেশ করেন... যে দেশের এখনও সভ্য হয়ে ওঠার আবশ্যকতা রয়েছে। এই সব বে-সরকারী সংগঠন এমন তথাকথিত সভ্য মিশনকে

য়ূনেস্কোয় খুশীর পরিবেশ

শিশু দাসত্বের বিরুদ্ধে সংঘর্ষ

এগিয়ে নিয়ে চলেন... যেগুলোকে 1947 সাল পর্যন্ত ব্রিটিশ সাম্রাজ্য শেষ করতে পারেনি। বেশীর ভাগ এন.জি.ও., বিশেষ করে সহায়তা প্রাপ্ত এন.জি.ও.-গুলো এখন অত্যন্ত ভ্রষ্ট সংস্থান হয়ে উঠেছে।

কিছু-কিছু লোকেদের শ্রী সত্যার্থী এবং ওনার সংগঠন দ্বারা শিশু দাসত্ব মুক্তি-র সকল কৃতিত্ব হাসিল করে নেওয়ার জন্য ওনার ওপরে আক্রোশ আর সন্দেহ ছিল। এই ব্যাপারে এক সাংবাদিক মেঘা বাহরী বলেছিলেন – "শ্রী সত্যার্থীর 'বচপন বাঁচাও আন্দোলন' সংগঠনের এক সহকর্মী এক বার আমাকে সম্বন্ধিত কাহিনী জানানোর অছিলায় আমার সামনে জাল শিশু শ্রমিকদের পেশ করার চেষ্টা করেছিলেন।" ভারতেরই এক প্রচীন এবং প্রতিষ্ঠিত সংবাদ পত্র 'পায়োনিয়র'-য়ের সম্পাদক, শ্রী অমিতাভ শুক্লা এমন দাবী জানিয়েছিলেন – "1990-য়ের শেষের দিকে এক প্রেস কন্‌ফারেন্সে, যে 02 শিশু শ্রমিকদের মুক্ত করার দাবী জানানো হয়েছিল... তাদের মীডিয়ার সামনে নিজেদের কাহিনী শোনানোর জন্য শিখিয়ে-পড়িয়ে নিয়ে আসা হয়েছিল।" 'নীতি সেন্ট্রাল'-য়ের সানু প্রশ্ন করেছিলেন – "লোকেরা এমন প্রশ্ন করছে যে, এখনও পর্যন্ত ঠিক কতজন বাচ্চাকে মুক্ত করানো হয়েছে আর কতজনকে বার-বার গোনা হয়েছে ? ... এখানে এমন বাচ্চাদের বার-বার গোনার প্রশ্নটা অত্যন্ত বিশেষ। বাচ্চাদের এক বার মুক্ত করা হয়। তারপর তাদেরকে আবার এক বার নিরাশ্রয় অবস্থায় ছেড়ে দেওয়া হয় আর সেই সব বাচ্চারা আবার এক বার সেই দুনিয়ায় ফিরে যায়.. যেখান থেকে তাদেরকে কয়েক

সপ্তাহ পরে আবার এক বার মুক্ত করা যেতে পারে।''

আবার কারও-কারও এই ব্যাপারে প্রচণ্ড রাগ ছিল যে, নোবেল কমিটি ভারতের সমস্যাকে পাকিস্তানের সাথে যুক্ত করেছে। ব্রিটেনের সব থেকে বড় উপনিবেশ অবিভাজিত ভারতের 1947 সালে ভারত আর পাকিস্তানের রূপে হওয়া বিভাজনের পরে এই দুটো দেশই এখনও পর্যন্ত 03 বড় যুদ্ধে একে-অপরের মুখোমুখি হয়েছে। ভারতের উত্তর সীমায় কাশ্মীরকে ভাগ করা নিয়ন্ত্রণ রেখায় উৎপন্ন টেনশনের লাভ উঠিয়ে নোবেল কমিটি এই দুই সংঘর্ষরত প্রতিবেশী দেশকে গোটা দুনিয়ার সামনে পেশ করেছে। নোবেল কমিটি নিজের ঘোষণায় এমনটা বলেছিল – "নোবেল কমিটি এক হিন্দু আর এক মুসলমান, এক ভারতীয় আর এক পাকিস্তানীর জন্য এই জিনিষটাকে অত্যন্ত গুরুত্বপূর্ণ বলে মনে করে যে, ওনারা শিক্ষা আর আতংকবাদের বিরুদ্ধে এক সংযুক্ত লড়াই লড়বেন।"

বিশ্ব বিখ্যাত নোবেল পদক

এর ফলে ভারতে এই দুটি বিষয়কে পুরোপুরি আলাদা মনে করতে থাকা লোকেদের রাগ আরও বেড়ে উঠল। এমন পরিবেশেই মধু কিশ্বর প্রশ্ন করেছেন – "2009 সালে নোবেল শান্তি পুরস্কারের ঘোষণা করার সময় কি ওবামাকে 'খ্রীষ্টান' বলে সম্বোধিত করা হয়েছিল? তাহলে এখন এই সম্মানে হিন্দুত্ব আর ইসলাম কোথা থেকে এসে গেল? স্বয়ং শ্রী সত্যার্থী হিন্দু ধর্মের পালন করেন না... তাহলে ধর্মকে মাঝখানে কেন নিয়ে আসা হচেছ? ধর্মের সাথে শিশু-শ্রমের দূর-দূরান্ত পর্যন্ত কোন সম্পর্ক নেই। বাস্তবে ভারতের শিশু-শ্রমের যে ছবি গোটা বিশ্বে পেশ করা হয়েছে... সেটা খ্রীস্টান মিশনারীদের মিথ্যা ধারণা।''

কিছু সমালোচক এমনটা মানতেন যে, পাশ্চাত্য দেশগুলোয় ভারতের শিশু-শ্রমের বিষয়কে অত্যন্ত ভুল পদ্ধতিতে পেশ করা হয়েছে আর শ্রী সত্যার্থীর অভিযান ভারতীয় অর্থব্যবস্থার ক্ষতিই করেছে। নোবেল কমিটির সমালোচকরা ভারতে শিশু-শ্রমকে এক বিরাট বড় সমস্যা হিসেবে মানেন ঠিকই... কিন্তু তাঁরা এমনটাও বলেন যে, সমস্যা তুলে ধরার পদ্ধতি আর বাস্তবিকতার মধ্যে প্রচুর পার্থক্য রয়েছে। শ্রী সত্যার্থী 'রগমার্ক' নামক এক অভিযান চালিয়েছিলেন... যেটা শিশু শ্রমিকদের দ্বারা তৈরী কার্পেটকে আন্তর্জার্তিক স্তরে বয়কট করানোর জন্য চালানো হয়েছিল। শ্রী কিশ্বর জানিয়েছেন – "যদি বাচ্চারা স্কুল থেকে বাড়ী ফিরে আসার পরে

নিজেদের পিতাকে কার্পেট বোনার কাজে সহায়তা করে আর কার্পেট বোনার কৌশল শেখে... তাহলে এতে আমি ভুল তো কোথাও দেখতে পাচ্ছি না। কৃষকদের বাচ্চারাও তো কম বয়সে চাষ-বাষের কাজে নিজেদের পরিবারের সহায়তা করে। সেটা কি শিশু-শ্রম নয়? ভারতীয় শিল্পকে বয়কট করাটা এই সমস্যার কোন সমাধান হতে পারে না।"

কিছু-কিছু লোকেরা এমনটা মেনে নিয়েছিলেন যে, এই সম্মান কিছু মধ্যবিত্ত ভারতীয় পরিবারের সেই লোক দেখানো মনোবৃত্তিকে প্রকাশ করেছে... যাঁরা বাচ্চাদের বাড়ীতে চাকরের রূপে রাখেন। য়ুনিসেফ্ দ্বারা 2001 সালে চালানো জনগণনা অনুসারে ভারতে সেই বছরে 1,80,000-য়েরও বেশী বাচ্চা ঘরোয়া চাকরের রূপে কাজ করছিল। কিছু-কিছু মন্তব্যকার এমন আশা করেন যে, এই সম্মান বাচ্চাদের চাকরের রূপে রাখার প্রবৃত্তি বন্ধ করতে সঠিক পদক্ষেপ নেওয়ার জন্য ভারত সরকারকে প্রেরিত করবে। আন্তজার্তিক শ্রম সংগঠন এমনটা বলে যে, পূর্ণকালীন কাজ করার আগে বাচ্চাদের

শিশু-শ্রমের বিরুদ্ধে গ্লোবাল মার্চ

বয়স কম পক্ষে 15 বছর অবশ্যই হওয়া উচিত। হিন্দুস্তান টাইমস্-তে শিবানী সিং লিখেছিলেন – "বেশ কিছু সমৃদ্ধ ভারতীয়রা এমনটা মনে করেন যে, 10 বছর বয়সের পরে কেউ আর 'বাচ্চা' থাকে না।" শিবানী সিং-য়ের বক্তব্য হচ্ছে – "কম বয়সের বাচ্চাদের বাড়ীর কাজে লাগানোটা তাদের কল্যাণ করা মোটেই হয় না... যেমনটা আমাদের মধ্যে অধিকাংশ লোক মনে করেন।"

নরওয়ের নোবেল কমিটি অতীতে এমন অনেক লোকেদের পুরস্কৃত করেছে... যার ফলে তাদের সমালোচনাও হয়েছে আর কমিটির চয়ন

নিজের পত্নী সুমেধার সাথে শ্রী কৈলাশ সত্যার্থী

প্রক্রিয়ার ওপরেও আঙুল উঠেছে – কিন্তু এই বার এমন্যটা মনে হচেছ যে, কমিটি এমন লোকেদের 'নোবেল শান্তি পুরস্কার' প্রদান করার ইচ্ছা ত্যাগ করে য়িেছে। শিক্ষা এবং মানবতার সেবক কৈলাশ সত্যার্থী এবং মলালা য়ুসুফজঈ-কে 'নোবেল শান্তি পুরস্কার' দেওয়াটা বেশীর ভাগ লোকেদের দৃষ্টিতে এক সঠিক নির্ণয় ছিল। যেসব লোকেরা এই পুরস্কারের ঘোষণায় আনন্দিত হয়ে উঠেছিলেন... তাঁরা এর আগে কৈলাশ সত্যার্থীকে জানতেনও না। সোশাল মীডিয়ায় এই নিয়ে বিতর্কের সৃষ্টি হয়ে পড়েছিল যে, 17 বছরের এক বাচ্চা মেয়ের নোবেল পুরস্কার পাওয়া উচিত নয় কেন আর কৈলাশ সত্যার্থীর মধ্যে এমন কি অভাব রয়েছে যে, ওনার দ্বারা প্রাপ্ত সম্মানে কারও কোন আপত্তি হবে? সাধারণ যুবারা এমনটা বলছিলেন – "শ্রী সত্যার্থীর মত লোকেরা সর্বদাই ভালো-র পাশে দাঁড়ান। তাহলে ওনার সম্মান প্রাপ্তি তো রাষ্ট্রীয় গৌরবের বৃদ্ধি! অবশ্যই ওনারা দুজনেই এমন দুই দেশের বাসিন্দা... যে দুটি দেশের সীমা বিনা কারণে হওয়া বেশ কিছু রক্তরঞ্জিত সংঘর্ষের সাক্ষী হয়ে রয়েছে। এই ইতিহাস থেকে অজানা ওনারা দুজনেই নিজেদের কাজ অত্যন্ত ভালো ভাবে করেছেন... তাহলে ওনাদের মধ্যে তুলনা কেন?"

বস্তুতঃ কৈলাশ সত্যার্থীর নোবেল পুরস্কার পাওয়াটা অনেকের কাছেই আশার বিপরীত ছিল... কিন্তু এটাও বাস্তব যে, ওনার নাম অনেক বছর ধরেই এই পুরস্কারের জন্য ভাবনা-চিন্তা করা হচ্ছিল। কেবলমাত্র বিশ্বেই নয়... ভারতেও অসংখ্য লোকেদের কাছে উনি খুব একটা পরিচিত ব্যক্তিত্ব ছিলেন না। নোবেল পুরস্কারের ঘোষণা হওয়ার সাথে-সাথে লোকেরা

ওনার ব্যাপারে জানার জন্য উৎসুক হয়ে ওঠেন। কেউ-কেউ আনন্দের সাথে... কেউ-কেউ ওনার ভেতরে দোষ-ত্রুটি খুঁজে বার করার জন্য – কিন্তু আমাদের দেশের পক্ষে এটা সত্যি-সত্যি এক গৌরবপূর্ণ উপলব্ধি ছিল যে, ভারতে জন্ম গ্রহণ করা কোন ব্যক্তি ভারতে বাস করাকালীনই নোবেল সম্মান প্রাপ্ত করবেন। এর আগের বেশীর ভাগ নোবেল সম্মান সেই সব ভারতীয়দের প্রদান করা হয়েছিল... যাঁরা ভারতে থাকতেনই না।

12 বছর আগে শিশু-শ্রমের বিরোধিতায় অভিযান চালানোর জন্য শ্রী সত্যার্থীকে জার্মান আর আমেরিকান সংগঠনগুলোও সেই ভাবেই আর্থিক সহায়তা প্রদান করেছিল... ঠিক যেমনটা অন্যান্য সংগঠনগুলোকে সহায়তা করা হয়। এটা এই ব্যাপারটার সংকেত ছিল যে, শ্রী সত্যার্থীর সংঘর্ষের কাহিনী বৈশ্বিক সংগঠনগুলোর কান পর্যন্ত পৌঁছে গেছিল আর ওনার যোগ্যতার কারণেই সেই সব সংগঠনগুলো উন্মুক্ত হৃদয়ে শ্রী সত্যার্থীকে সহযোগ প্রদান করেছিল। শ্রী সত্যার্থীর ওপরে সর্বদাই সমালোচনাত্মক দৃষ্টি রাখা লোকেরা ওনার এই উপলব্ধিকে সহজে হজম করে উঠতে পারলেন না যে, বিদেশী সংগঠনগুলো থেকে উনি সহায়তা আর সহযোগ প্রাপ্ত করবেন। এখানে এটা উল্লেখ্য যে, 'মিশনারী অফ্ চ্যারিটি-র প্রধান এবং 'নোবেল শান্তি পুরস্কার' প্রাপ্ত মাদার টেরেসা-কেও বিদেশী এজেন্সীগুলো আর্থিক সহায়তা প্রদান করত... কিন্তু কেউ ওনার দিকে আঙুল ওঠায়নি। এটা এক সত্য যে, সমালোচকরা সহযোগ করেন না... তাঁরা কেবল সমালোচনাই করেন। মাদার টেরেসা-র মতই শ্রী সত্যার্থীর ওপরেও এমন সমালোচনার বিন্দুমাত্র প্রভাব পড়ল না এবং উনি লাগাতার নিজের মিশনে এগিয়ে চলতে লাগলেন।

কোন ব্যক্তি, সংস্থা, ক্ষেত্র, রাজ্য বা দেশের বিদেশী সহায়তা প্রাপ্ত করাটা নতুন কোন বিষয় নয়। বহু বছর ধরেই বিভিন্ন বিদেশী সংস্থা আর সরকার অল্প বিকশিত, অ-বিকশিত দেশগুলোকে বিভিন্ন কারণে আর্থিক সহায়তা প্রদান করে এসেছে। এখন তো সরকার দ্বারা রক্ষা সমেত বিভিন্ন ক্ষেত্রে সরাসরি বিদেশী নিবেশকে খোলাখুলি ভাবে সমর্থন জানানো হচ্ছে... তাহলে এমন পরিস্থিতিতে কোন বে-সরকারী সংস্থা বিদেশী সহায়তা পেলে আপত্তি জানানোর কি আছে ? এটা শ্রী সত্যার্থীর লাগাতার সংঘর্ষেরই পরিণাম যে, উনি এই দেশে বিদেশী সম্মান দ্বারা সর্বাধিক সম্মানিত সম্ভবতঃ এমন প্রথম ব্যক্তি হবেন... যিনি নোবেল পুরস্কারও পেয়েছেন। শেষ পর্যন্ত সমালোচকরাও শ্রী সত্যার্থীর নোবেল পুরস্কার প্রাপ্ত করার বিরোধিতা করা ত্যাগ করলেন এবং এমনটা মেনে নিলেন যে, ভারতে শিশু-শ্রম বাস্তবেই এক গুরুতর সমস্যা আর কার্পেট শিল্পে এই কু-প্রথা কিছুটা বেশী মাত্রাতেই দেখতে পাওয়া যায়।

লোকেরা নোবেল কমিটির ওপরে প্রায়ই লবিং-য়ের এমন আরোপও লাগাতে থাকেন – "যে ব্যক্তি নরওয়ে বা নোবেল কমিটির সদস্যদের

পুরস্কার সমিতির সদস্য বিবাদের ব্যাপারে মীডিয়াকে জানাচ্ছেন

সাথে যে কোন ভাবে সংস্পর্শে থাকেন... তাঁদেরকে প্রভাবিত করেন – নোবেল পুরস্কারের জন্য তাঁর নাম বেছে নেওয়ার সম্ভাবনা বেড়ে ওঠে আর এমনটা বেশ কিছু ক্ষেত্রে প্রমাণিতও হয়েছে। কিন্তু শ্রী সত্যার্থী-র নোবেল পুরস্কার পাওয়াকে ওনার কর্মঠতার ফল হিসেবে মানা হয়েছে... কারণ নোবেল কমিটি এশিয়া মহাদ্বীপের দুই প্রতিবেশী দেশ থেকে এক-একজন মানবতাবাদীকে বেছে নিয়েছে... যে দুটি দেশের মধ্যে পারস্পরিক সংঘর্ষ নিরন্তর বজায় থাকে। যদিও নোবেল কমিটির এই মন্তব্যকে প্রচণ্ড সমালোচনার মুখোমুখি হতে হয়েছে – "... আমরা ভারত আর পাকিস্তান থেকে, একজন মুসলিম আর একজন হিন্দুকে বেছে নিয়েছি... যাঁরা একই উদ্দেশ্যে কাজ করে চলেছেন।"

সমালোচকদের বক্তব্য অনুসারে মলালা আর কৈলাশ সত্যার্থী-র নাম গোটা দুনিয়াকে এজন্যও অত্যন্ত চমকে দিয়েছে... কারণ ওনাদের নোবেল পুরস্কারের জন্য বেছে নেওয়াটা এক ভাবে এ্যালফ্রেড নোবেল দ্বারা নিৰ্দ্ধারিত মাপদণ্ডের সাথে মেলে না। ওনাদের দুজনের মধ্যে না তো কেউ দুই রাষ্ট্রের মধ্যে মানবতার জন্য কোন ভালো কাজ করেছেন... না সীমান্তে দাঁড়িয়ে থাকা সেনাবাহিনীকে পেছনের দিকে সরিয়ে দিয়েছেন আর না-ই নিজেদের ক্ষেত্রে দু-তরফা শান্তির স্হাপনা বা প্রচার-প্রসারের জন্য কোন কাজ করেছেন।

এই ব্যাপারে নরওয়ের নোবেল পুরস্কার কমিটির মতামত ছিল যে, শিশু-শিক্ষা আর শিশু-শ্রম – দুটোই বৈশ্বিক সমস্যা, যেটা কোন দেশের ওপরে নয়... বরং সরাসরি বিশ্বশান্তির ওপরে প্রভাব বিস্তার করার ক্ষমতা রাখে আর এই প্রকারে প্রতিটি দেশের ভবিষ্যতের ওপরে দূরগামী প্রভাব ফেলারও ক্ষমতা রাখে।

এটাও এক দুঃখজনক তথ্য যে, যে ব্যক্তি নিজের স্থায়ী চাকরী ত্যাগ করে ভারতের মাথার ওপর থেকে শিশু দাসত্বের কলংক মিটিয়ে ফেলার চেষ্টা করেছেন... তাঁকে ভারতের কোন রাজনৈতিক নেতা, সংসদ বা সংগঠন নোবেল পুরস্কার দেওয়ার সুপারিশ করেননি... সেই সুপারিশ ইউরোপীয়ান সংসদ করেছিল। শ্রী সত্যার্থী আজ পর্যন্ত মোট 09-টি আন্তজার্তিক সম্মান প্রাপ্ত করেছেন... কিন্তু এটা অত্যন্ত দুঃখের বিষয় যে, উনি আজ পর্যন্ত ভারতে এক বারও কোন বড় সম্মান প্রাপ্ত করেননি। উনি আজ পর্যন্ত যেসব সম্মান পেয়েছেন; সেগুলো আমেরিকা, ইটালী, জার্মানী আর স্পেন ইত্যাদি দেশ দিয়েছে। ভারত শ্রী সত্যার্থীর সংঘর্ষ, ওনার প্রতিভা আর ওনার উপলব্ধির দিকে কখনো দৃষ্টিই দেয়নি। সেই ক্ষেত্রে ওনাকে উৎসাহিত করার জায়গায় ওনাকে হতোৎসাহিত করাটা অত্যন্ত দুর্ভাগ্যপূর্ণ। এটা অত্যন্ত লজ্জার বিষয় যে, প্রাক্তণ আমেরিকান রাষ্ট্রপতি বিল ক্লিন্টনের মতন ব্যক্তিত্ব ওনাকে সম্মান জানাতে ভারতে এসেছিলেন... কিন্তু আমাদের দেশে এই বিষয়ে বিতর্ক শেষ হয়নি।

বেশ কিছু ক্ষেত্রে আন্তজার্তিক স্তরে কৈলাশ সত্যার্থীকে এখন পর্যন্ত প্রদান করা সকল শান্তি পুরস্কার হাসিল করা ব্যক্তিদের সমানই মূল্যাংকন করা হয়েছে। নোবেল কমিটির বক্তব্য অনুসারে শ্রী সত্যার্থী কেবল ভারতেই শিশু-শ্রম, শিশু দাসত্ব, শিশু শোষণ, শিশু তস্করী আর শিশু-অধিকারের জন্য কাজ করছেন না... উনি পৃথিবীর কম পক্ষে 128 দেশের বিভিন্ন সামাজিক সমস্যার সমাধান খুঁজে করা করতেও কার্যকরী ভূমিকা পালন করে এসেছেন, যেমন – অশিক্ষা, নারী অধিকার, মানব তস্করী, বেশ্যাবৃত্তি, মাদক পদার্থের ব্যবসা এবং শিশু-অপরাধ ইত্যাদি।

ভারতে কার্পেট শিল্প বর্বাদ করার যে আরোপ শ্রী সত্যার্থীর ওপরে লাগানো হয়েছে, তার জবাব মুম্বাই-য়ের নামী জনসম্পর্ক বিশেষজ্ঞ রাজেশ জৈন এই ভাবে দিয়েছেন – "যদি কৈলাশ সত্যার্থী দ্বারা শিশু শ্রমিকদের দ্বারা তৈরী কার্পেট বহিস্কার আন্দোলনের ফলে ভারতীয় কার্পেটের বিদেশে রপ্তানী কমে এসে থাকে... তাহলে এটা সব থেকে বড় প্রমাণ যে, শ্রী সত্যার্থীর আরোপে সত্যতা ছিল। শ্রী সত্যার্থী সঠিক ছিলেন যে, ভারতের কার্পেট শিল্পে বন্ধুয়া শিশু মজদুরদের কাজ করানো হচ্ছিল।" বস্তুতঃ কার্পেট শিল্পে বাচ্চাদের দিয়ে কাজ না করানোর আইনী সার্টিফিকেট পেশ করা শুরু হতেই কার্পেট শিল্পের কারবার বেশ কয়েক গুণ বেড়ে উঠেছিল আর সেটার প্রতিষ্ঠাও ফিরে এসেছিল।

❑❑❑

7

বিভিন্ন প্রশ্নের চক্রব্যুহ

'শিশু-শ্রম মুক্ত ভারত' গড়ে তোলার কাজে গোটা বিশ্ব জুড়ে বিখ্যাত 'বচপন বঁচাও আন্দোলন'-য়ের ব্যাপারে কৈলাশ সত্যার্থী-র সাথে হওয়া অ-সম্পাদিত বার্তালাপ হু-ব-হু এখানে তুলে ধরা হচেছ। এই বার্তালাপে শ্রী সত্যার্থী সেই সব প্রশ্নের জবাব নিজে দিয়েছেন... যেসব প্রশ্নের জবাব আপনারাও হয়তো জানতে চান।

শ্রী কৈলাশ সত্যার্থী হচেছন বিশ্বের সর্বাধিক প্রসিদ্ধ এবং আলোচিত শিশু-শ্রম বিরোধী সক্রিয় স্বেচছাসেবী... যিনি এই অপরাধের বিরুদ্ধে এব বিশ্বব্যাপী অভিযান শুরু করেছেন। কৌতূহলী শ্রোতা এবং প্রশ্নকর্তা সাংবাদিকদের সাথে খোলাখুলি বার্তালাপ করে শ্রী সত্যার্থী শিশু-শ্রমের পেছনের কারণ, এই সমস্যার ব্যাপারে ছড়িয়ে থাকা ভ্রান্তির ওপরে বিশদ রূপে আলোচনা করে এটা জানিয়েছেন যে, কি ভাবে এই সমস্যা সমাপ্ত করার জন্য কার্যকরী পদক্ষেপ গ্রহণ করে বাচ্চাদের প্রতি আরও বেশী বন্ধুত্বপূর্ণ সমাজের নির্মাণ করা যেতে পারে। এই সারগর্ভিত এবং উন্মুক্ত বার্তালাপে শ্রী সত্যার্থী সম্পূর্ণ 10 প্রশ্নের বিস্তারিত রূপে উত্তর দিয়েছেন... যাতে শিশু-শ্রম বন্ধ করার জন্য কার্যকরী পদক্ষেপ গ্রহণ করা যায়।

প্রশ্ন 01 ঃ যদি দারিদ্রতায় ত্রস্ত পরিবারগুলোর বাচ্চাদের কাজ করার অনুমতি না দেওয়া হয়... তাহলে তারা বাঁচবে কি করে? তাদের দেখাশোনা কে করবে আর কে তাদের পালন-পোষণ করবে? কারণ তাদের নিজেদের মাতা-পিতারা তো বার্ধক্য, অসুস্হতা বা অন্য কোন শারীরিক অক্ষমতার শিকার হন!

উত্তর ঃ আমি আপনার চিন্তা বুঝতে পারছি। এবার আপনি আমাকে এই সব বিষয়ের ওপরে বিবরণ সহকারে আলোকপাত করতে দিন। আপনি সবার প্রথমে এটা বুঝে নিন যে, আমরা যদি গরীব বাচ্চাদের শিশু-শ্রমিক হয়ে ওঠার জন্য ছেড়ে দিই... তাহলে তারা সর্বদা গরীব আর নিরক্ষরই থেকে যাবে এবং বৃদ্ধি আর উন্নতির কোন লাভজনক

সুযোগই তারা প্রাপ্ত করবে না। তারপর এই সব শিশু-শ্রমিকেরা বড় হয়ে উঠেও দুর্বল আর অসহায় ব্যক্তিই হয়ে উঠবে... যারা নিরক্ষরতা, বেকারত্ব, দারিদ্রতা আর শারীরিক অসুস্হতার শিকার হয়ে পড়ার বিষম চক্র থেকে কখনো বার হতেই পারবে না। তাদের পরবর্তী প্রজন্মও এমনটাই হবে।

দ্বিতীয় কথা, শিশু শ্রমিকদের মা-বাবারা প্রায়ই বেকার হন। ভারতে 6.5 কোটি বেকার মা-বাবার প্রায় 06 কোটি শিশু-শ্রমিক সন্তান রয়েছে। বেশীর ভাগ লোকেরা প্রাপ্তবয়স্কদের বদলে বাচ্চাদেরই কাজে রাখা পছন্দ করেন... কারণ বাচ্চারা সস্তায় কাজ করে। এই গুরুত্বপূর্ণ তথ্য আমাদের অবশ্যই জানা উচিত যে, বাচ্চারা বস্তুতঃ কোন প্রাপ্তবয়স্কের বদলে কাজ করে। এই তথ্যকে বেশ কিছু অধ্যয়ণে বার-বার ফুটিয়ে তোলা হয়েছে। বিশ্বের অন্য দেশগুলোর সাথে ভারতের দৃশ্যে কোন পার্থক্যই নেই। গোটা বিশ্বে মোট 21.5 কোটি শিশু শ্রমিক রয়েছে আর 20 কোটি প্রাপ্তবয়স্ক এখনও বেকার। এই পরিসংখ্যানের আলোকে বাচ্চাদের মা-বাবাদের নিজেদের সন্তানদের উপার্জন দেওয়ার জন্য দরজায়-দরজায় ঘুরে বেড়ানোর যুক্তিতে কোন ঔচিত্য নেই।

প্রাপ্তবয়স্কদের বেকারত্বের পরিসংখ্যান সেই ক্ষেত্রে বিশেষ করে নীচের দিকে নেমে আসে... যেখানে সেটা বেশী থাকে। বাচ্চাদের কাজ দেওয়ায় কাজ প্রদানকারী ব্যক্তিদের সুবিধা থাকে... কারণ বাচ্চারা কাজ করার পরিবর্তে বেশী পারিশ্রমিক দাবী করে না আর প্রায়ই দু বেলা থাকা-খাওয়ার বিনিময়ে বিনা পয়সায় কাজ করতেও রাজী হয়ে পড়ে। এমন অবস্হায় বাচ্চাদের মা-বাবারা নিজেদের জন্য সঠিক উপার্জন প্রাপ্ত

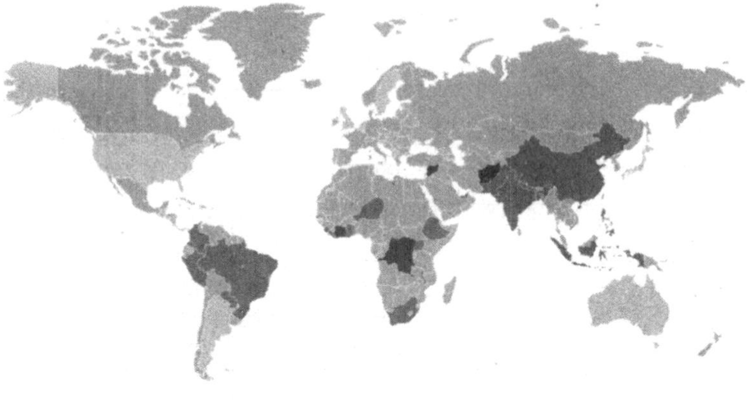

শিশু দাসত্বে গ্রস্ত ক্ষেত্র

করতে অসমর্থই থেকে যায় আর এই প্রকারে তারা দারিদ্রতার চক্রে ফেঁসেই থেকে যায়। এই প্রসঙ্গে আরও একটা ভ্রান্তি দূর করা আবশ্যক হয় যে, বাচ্চারা কাজ করে বাড়ীতে টাকা পাঠায়... যাতে তারা পরিবারের উপার্জনে সহায়ক হয়ে উঠতে পারে। কখনো-কখনো তো বাচ্চাদের এমন শোষণ হতে থাকে যে, বাচ্চারা নিজেদের খরচও অনেক কষ্টে বার করতে পারে... মা-বাবাকে আর্থিক সহায়তা করা তো অনেক দূরের ব্যাপার।

এটাও জানা জরুরী যে, পরিসংখ্যান অনুসারে প্রতি 1000 শিশু শ্রমিকের মধ্যে 03 বাচ্চা অনাথ হয়। এজন্য এমনটা বলা উচিত নয় যে, বাচ্চারা এজন্য কাজ করতে বাধ্য হয়... কারণ তাদের মা-বাবা বেঁচে নেই। এই সব অনাথ বাচ্চাদের ক্ষেত্রে এটা কি আমাদের রাজ্য, সভ্য সমাজ বা ধার্মিক সংগঠনগুলোর দায়িত্ব হয় না যে, তারা এমন বাচ্চাদের শিক্ষা-দীক্ষার ব্যাপারে নজর দেবে আর তাদের ভালো ভাবে বেঁচে থাকার সুযোগ প্রদান করবে? যদি এমন বাচ্চাদের কম পক্ষে এতটা সুবিধাও প্রদান করা সম্ভবপর না হয়... তাহলে এমন দাতব্য সংস্হান আর সরকারের ঔচিত্য কোথায়? এমন বাচ্চাদের জীবনের প্রাথমিক আবশ্যকতা পূরণ করার সুবিধা প্রদান করার গ্যারান্টী দেওয়া উচিত আর তার সাথে-সাথে তাদের এই সুযোগও প্রদান করা উচিত যে, তারা নিজেদের সংবৈধানিক অধিকারগুলো উপযোগ করার সেই সব সুবিধা পাবে – যেগুলোর তারা যোগ্য। এখানে এটা উল্লেখ্য যে, সরকারের পক্ষ থেকে বৃদ্ধ-বৃদ্ধা আর দারিদ্রতা সীমার নীচে বসবাসকারী লোকেদের জন্য বেশ কিছু ওয়েলফেয়ার স্কীম চালু রয়েছে। আমাদের কি শিশু-শ্রমের পক্ষে ওকালতী না করে এই সব চালু স্কীমগুলোর সঠিক কার্যান্বয়নের জন্য কাজ করা উচিত নয়?

এমনিতে আপনার প্রশ্নের উত্তর দিতে গিয়ে আমি এমনটা বলতে চাই যে, এখনও পর্যন্ত আমি 70 বছরের এমন কোন পিতাকে দেখতে পাইনি... যাঁর এক 10 বছরের পুত্র রয়েছে। বয়োবৃদ্ধ মাতা-পিতার খুব কম বয়সের সন্তান থাকবে – এমন সম্ভাবনা নেই বললেই চলে। সুতরাং এই পরিস্হিতির সাধারণীকরণ করা চলে না। আমি আপনার দৃষ্টি সেই ঝুঁকি, সমস্যার দিকে আকৃষ্ট করতে চাই... শিশু-শ্রমিকেরা যেগুলোয় প্রায়ই ভুগতে থাকে। প্রাপ্তবয়স্কদের তুলনায় বাচ্চাদের চোট-আঘাত লাগার সম্ভাবনা বেশীই থাকে আর বাচ্চারাই ব্যবসায়িক ঝুঁকির শিকারও শীঘ্র হতে পারে। দীর্ঘ সময় পর্যন্ত ধূলো, কেমিকাল, কীটনাশক আর গরম পরিবেশে কাজ করার কারণে তারা বেশ কিছু অসাধ্য রোগেরও শিকার হয়ে পড়তে পারে। পাথর বার করা খনিগুলোয় কাজ করতে থাকা বাচ্চারা ভারী ওজন বইতে হওয়ার কারণে প্রায়ই চোট-আঘাত পায়... যখন কি ক্ষেতে কাজ করতে থাকা বাচ্চারা বিষাক্ত বাষ্প আর

কীটনাশক ঔষধির পরিবেশে কাজ করার জন্য শ্বাস সংক্রান্ত বেশ কিছু রোগের শিকার হয়ে পড়ে। আমি এমন বেশ কিছু বাচ্চাদের দেখেছি... যারা কোন প্রকারের সুরক্ষা-সাধন ছাড়াই কাজ করার ফলস্বরূপ তীক্ষ্ম হাতিয়ার ইত্যাদিতে চোট পেয়ে সারাটা জীবনের জন্য পঙ্গু হয়ে পড়েছে। আমি বেশ কিছু বাচ্চাদের অত্যন্ত সুদূর একান্তে লাগাতার প্রায় 24 - 24 ঘন্টা কাজ করার হাত থেকে বাঁচিয়েছি। সেখানে তাদের লাগাতার সারা দিনে 12 থেকে 14 ঘন্টা কাজ করতে হয় – সেটাও অত্যন্ত খারাপ আর অনিয়ন্ত্রিত পরিস্থিতিতে... যার ফলে তাদের চোখ, কিড্‌নী, ফুস্‌ফুস এবং শরীরের অন্যান্য কোমল অঙ্গগুলোর ওপরে অত্যন্ত খারাপ প্রভাব পড়ে। অনেক বাচ্চা তো এমন রোগের শিকার হয়ে পড়ে যে, তাদের নিজেদের জমানো মোট পুঁজি বাকী জীবনে রোগের চিকিৎসাতেই খরচ করতে হয়। বেশ কিছু বাচ্চা ব্যবসায়িক ঝুঁকির শিকার হয়ে পড়ে আর যখন তাদের মালিকেরা এমনটা মনে করে যে, তাদের দিয়ে আর কোন কাজ পাওয়া যাবে না... তখন তারা বাচ্চাদের অত্যন্ত নিমর্মতার সাথে কাজ থেকে বার করে দেয়। এতদিন ধরে মালিকদের সিন্দুক ভরতে থাকা বাচ্চারা হঠাৎই মালিকদের কাছে সারা জীবন ধরে বয়ে চলা বোঝা হয়ে ওঠে আর এজন্য সেই সব নির্দয়ী লোকেরা, এই সব বাচ্চাদের সারাটা জীবন অভিশাপ ভোগ করার জন্য বার করে দেয়।

বেশ কিছু লোকেদের এমনটা মনে হয় যে, যদি গরীব পরিবারের বাচ্চারা নিজেদের ক্ষুধা এবং অন্যান্য আবশ্যকতা পূরণ করার জন্য কাজ করতে চায়... তাহলে এতে আশ্চর্য হওয়ার মত কি আছে ? তারা তো নিজেদের পরিবারেরই সহায়তা করছে – এতে অন্যায়টা কোথায় ? এছাড়া নিরক্ষর আর গরীব সমুদায়ের লোকেরা এমনটাও মনে করে যে, পরিবারে বাচ্চাদের সংখ্যা যত বেশী হবে... কাজ করার জন্য তত বেশী সংখ্যক হাত মজুদ থাকবে। তাদের এমন বুদ্ধিমত্তা প্রচ্ছন্ন রূপে বেশী সন্তানের জন্ম দেওয়ার লোভকে বাড়িয়ে তোলে আর এই প্রকারে দারিদ্রতা, ক্ষুধা আর শিশু-শ্রমের সম্ভাবনা বেড়েই চলে।

বেশ কিছু জন-সংখ্যিকী বিশ্লেষণ দ্বারা এটা প্রমাণিত হয়ে পড়েছে যে, জনসংখ্যা বৃদ্ধি পাওয়ার হার অন্যান্য ক্ষেত্রগুলোর তুলনায় সেই সব ক্ষেত্রে অনেক বেশী... যেখানে বাচ্চাদের দিয়ে কাজ করানো হয় বা যেখানে বাচ্চাদের অবৈধ রূপে অদল-বদল হয়।

আমি এবার আপনাকে সেই সব পুনর্বাস প্রোগ্রামের ব্যাপারে জানাব... যেগুলো বন্ধুয়া মজদুর বা শিশু-শ্রমিকদের কল্যাণের জন্য কেন্দ্রীয় বা রাজ্য সরকারগুলো দ্বারা শুরু করা হয়েছে। এছাড়া ভারতের মাননীয় সুপ্রীম কোর্ট এবং অন্যান্য হাই কোর্টগুলোর বেশ কিছু যুগান্তকারী ফয়সালাও

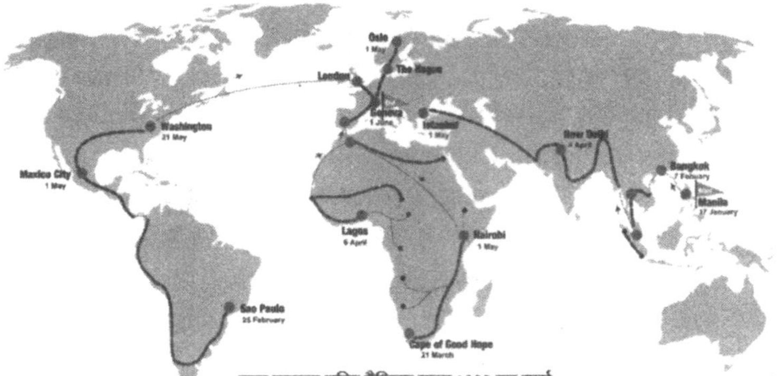

বাল দাসতা মুক্তি বৈশ্বিক যাত্রা 1998 কা মার্গ

রয়েছে... যেগুলো শিশু-শ্রমের বিরুদ্ধে শোনানো হয়েছে। বণ্ডেড লেবার সিস্টেম (এবোলিশন) এ্যাক্ট, 1976 (বন্ধুয়া মজদুর তন্ত্রের নির্মূলন করার জন্য 1976 সালে বানানো আইন) অনুসারে, যেসব বন্ধুয়া শিশু শ্রমিকদের এই আইনের অন্তর্গত মুক্ত করানো হয়েছে... তারা প্রত্যেকে আইনতঃ 20,000 টাকা ক্ষতিপূরণ প্রাপ্ত করার অধিকারী... যেটার ব্যবস্থা কেন্দ্রীয় আর রাজ্য সরকারগুলো দ্বারা সমান মাত্রায় করা হয়। ওপরে উল্লেখিত কার্য ছাড়াও এই সব বাচ্চাদের মাতা-পিতাদের সরকারী চাকরী বা কল্যাণকারী গৃহ প্রকল্পে কাজ পাওয়ার প্রাথমিকতাও প্রদান করা হয়ে থাকে। এছাড়া চাইল্ড লেবার (প্রোহিবিশন এ্যাণ্ড রেগুলেশন) এ্যাক্ট এটা সুনিশ্চিত করে যে, মালিকদের চঙ্গুল থেকে মুক্ত করা শিশু শ্রমিকদের মালিককে প্রতি শিশু শ্রমিক অনুসারে 20,000 টাকা দিতে হবে। এই অর্থ সেই চাইল্ড ওয়েলফেয়ার ফাণ্ডে জমা করে দেওয়া হবে...: যারা এই সব বাচ্চাদের শিক্ষা এবং অন্যান্য আবশ্যকতা পূরণ করার জন্য টাকা-পয়সা খরচ করবে বা তাদের অন্যান্য সুযোগ-সুবিধা প্রদান করবে। এক সক্রিয় সিভিল সোসাইটি এটা সুনিশ্চিত করতে পারে যে, শিশু কল্যাণের জন্য তৈরী আইন সঠিক রূপে এই সব বাচ্চাদের সর্বাধিক কল্যাণ সাধন করছে কি না?

প্রশ্ন 02 ঃ এমনটা কি সম্ভব যে, আমাদের দেশে দারিদ্রতা উম্মূলন হওয়া পর্যন্ত শিশু-শ্রমকে পুরোপুরি সমাপ্ত করে দেওয়া যাবে?

উত্তর ঃ বস্তুতঃ দারিদ্রতা আর শিশু শ্রমের মধ্যে মুর্গীর ডিম আর মুর্গীর ছানার মতই সম্বন্ধ রয়েছে। এটা সুনিশ্চিত করা অত্যন্ত মুশ্কিল যে, দুটোর মধ্যে প্রথমে কোন্‌টা এসেছে আর কোন্‌টা পরে এসেছে। শিশু-শ্রম দারিদ্রতার এক বিষম-চক্র বানিয়ে দেয়... কারণ এমন বাচ্চারা অশিক্ষিতই থেকে যায় আর তারা অক্ষমতাপূর্ণ সেই কাজটারই পুনরাবৃত্তি করতে

থাকে... যেটা ভবিষ্যতে তাদের উপার্জন প্রাপ্ত করার সম্ভাবনাকে আরও কমিয়ে আনে। এখানে আমি এমন পরামর্শ মোটেই দিচ্ছি না যে, দারিদ্রতা উন্মূলন করার প্রচেস্টা করাই বন্ধ করে দেওয়া উচিত। আমি কেবল এইটুকুই বলতে চাই যে, দুটি বিষয়ের ওপরে এক সাথে নিশানা লাগানো উচিত। দারিদ্রতা ততক্ষন পর্যন্ত শেষ হতে পারবে না... যতক্ষন না শিশু শ্রম বন্ধ করা যাচ্ছে। এই প্রকার ততক্ষন পর্যন্ত শিশু-শ্রম বন্ধ করা সম্ভব নয়... যতক্ষন না সেই সব বাচ্চাদের মা-বাবাদের দারিদ্রতা দূর না হচ্ছে।

এবার শিশু-শ্রমিকদের কল্যাণের ব্যাপারে একটু কথা বলে নেওয়া যাক। একজন শিশু শ্রমিক দিনে কেবল 15 টাকা হিসেবে কাজ করে। তাহলে 06 কোটি শিশু শ্রমিক এক দিনে 90 কোটি টাকা উপার্জন করতে পারে... যেটা আমাদের দেশের মোট উপার্জনের এক-পঞ্চমাংশ। কিন্তু যদি বাচ্চার জায়গায় কোন প্রাপ্তবয়স্ক সেই কাজটা করে... তাহলে সে সেই বাচ্চাটার থেকে 08 গুণ বেশী উপার্জন করতে পারে। এক উপার্জনশীল প্রাপ্তবয়স্ক সহজেই নিজের দৈনন্দিন খরচ চালাতে পারে আর নিজের সন্তানদের শিক্ষাও প্রদান করতে পারে। এর দ্বারা কেবল তার বেকারত্ব আর তার সাথে যুক্ত লোকেদের দারিদ্রতাই দূর হবে না... এর দ্বারা তার সন্তানদের ভবিষ্যতও উজ্জ্বল হয়ে উঠবে। এছাড়া এর দ্বারা সমাজে সামাজিক ন্যায়ের বোধও জাগ্রত হয়ে উঠবে আর সমানতার ভাবও সৃষ্টি হবে। যদি বিশদ রূপে দেখা হয়... তাহলে শিশু-শ্রম আর শিক্ষার পরস্পরের সাথে যুক্ত বিষয় সেই সময় স্পষ্ট রূপে বুঝতে পারা যায়... যখন আমরা কেরল আর উত্তর প্রদেশের উদাহরণ দেখি। এই দুটি রাজ্যে বিগত কয়েক বছরে দারিদ্রতার প্রসার-ক্ষেত্র প্রায় একই ছিল... কিন্তু কেরলে 100% শতাংশ সাক্ষরতা হার থাকলে উত্তর প্রদেশে সাক্ষরতা হার কেরলের থেকে অনেকটাই পেছনে থেকে গেছে – এই রাজ্যের এক-তৃতীয়াংশ জনসংখ্যা এখনও নিরক্ষর!

সম্প্রতি সংযুক্ত রাষ্ট্র সঙ্ঘের এক সংস্থা, ইন্টারন্যাশনাল লেবার অর্গানাইজেশন দ্বারা করা এক অধ্যয়ণের পরে এমন পরামর্শ দেওয়া হয়েছে যে, বর্তমানে শিশু-শ্রম বন্ধ করার জন্য খরচ করা 01 টাকা আগামী 20 বছরে 07 টাকা লাভ প্রদান করবে।

প্রশ্ন 03 ঃ শিশু-শ্রমের পেছনে মুখ্য কারণ কি?

উত্তর ঃ আমার মতে বাচ্চাদের প্রতি আমাদের বিরক্তি আর অসম্মানের ভাব শিশু-শ্রমের পরিস্থিতি সৃষ্টি করার জন্য সব থেকে বেশী দায়ী হয়। আমাদের এমন আচরণ বেশ কিছু রূপে প্রকট হতে থাকে... যেগুলোর মধ্যে শামিল রয়েছে সেই সব বাচ্চাদের প্রতি আমাদের সামাজিক ব্যবহারের নিম্নতম স্তর... যেটা সৃষ্টি হয় গরীব আর উপেক্ষিত বাচ্চাদের প্রতি আমাদের দৃষ্টিভঙ্গীর পূর্ণ অভাব থেকে। দ্বিতীয় কারণ হচ্ছে রাজনৈতিক

ইচ্ছাশক্তির অভাব... যেটা সামাজিক সুরক্ষা যোজনাগুলো অপর্যাপ্ত রূপে চালু থাকা এবং প্রাপ্ত শ্রম-সম্বন্ধীয় আইনগুলো দুর্বলতার সাথে লাগু করার কারণে প্রতি মুহূর্তে বজায় রয়েছে। সরকার নিজেদের আর্থিক বাজেট বানানোর সময় শিক্ষা আর স্বাস্থ্য ক্ষেত্রে এবং শিশু-শ্রম সমাপ্ত করার জন্য আবশ্যক অর্থের ব্যবস্থা করে না। তৃতীয় কারণ হচ্ছে গ্রামীণ উন্নতি এবং দারিদ্রতা উম্মূলনের যোজনাগুলোর শিথিল কার্যান্বয়ণ; প্রাপ্তবয়স্কদের কম পক্ষে কত টাকা পারিশ্রমিক দেওয়া উচিত... সেটা নির্দিষ্ট না করা; কৃষকদের তাদের ফসলের সঠিক আর সমুচিত মূল্য না দেওয়া এবং বিনা পয়সায় আর গুণবত্তা পূর্ণ শিক্ষার অভাব... যার ফলে শিশু-শ্রমের সম্ভাবনা আরও বেড়ে ওঠে। সামাজিক ত্রুটি, যেমন – লিঙ্গভেদ আধারিত অসমানতা আর জাত-পাত সম্বন্ধীয় ভেদভাব এই অপরাধকে আরও বাড়িয়ে তোলে। শিশু-শ্রম কতটা ক্ষতি করতে পারে, সেই ব্যাপারে ভাবনা-চিন্তা না করেই আমাদের সমাজ নির্লিপ্ত ভাবে বাচ্চাদের কাজে লাগায়। রুজি-রুটী জোগাড় করার জন্য পৈত্রিক ক্ষেতে বাচ্চাদের প্রায়ই কাজ করতে দেখতে পাওয়া যায়। প্রাপ্তবয়স্কদের জায়গায় বাচ্চাদের কাজে লাগানোকে উৎসাহ প্রদান করার একাধিক কারণ রয়েছে, যেমন – বাচ্চারা খুব কম পারিশ্রমিকে কাজ করতে রাজী হয়ে পড়ে... বাচ্চারা অমানবিক পরিস্থিতিতে কাজ করতে হলেও কখনো কোন অভিযোগ জানায় না... বাচ্চারা বড়দের মত ইউনিয়নবাজী করে নিজেদের মালিকের ওপরে চাপের সৃষ্টিও করে না... বাচ্চাদের রাতের বেলাতেও নামমাত্র পারিশ্রমিকে বা বিনা পারিশ্রমিকেও ঘন্টার-পর-ঘন্টা কাজ করার জন্য বাধ্য করে তোলা যেতে পারে। প্রায়ই এমনটা দেখতে পাওয়া গেছে যে, বাচ্চাদের জড় পদার্থ হিসেবে মনে করা হয় আর তাদের নিজেদের কার্যস্থলেই অমানবিক পরিস্থিতিতে থাকার জন্য বাধ্য করে তোলা হয়।

এমনটাও দেখতে পাওয়া গেছে যে, যেসব ক্ষেত্রে প্রাকৃতিক বিপর্যয়, যেমন – বন্যা, অকাল, ভূমিকম্প ইত্যাদি আসতে থাকে... সেই সব ক্ষেত্রে বাচ্চাদের বে-আইনী ভাবে আদান-প্রদান করতে থাকা ব্যক্তিরা সব থেকে বেশী সক্রিয় হয়ে থাকে। এমন লোকেরা বাচ্চাদের অপহরণ করে তাদেরকে দিয়ে ভিক্ষা চাওয়ানো আর বাচ্চাদের শারীরিক রূপে ধান্ধা করাতে থাকা চক্রের হাতে বেচে দেয়।

প্রশ্ন 04 ঃ এটা তো স্পষ্ট যে, শিশু-শ্রমের পেছনের কারণগুলোর মোকাবিলা করা এক মুশ্কিল কাজ। এমন অবস্থায় এটাকে কি ভাবে শেষ করা যেতে পারে ?

উত্তর ঃ এই ব্যাপারে আমি আপনার সাথে একমত হতে পারছি না। আজ থেকে প্রায় এক শতাব্দী আগে শিশু-শ্রম পৃথিবীর প্রায় সব দেশেরই

এই ধরণের দৃশ্য প্রতিটি শহরেই খোলাখুলি দেখতে পাওয়া যায়

সমস্যা ছিল। এই সব দেশগুলোর সূচীতে সেই সব দেশও শামিল ছিল... যেসব দেশে শিল্পকরণ হয়ে পড়েছিল, যেমন – ইংল্যাণ্ড, নরওয়ে, স্যুইডেন, ফ্রান্স, জার্মানী আর জাপান। এই সব দেশগুলো এমনটা অনুভব করেছিল যে, শিশু-শ্রম সামাজিক ন্যায়কে পুনস্থাপিত করার পথে এক বিরাট বড় বাধা। এর দ্বারা শিক্ষাকে সুনিশ্চিত করা আর উৎপাদকতা বৃদ্ধি করা সম্ভব হতে পারে না এবং আর্থিক স্থায়িত্বও কায়েম হতে পারে না। সুতরাং এই সব দেশগুলো ব্যবস্থিত পদ্ধতিতে এই বাধা দূর করার চেস্টা শুরু করল। জাগরুকতা, সামাজিক সুরক্ষা, ওয়েলফেয়ার প্রোগ্রাম শুরু করা হল, আইনকে আরও কঠোর করে তোলা হল এবং শিক্ষার ক্ষেত্রে গুণবত্তা বৃদ্ধি করা হল। এই সব প্রচেস্টা দ্বারা এই দেশগুলো শিশু-শ্রম মুক্ত সমাজের দিকে অগ্রসর হতে লাগল। অন্য কিছু দেশ, যেমন – তুর্কী, ব্রাজিল, চীন, দক্ষিণ আফ্রিকা এবং শ্রীলঙ্কা শিশু-শ্রম মেটাতে উল্লেখনীয় উন্নতি করেছে। আমরা ভারতে কেরলের উদাহরণ নিতে পারি... যেখানে আজ প্রায় সকল বাচ্চাই স্কুলে যায়। এই রাজ্যের এটা এক বিশেষ উপলব্ধি... যেটা মজবুত রাজনৈতিক ইচ্ছাশক্তি, সামাজিক জাগরুকতা এবং সরকারের মুক্ত আর ফ্রী শিক্ষা প্রদান করার ইচ্ছারই প্রতিফল। অন্যান্য কিছু রাজ্য, যেমন – উত্তরাখণ্ড, হিমাচল প্রদেশ, তামিলনাড়ু আর গুজরাটও শিশু-শ্রম মিটিয়ে ফেলার দিকে নিরন্তর এগিয়ে চলেছে। বিহারেও এই ব্যাপারে চেস্টা জারী রয়েছে।

এটা এক মজার তথ্য যে, শিশু-শ্রমের প্রসার-ক্ষেত্র, সেই সব রাজ্যগুলোয় তুলনাত্মক রূপে অন্য রাজ্যগুলোর থেকে অনেক কম... যেসব রাজ্যে মনরেগা (মহাত্মা গান্ধী ন্যাশনাল সরল এমপ্লয়মেন্ট গ্যারান্টী

এ্যাক্ট), সর্বশিক্ষা অভিযান, মিড-ডে মীল ইত্যাদি প্রোগ্রাম চালু রয়েছে বা যেসব রাজ্যে গ্রামীণ বিকাশ প্রভাবশালী রূপে কার্যান্বিত করা হচ্ছে। সক্রিয় ট্রেড ইউনিয়নবাদও শিশু-শ্রমকে অনেকটাই সীমিত রাখতে সফল হয়েছে। সুতরাং বৈশ্বিক পরিপ্রেক্ষিতে এটা বোঝা অত্যন্ত গুরুত্বপূর্ণ যে, উচ্চ ব্যবস্থিত সেক্টর আর আন্-অফিশিয়াল অর্থব্যবস্থা শিশু-শ্রম বেড়ে ওঠার প্রমুখ ক্ষেত্র হয়। যদি সততার সাথে আর সামূহিক রূপে উন্নতিশীল প্রচেষ্টা চালানো হয়... তাহলে শিশু-শ্রম সমস্যার মোকাবিলা করাটা, এই অপরাধকে সমূলে উৎপাটিত করাটা তেমন কোন অসম্ভব কাজ হবে না।

আমি এখানে কিছু উদাহরণ দিতে চাই। আজ থেকে কয়েক বছর আগে ব্রাজিল সরকার 'বোল্সা এস্কোলা' নামক এক ওয়েলফেয়ার প্রকল্প শুরু করেছিল। পরে এই প্রকল্পের সীমা ক্ষেত্র আর প্রভাবশালী ক্ষেত্রকে বাড়িয়ে এটাকে 'বোল্সা ফ্যামিলিয়া' নাম প্রদান করা হয়। 'বোল্সা ফ্যামিলিয়া'-র তিন আধার স্তম্ভ ছিল ঃ ক্যাশ ট্রান্সফার, সঙ্গে যুক্ত শর্ত এবং পূরক প্রোগ্রাম। ক্যাশ ট্রান্সফার (নগদ অর্থ স্থানান্তরণ) দ্বারা দেশের জনতা তাৎক্ষণিক লাভ প্রাপ্ত করে। আমদানীর অ-সমানতার কারণে সঙ্গে যুক্ত শর্ত জনসংখ্যার মূলভূত সামাজিক অধিকার, যেমন – শিক্ষা, স্বাস্থ্য আর সামাজিক সুরক্ষাকে মজবুতী প্রদান করে এবং পূরক প্রোগ্রামগুলোর উদ্দেশ্য থাকে পরিবারগুলোর বিকাশে ইতিবাচক উৎসাহের মাধ্যমে তাঁদের বাচ্চাদের স্কুলে পাঠানোর জন্য তৎপর রাখা এবং এটাও সুনিশ্চিত করা যে, সেই সব বাচ্চাদের স্বাস্থ্যের প্রতিও সঠিক দৃষ্টি রাখা হয়েছে – যেটা এক প্রকারে ভবিষ্যতে তাদের দারিদ্রতা দূর করার এক পদ্ধতি হয়। আসলে মূল উদ্দেশ্য এটাই থাকে যে, এই ধারণা থেকে মুক্তি পাওয়া যাক যে, কেউ গরীব পরিবার থেকে এলে সে স্বভাবতঃ গরীবই থাকবে।

এর সরাসরি পরিণাম এটা হল যে, প্রায় 60 লক্ষ বাচ্চা নিজেদের কাজ ছেড়ে স্কুলে ভর্তি হয়ে পড়েছে। এই পদ্ধতি মেক্সিকো, পেরু, তাঞ্জানিয়া আর শ্রীলঙ্কাতেও অত্যন্ত সফল হয়েছে। কেনিয়া, তাঞ্জানিয়া আর মালাবীর মত দেশগুলো বিনা পয়সায় বাচ্চাদের শিক্ষার ব্যবস্থা করে আর শিক্ষা ক্ষেত্রে গুণবত্তা নিয়ে এসে নিজেদের দেশে শিশু-শ্রমের সম্ভাবনাকে অনেকটা কমিয়ে নিয়ে আসতে সফলতা অর্জন করেছে।

বাংলাদেশে গরীব বাচ্চাদের খাবার বিতরণ, ভারতে সরকারী সহায়তায় মিড-ডে মীল প্রকল্প আর মেয়েদের সাইকেল প্রদান করার মত প্রোগ্রাম দ্বারা যথেষ্ট উল্লেখনীয় আর ভালো পরিণাম প্রাপ্ত করা গেছে। আমি শিশু শ্রমিক দ্বারা উৎপাদিত মালের প্রতি গ্রাহকদের জাগরুকতা এবং প্রতিক্রিয়ার প্রভাবকেও এখানে তুলে ধরতে চাই। উন্নতিশীল দেশগুলোয়

গ্রাহকেরা এখন অনেক বেশী জাগরুক হয়ে উঠেছেন আর তাঁরা বাচ্চাদের দ্বারা তৈরী মালের বহিস্কার করতেও পেছিয়ে আসেন না। এই প্রকার মীডিয়াও সেই সব একনায়ক তান্ত্রিক পরিস্থিতির ছবি দেখিয়ে এই ব্যাপারে যথেস্ট গুরুত্বপূর্ণ ভূমিকা পালন করেছে... যেসব পরিস্থিতিতে বাচ্চাদের কাজ করার জন্য বাধ্য হয়ে উঠতে হয়।

এমন বৈশ্বিক জোগানের জন্য পুরো একটা চেইন্ কার্যরত হয়ে রয়েছে। গ্রাহকদের ক্রমবর্দ্ধমান জাগরুকতা আর মীডিয়ার সক্রিয় অংশীদারী কর্পোরেট সেক্টরকে এমনটা মানার জন্য বাধ্য করে তুলেছে যে, এই জোগান চেইনে, কম পক্ষে কিছু-কিছু মামলায়, মানবাধিকারের উল্লংঘন হয়েছে... যার ফলে তারা এমন কিছু 'কোড' বানিয়েছে... যেগুলো মুষ্টিমেয় কিছু আন্তজার্ত্তিক জোগানকারীদের পক্ষে মানাটা বাধ্যবাধকতা হয়ে উঠেছে। যদিও বড় সংখ্যায় কর্পোরেট হাউসগুলো এটা সুনিশ্চিত করতে কোন প্রচেস্টাই করে না যে, এই সব 'কোড'-গুলোর অনুপালন জোগান চেইনের অন্তিম বিন্দু পর্যন্ত সঠিক রূপে হচেছ কি না? কিন্তু এটাও এক সত্য যে, এই জোগান চেইনের কিছু-কিছু অংশের ওপরে তীক্ষ্ম নজর রাখা হয়... যার ফলে মানবাধিকারের উল্লংঘন হওয়ার সম্ভাবনা অনেকটাই সমাপ্ত হয়ে আসে। উদাহরণ হিসেবে, আজ থেকে প্রায় 1½ দশক আগে বেনারস, ভদোহী, মির্জাপুরের কার্পেট শিল্পে প্রায় 03 লক্ষ বাচ্চাকে কাজে লাগানো হত... যাদের মধ্যে বেশীর ভাগ বাচ্চাদের আশপাশের এলাকা, বিহার আর নেপাল থেকে নিয়ে আসা হত। এই সব বাচ্চারা কার্পেট বোনার ইউনিটগুলোয় বন্ধুয়া মজদুরদের মতই কাজ করত। 'বচপন বঁচাও আন্দোলন' গোটা বিশ্ব জুড়ে এক গ্রাহক জাগরুকতা অভিযান শুরু করেছিল আর এক সামাজিক লেবেলিং সিস্টেমের আবিস্কার করেছিল... যাকে 'রগমার্ক' (এখন এটা 'গুডউইভ' নামে পরিচিত) নাম প্রদান করা হয়। এই প্রচেস্টার অন্তর্গত প্রতিটি কার্পেটের ওপরে এক লেবেল লাগানো হত... যেটা এটা জানাত যে, এই কার্পেট শিশু-শ্রম মুক্ত। এই প্রচেস্টা দ্বারা আর ইউনিটগুলোয় হানা দেওয়ার কারণে এবং সামাজিক রূপে উৎসাহ প্রাপ্ত হওয়ার কারণে এই ক্ষেত্রে শিশু-শ্রম প্রায় 30% শতাংশ কমে আসে। এই লেবেল লাগানোর প্রোগ্রাম দক্ষিণ এশিয়াতেও কার্পেট নির্মাণ শিল্পে চালানো হয়... যেখানে ভারত, নেপাল আর পাকিস্তানের প্রায় 10 লক্ষ বাচ্চা এই শিল্পে ফেঁসে ছিল। পরিণামস্বরূপ, 'রগমার্ক'-য়ের অন্তর্গত দক্ষিণ এশিয়ায় শিশু শ্রমিকদের সংখ্যা প্রায় 70% শতাংশ কমে এসেছে।

স্কুলের বাচ্চাদের সহায়তায় 'বচপন বঁচাও আন্দোলন' আরও একটি ক্ষেত্রে শিশু-শ্রমের বিরুদ্ধে এক দেশব্যাপী অভিযান শুরু করেছে – বাজী শিল্পের ক্ষেত্রে। এই ক্ষেত্রে বেশ কিছু বাচ্চা অত্যন্ত অমানবিক

পরিস্থিতিতে শিবকাশী এবং বিরুদনগরে বাজী ফ্যাক্টরীগুলোয় কাজ করছিল। আমাদের এই অভিযান দ্বারা বাজী শিল্পে শিশু শ্রমিকদের সংখ্যা অনেকটাই কমে এসেছে। বে-সরকারী সংস্থান আর গোটা বিশ্বের ট্রেড ইউনিয়নগুলো এক সাথে মিলে শিশু-শ্রমকে সমূলে উম্মূলিত করতে সক্রিয় পদক্ষেপ... বিশেষ করে জ্ঞান, নীতি আর প্রথার ক্ষেত্রে গ্রহণ করেছে।

প্রশ্ন 05 ঃ আপনি শিক্ষার ওপরে জোর দিয়েছেন... কিন্তু এমন শিক্ষার কি লাভ, যেটা বেকারত্ব বাড়িয়ে তোলে ? যদি গরীব পরিবারগুলোর বাচ্চারা নিজেদের ক্ষুধা দূর করার জন্য কোন কাজ করে টাকা-পয়সা উপার্জন করতে চায়... তাহলে প্রথম কথা হচ্ছে এই যে, তারা পড়াশোনা কেন করতে যাবে ?

উত্তর ঃ আপনার এই প্রশ্ন গভীরে ঢুকে থাকা এক সামাজিক ভ্রান্তির ফসল। দুর্ভাগ্যবশতঃ এই প্রকারের ভুল ধারণা আমাদের সমাজে ব্যাপ্ত অন্যায়ের সব থেকে বড় কারণ। আমরা সহজেই নতুন-নতুন পরিপ্রেক্ষ বিকশিত করতে থাকি আর সমাজের বিভিন্ন খণ্ডগুলোর জন্য দ্বৈত মাপদণ্ডের ব্যবহার করতে থাকি এবং আমরা এগুলো নিজেদের ইচ্ছেমতন এমন ভাবে লাগু করি যে, অসমানতা এবং দুর্ভ্রান্তি লাগাতার ইন্ধন প্রাপ্ত করতে থাকে। আমরা এটা বুঝে উঠতে পারি না যে, আমরা নিজেদের বাচ্চাদের মামলায় যে মাপদণ্ড ব্যবহার করি... ঠিক সেই মাপদণ্ডই আমাদের গরীব লোকেদের বাচ্চাদের মামলাতেও ব্যবহার করা উচিত। যদি আপনি এমনটা মনে করেন যে, শিক্ষা বেকারত্বকে বাড়িয়ে তোলে... তাহলে আপনি নিজের বাচ্চাদের পড়াশোনা শেখানোর জন্য এত টাকা-পয়সা কেন খরচ করেন ? কোন খেলার নিয়মে এতটা পরিবর্তন নিয়ে আসা সম্ভব নয় যে, সেটা সমাজের বিভিন্ন শ্রেণীর লোকেদের জন্য আলাদা-আলাদা ফলাফল প্রদান করবে।

এটা হচ্ছে বৈশ্বীকরণের যুগ... যেটা তথ্য এবং প্রযুক্তির জোরে ফুলে-ফেঁপে ওঠে। গত 25 বছরে শিক্ষার অবধারণাতেও পূর্ণ পরিবর্তন এসেছে। আগে এমনটা বলা হত – 'উপার্জনের জন্য শিক্ষা' আর আজকের শ্লোগান হচ্ছে – 'সশক্তিকরণের জন্য শিক্ষা'। বর্তমান জ্ঞান, অর্থ আর পুঁজিবাদের যুগে নিজের অস্তিত্ব বজায় রাখার জন্য শিক্ষাই হচ্ছে এক গুরুত্বপূর্ণ হাতিয়ার। আমাদের এটা ভুলে গেলে চলবে না যে, শিক্ষা হচ্ছে আন্তর্জাতিক স্তরে মান্যতা প্রাপ্ত এক মানবাধিকার। বস্তুতঃ শিক্ষাই বাকী সব অধিকারের চাবি হয়। যদি শিক্ষারই নিষেধ করা হয়... তাহলে সেটা সকল মানবাধিকার নিষেধের সমান হবে।

আমি এখানে আরও একটা জিনিষকে স্পষ্ট করতে চাই। আমাদের বর্তমান এডুকেশন সিস্টেমে গুণবত্তা, সমতা আর মানবিক মূল্যবোধের

প্রায়ই উপেক্ষা করা হয়ে থাকে। আমি সম্পূর্ণ জোরের সাথে চার পক্ষের এডুকেশন সিস্টেমের সুপারিশ করছি – সেই শিক্ষা... যেটা মুক্ত হবে, **জরুরী হবে, সমাজে সমতার ভাব তৈরী করবে এবং গুণবত্তাপূর্ণ আর উপার্জন প্রদানকারী হবে। আমার এমন উক্তিতে আপনার কোন আপত্তি** থেকে থাকলে আমাকে জানান।

প্রশ্ন 06 ঃ আপনার স্পষ্টীকরণ আশ্বস্তকারী বটে... কিন্তু আপনি কি কোন সলিড উদাহরণ দিতে পারেন ?

উত্তর ঃ আমি নিজের বক্তব্য সর্বদাই বেশী উদাহরণ দিয়ে স্পষ্ট করার নিশ্চিত রূপে চেস্টা করব। উদাহরণ হিসেবে – আমি এমনটা মনে করি না যে, ভারতে আর্থিক সমৃদ্ধি কেবল সরকার বা রাজনৈতিক নেতৃত্ব দ্বারাই প্রাপ্ত হয়। এর কৃতিত্ব মুষ্টিমেয় কিছু বিদগ্ধ ভারতীয় যুবকদেরও প্রাপ্য... যাঁরা ঔষধি, সোফ্‌টওয়্যার, তথ্য এবং প্রযুক্তি আর অন্যান্য আরও কিছু উচ্চ জ্ঞানের ক্ষেত্রে নিজেদের উৎকর্ষতার প্রদর্শন করে নিজেদের দেশকে গৌরবান্বিত করে তুলেছেন। আজ বিশ্ব মঞ্চে কোথাও সার্বভৌমিক আর্থিক প্রভাবের আলোচনা শুরু হলে সেটা ভারত, চীন, ব্রাজিল, তুর্কী, দক্ষিণ আফ্রিকা আর দক্ষিণ কোরিয়ার কথা উল্লেখ না করে সমাপ্ত হতেই পারে না। এমনটা কেবলমাত্র জ্ঞান আর শিক্ষার কারণেই সম্ভবপর হতে পেরেছে। আমি কিছু আর্থিক অনুসন্ধানের ব্যাপারে তথ্য আপনার সাথে ভাগ করে নিতে চাই।

প্রাইমারী স্কুলে কাটানো একটা বছর ছেলেদের উপার্জনের সম্ভাবনা 05 থেকে 15% শতাংশ বৃদ্ধি করে... মেয়েদের ক্ষেত্রে আরও বেশী। এর পরে প্রতিটি অতিরিক্ত বছর সেকেণ্ডারী স্কুলে কাটালে কোন ব্যক্তির উপার্জন 15 থেকে 25% শতাংশ বেড়ে ওঠে। যতক্ষন পর্যন্ত কম পক্ষে 40% শতাংশ প্রাপ্তবয়স্ক ব্যক্তি সাক্ষর না হচেছ... ততক্ষন পর্যন্ত কোন দেশের তাৎক্ষণিক আর্থিক সমৃদ্ধি লাগাতার কায়েম থাকতে পারে না। যদি কোন সাক্ষর মা সন্তানের জন্ম দেন... তাহলে তার বাঁচার সম্ভাবনা 50% শতাংশ বেড়ে ওঠে আর সেই সন্তান 05 বছর বয়স পর্যন্ত নিশ্চিত রূপে জীবিত থাকবে। অন্য আরেক অনুসন্ধান এটা দেখিয়েছে যে, যদি প্রতিটি বাচ্চাকে শিক্ষা প্রদান করা যায়... তাহলে আগামী দশকে এইচ.আই.ভি. এইডসের 70 লক্ষ মামলা বাঁচানো যেতে পারে। কৃষি ক্ষেত্রে উৎপাদকতা বৃদ্ধি করার জন্য, সুশাসনে পারদর্শিতা নিয়ে আসার জন্য, সামূহিক বিকাশের জন্য, দেশের জনতার সক্রিয় সহযোগ প্রাপ্ত করার জন্য আর সেটাকে কায়েম রাখার জন্য এবং প্রভাবশালী গণতন্ত্রের জন্য শিক্ষা অপরিহার্য হয়।

প্রশ্ন 07 ঃ কৈলাজ জী! এবার আমি আলোচনার বিষয় বদলাতে চাই। ভারত এক ধর্ম নিরপেক্ষ দেশ। সকল ধর্ম, মত, সম্প্রদায় ইত্যাদির ধার্মিক সাধু-সন্তরা মন্দির, মসজিদ, গুরুদ্বারা, চার্চ ইত্যাদির প্রাঙ্গণে

নিজেদের ধর্মে নিহিত মানবতার বার্তা লোকেদের মধ্যে ছড়িয়ে দেন। শিশু-শ্রম যদি সত্যি-সত্যি কোন জঘন্য পাপ হয়... তাহলে কি এটাকে অনেক আগেই উন্মূলিত করে দেওয়া হত না?

উত্তর ঃ আমি নিজেই এটা দেখে চমকে উঠছিলাম যে, আপনাদের মধ্যে কেউ এত প্রাসঙ্গিক প্রশ্নটা এখনও পর্যন্ত করছেন না কেন? বাচ্চা আর ধর্মের মধ্যে এক পারস্পরিক বিচিত্র সম্পর্ক রয়েছে। বাচ্চারা তো ধর্ম-বিহীন অবস্থায় এই পৃথিবীতে জন্ম নেয়। এটা তো আমরা, প্রাপ্তবয়স্ক লোকেরাই তাদের বিশেষ ধার্মিক পরিচিতি প্রদান করি আর বাপ্তিজম্, খতনা, মুণ্ডন (ক্রমানুসারে খ্রীস্টান, মুসলমান এবং হিন্দু ধর্মে করা ধার্মিক অনুষ্ঠান) ইত্যাদি দ্বারা তাদেরকে বিভিন্ন ধর্মে বিভক্ত করে তুলি... যার দ্বারা এটা জানতে পারা যায় যে, বাচ্চা ঠিক কোন্ ধর্মের সাথে সম্বন্ধ রাখে। আমার মত হচ্ছে এটা যে, যে মুহূর্তে কোন বাচ্চার ওপরে ধর্মের সীল মোহর লেগে যায়... সেই মুহূর্তে মানবতা নিজের এক অত্যন্ত মূল্যবান সদস্যকে হারিয়ে ফেলে।

সারা বিশ্বে প্রায় 10 হাজার মিলিয়ন বাচ্চা দারিদ্রতায় গ্রস্ত। 21 কোটি বাচ্চা নিজেদের স্বাস্থ্য আর পড়াশোনার মূল্যে পরিশ্রম করে। প্রতি মিনিটে কম পক্ষে 10-জন বাচ্চার কু-পোষণের কারণে মৃত্যু হয়ে পড়ে। 07 কোটি বাচ্চা এমন রয়েছে... যারা কখনো স্কুলের ক্লাস রুমের দর্শন করেনি। 15 কোটি বাচ্চাকে প্রাথমিক স্তরের শিক্ষা প্রাপ্ত করার আগেই স্কুলে যাওয়া বন্ধ করে দিতে বাধ্য হয়ে উঠতে হয়।

বে-আইনী ধড়পাকড় আর অদলা-বদলীর শিকার লক্ষ-লক্ষ বাচ্চা যৌন-ব্যবসাতে ফেঁসে যায়। অনেক বাচ্চাদের অপহরণ করে তাদের শরীরের অঙ্গ কেটে বাজারে বিক্রী করে দেওয়া হয়। নিজেদের মাতা-পিতার থেকে আলাদা হয়ে পড়া এই সব বাচ্চারা ক্ষেত, ফ্যাক্টরী, ইঁট ভাঁটা আর অন্যান্য আরও অনেক জায়গায় বন্ধুয়া মজদুরের মত কাজ করে। 05 লক্ষেরও বেশী বাচ্চাদের বে-মনের সেপাই হয়ে ওঠার জন্য বাধ্য করে তোলা হয় বা কোন-না-কোন রূপে তাদের কারও-না-কারও সাথে সশস্ত্র মোকাবিলা হয়। সেই কচি বয়সে যখন তাদের খেলনা নিয়ে

খেলা করা উচিত... এই সব বাচ্চাদের হাতে সেই সময় এ.কে. 47, এ.কে. 56-র মত হাতিয়ার উঠে আসে। মন্দির, মসজিদ, গুরুদ্বারা, চার্চ এবং অন্যান্য ধার্মিক স্হলগুলোয় লাগাতার প্রসারিত হতে থাকা উপদেশ সত্ত্বেও শিশু-শ্রমের সমস্যা আজও নিজের বিকৃততম রূপে জীবিত রয়েছে। যদিও এই জিনিষটা আমার মাথায় ঠিক ঢোকে না যে, বিভিন্ন ধর্মের শিশু-শ্রম উন্মূলন করতে সমস্যা কোথায়... কিন্তু আমার এমনটা মনে হয় যে, এমন ধারণা ধনী আর অভিজাত শ্রেণীর লোকেদের প্রভাবের এক প্রশাখার রূপে পল্লবিত হয়েছে। বাস্তবে এই ধনী আর প্রভাবশালী লোকেরাই এই প্রচীন অপরাধকে জীবিত রাখার জন্য দায়ী। বেশীর ভাগ ধর্ম সংস্হানগুলো বাচ্চাদের অধিকারের রক্ষা করার জন্য কখনোই প্রচেস্টাশীল হয় না।

হিন্দু ধর্মে বাচ্চাদের ভগবানের রূপ হিসেবে মানা হয়ে থাকে। হিন্দুদের মধ্যে কন্যা পূজার প্রচলনও রয়েছে। হিন্দু শাস্ত্র থেকে এটা স্পষ্ট রূপে জানতে পারা যায় যে, প্রচীন কালে স্ত্রী-পুরুষের মধ্যে লিঙ্গাকর্ষণে কোন অসমানতা ছিলই না। ভগবান রাম আর ভগবান কৃষ্ণের বাল-লীলা তো হিন্দু সংস্কৃতির অভিন্ন অঙ্গ। গুরুকুলে কৃষ্ণ আর সুদামা কোন প্রকারের ভেদভাব বা অসমানতা ছাড়াই এক সমান শিক্ষা প্রাপ্ত করেছিলেন। সেই সময় শিক্ষার ক্ষেত্রে লিঙ্গ বা আর্থিক পৃষ্ঠভূমির আধারে কোন প্রকারের ভেদভাব করা হত না।

এবার আসুন... খ্রীস্টধর্মের ওপরেও একটু আলোচনা করে নেওয়া যাক। বাইবেল এমনটা জানায় যে, যীশুখ্রীস্ট বাচ্চাদের খুবই ভালবাসতেন। নিজের পবিত্র পুস্তকে যীশুখ্রীস্ট বলেছেন – "বাচ্চাদের আমার কাছে আসতে দাও। তাদের বাধা দিও না... কারণ স্বর্গরাজ্য এদেরই।" এখানে আমাদের এটা বুঝে নেওয়া উচিত যে, যেসব বাচ্চারা যীশুখ্রীস্টের কাছে যাচ্ছিল... তারা সবাই খ্রীস্টান বাচ্চা ছিল না। যীশুখ্রীস্ট তো কোন জাতি-সমাজ বা মত-ধর্মের ভেদভাব ছাড়াই সকল বাচ্চাদের নিজের কাছে ডেকেছিলেন। সব থেকে বেশী গুরুত্বপূর্ণ হচেছ যীশুখ্রীস্টের তাঁদের জীবনকে গুরুত্ব প্রদান করা... যাঁরা বাচ্চাদের মঞ্চের মাঝখানে নিয়ে আসার ওনার ইচছার সাথে একমত ছিলেন।

ইসলামে তো এমন অনেক উদাহরণ রয়েছে... যেগুলো এটা প্রমাণ করে যে, বাচ্চারা হচেছ মানবতার সবাধিক বাঞ্ছিত কামনা! পয়গম্বর মুহম্মদ সাহেবের একটাই সন্তান ছিল – একটি মেয়ে। ওনার বক্তব্য ছিল যে, কন্যা দৈবীয় পুরস্কার হয়। ইসলামও বার-বার সবার শিক্ষার ওপরে জোর দিয়েছে। পবিত্র কুরান এটা জানায় যে, যে কোন পরিস্হিতিতেই বাচ্চাদের গুরুত্ব প্রদান করা উচিত। বাচ্চাদের নিজস্ব এক গুরুত্ব থাকা উচিত আর সমাজে তাদের পূর্ণ সম্মান প্রদান করা উচিত। ইসলামের

সাথে আমার পরিচয় এক মৌলবী সাহেবের মাধ্যমে হয়েছিল... যিনি আমাদের পৈত্রিক বাড়ীর কাছেই থাকতেন। উনি এক সরল-সাধাসিধে ব্যক্তি ছিলেন আর বাচ্চাদের প্রতি উনি অত্যন্ত সহৃদয় ছিলেন। এজন্য শৈশবে আমিও ওনার প্রতি স্বাভাবিক রূপেই আকৃষ্ট হয়ে উঠেছিলাম। ওনার থেকে উর্দু শেখার ইচ্ছা আমার ছিল। উনি ইসলাম ধর্মের বিভিন্ন কাহিনী আর সেই সব কাহিনীর মধ্যে মজুদ শিক্ষার ব্যাপারে আমাদের শোনাতেন। ওনার একটা কথা আমি কোনদিনও ভুলতে পারব না – "এমনিতে তো আল্লাহ নিরাকার আর অমূর্ত্য... কিন্তু ওনার প্রভা সেই বাচ্চাটার মুখের হাসি থেকে অনুভব করা যেতে পারে... যে নিজের মায়ের কোলে বসে রয়েছে!"

আসুন... এবার আমরা বাস্তবিকতার দিকে তাকাই। অনেক ব্যক্তি, যাঁরা মেয়েদের পূজা করেন... তাঁদের সেই সময় কোন লজ্জাই অনুভূত হয় না, যখন তাঁরা 01 বছর বয়সের বাচ্চা মেয়ের সাথেও বলাৎকার করেন। আমাদের দেশের 53% শতাংশ মেয়েরা নিজেদের জীবনে কখনো-না-কখনো কোন-না-কোন রূপে যৌন শোষণের শিকার হয়ে পড়ে। কন্যা ভ্রুণ হত্যা এই সময় সব থেকে বেশী হচ্ছে। বেশ্যাবৃত্তি করার জন্য বা গোলামী করার জন্য মেয়েদের কেনা-বেচা করা হচ্ছে। মাদ্রাসা ইত্যাদিগুলোয় কম বয়সের ছেলে-মেয়েদের ভর্তি করানো হয় (বিশেষ করে পাকিস্তান, আফগানিস্তান আর সুডানের মত দেশগুলোয়) ধর্মের পাঠ পড়ানোর জন্য; কিন্তু বাস্তবে তাদের ফুসলিয়ে আতংকবাদী আর মানব বোমা হওয়ার শিক্ষা দেওয়া হয়ে থাকে... যাতে তারা মানবতার সংহার করতে পারে আর ইসলামের মহান শিক্ষাকে কলঙ্কিত করতে পারে।

আমার এখনও বেশ ভালো ভাবে মনে আছে যে, আমি কি ভাবে এক সাত বছরের ছেলেকে ফিরোজাবাদ (উত্তর প্রদেশের এক ছোট্ট শিল্প নগরী)-র এক চুড়ি ফ্যাক্টরী থেকে মুক্ত করিয়েছিলাম। ওর কাজ ছিল গলানো কাঁচের ওপরে হাওয়া ফেলে চুড়ি তৈরী করা। সেই বাচ্চাটার গায়ের ত্বক অসহ্য গরম, ধূলো আর ধোঁওয়ায় কালো হয়ে পড়েছিল। ও এক বন্ধুয়া শিশু শ্রমিক ছিল আর এক নির্দয়ী মালিকের অধীনে কাজ করছিল। কাজে যদি কখনো কোন ছোটখাটো ভুলও হয়ে পড়ত... তাহলে ওকে প্রচণ্ড মারধোর করা হত। এক দিন যখন সেই ছেলেটা কাজ করছিল... সেই সময় হঠাৎই গলানো কাঁচ ওর হাতের পাতায় এসে পড়ে। ও প্রচণ্ড আহত হয়ে পড়েছিল। গরম কাঁচ ওর হাতের মাংস-মজ্জা আর হাড় পর্যন্ত ভেদ করে ভেতরে ঢুকে পড়েছিল – ঠিক যেন ওর গুলি লেগেছে। ওর মালিক ওকে চিকিৎসার জন্য হাসপাতালে নিয়ে যাওয়ার বদলে ওকেই প্রচণ্ড মারধোর করেছিল। আমি তো এই করুণ কাহিনী শুনে প্রচণ্ড মানসিক আঘাত পাই। আমি যখন বাচ্চটার থেকে

তার নাম জানতে চাই, তখন ও অত্যন্ত সহজ ভাবে জবাব দিয়েছিল – 'মুহম্মদ!' ওর মালিক এক মুসলিম সাম্প্রদায়িক নেতা ছিল আর স্হানীয় বাবরী মসজিদ কমিটির সদস্যও ছিল। ও সেই বাচ্চাটাকে পেটার সময় এক মুহূর্তের জন্য অনুতাপ বা সংকোচ অনুভব করেনি... যার নাম আর সেই মহান পয়গম্বরের নাম একই ছিল।

আমার মির্জাপুরে ঘটিত এমনই এক ভয়াবহ ঘটনার কথা মনে পড়ে যাচ্ছে। আমরা এক কার্পেট তৈরীর ফ্যাক্টরীতে হঠাৎই হানা দিয়েছিলাম 12 অসহায় মেয়েদের সেখান থেকে মুক্ত করানোর জন্য... যাদের ছত্তিশগঢ় (তদানীন্তন মধ্য প্রদেশ)-য়ের সরগুজা জেলা থেকে ফুঁসলিয়ে মির্জাপুরের সেই গ্রামে নিয়ে আসা হয়েছিল। তাদেরকে সেই জায়গায় 02 বছর বন্ধুয়া মজুদুরের মত রাখা হয়েছিল। যখন আমাদের অভিযান চালু ছিল... তখন ওদের মধ্যে থেকে 11 মেয়ে তো আনন্দের সাথে বাইরে বেরিয়ে এসেছিল... কিন্তু 14 বছরের একটি মেয়ে তখনও গায়েব হয়ে ছিল। সেই সময় এক মহিলা ম্যাজিস্ট্রেটের সাথে আমি আবার এক বার সেই ফ্যাক্টরীতে গেলে আমি দেখতে পাই যে, দেওয়ালের কাছে বসে সেই মেয়েটি ফুঁপিয়ে-ফুঁপিয়ে কাঁদছে।

আমরা সেই মেয়েটিকে জানাই যে, এখন ও স্বাধীন আর খুব শীঘ্র সে নিজের মা-বাবার কাছে পৌঁছে যাবে। ও অত্যন্ত বেদনার সাথে চেঁচিয়ে উঠে বলে – "আমি কোন্ মুখে মা-বাবার কাছে যাব?" পরে আমরা এটা জানতে পারি যে, ওর মালিক ওর সাথে বলাৎকার করেছিল আর সেই মেয়েটির গর্ভে তার সন্তান বড় হয়ে উঠছিল। ও নিজের বাড়ী ফিরে যেতে চাইছিল না। আমরা ওর নাম জানতে চাইলে ও নিজের নাম জানায় – 'সীতা!' কত পবিত্র নাম... হিন্দু 'রামায়ণ' অনুসারে শ্রী রামচন্দ্রের পত্নী। আমরা এখটা জেনে আরও বেশী মানসিক আঘাত পেয়েছিলাম যে, সেই ফ্যাক্টরীর মালিক এক স্হানীয় হিন্দু নেতা ছিল। তার ফ্যাক্টরীতে জায়গায়-জায়গায় অযোধ্যায় রাম মন্দির নির্মায়ের সমর্থনে সাম্প্রদায়িক শ্লোগান লেখা ছিল। এর থেকে বড় বিড়ম্বনা বা বিরোধাভাষ আর কি হতে পারে? আমার জায়গায় আপনি থাকলে আপনি কেমন অনুভব করতেন?

দিল্লীর কিছু মুসলিম বহুল এলাকা থেকে ফুসলিয়ে নিয়ে আসা আর গোলাম বানিয়ে রাখা বাচ্চাদের মুক্ত করাতে আমাদের বড়ই সমস্যায় পড়তে হয়েছিল। 2011 সালের মাঝামাঝি সময়ে আমার আর আমার সাথীদের ওপরে এক সাম্প্রদায়িক ভীড় পূর্ব দিল্লীতে হামলা করেছিল... সেই সময় আমরা চুপিচুপি এক জড়ি ফ্যাক্টরীতে হানা দেওয়ার প্ল্যান তৈরী করছিলাম। এই ফ্যাক্টরীর মালিক কিছু মৌলবীর সহায়তায় 03 মুসলিম বাচ্চাকে মাদ্রাসা নিয়ে যাওয়ার লোভ দেখিয়ে ফুসলিয়ে নিয়ে এসেছিল। তারপর এই সব বাচ্চাদের সে বন্ধুয়া বানিয়ে রেখেছিল। এই

ফ্যাক্টরীর মালিক এমন এক পরিস্থিতির সৃষ্টি করেছিল আর অন্যদের জুটিয়ে এমন শ্লোগানও দিয়েছিল, যেন কেউ সেই মাদ্রাসার ওপরে আক্রমণ করেছে।

এটা তো অত্যন্ত স্পষ্ট যে, এই সব ঘটনার সাথে ধর্মের কোন সম্পর্কই নেই। কিন্তু এমন ঘটনার উপেক্ষা কি করে করা সম্ভব... যেসব ঘটনায় কিছু লোক ধর্মের নামে গরীব আর অসহায় লোকেদের শোষণ করছে ?

বেশ কিছু ক্ষেত্রে এটা স্পষ্ট হয়ে উঠেছে যে, বেশ কিছু মাদ্রাসা, মিশনারী সংস্থা, অনাথালয়ে বাচ্চাদের অবস্থা অত্যন্ত শোচনীয়। এই সব সংস্থা বেশ কিছু ধর্মের নিয়ন্ত্রণে চলে। এখানে বাচ্চাদের নিরন্তর যৌন শোষণ করা হয়, তাদের মারধোর করা হয় আর বিভিন্ন প্রকারে তাদের ওপরে অত্যাচার করা হয়। এই সব জায়গায় বাচ্চাদের না তো কোন সুরক্ষা প্রদান করা হয়... না সম্মান দেওয়া হয়। এই সব জায়গায় অ-প্রাকৃতিক যৌনাচার আর বলাৎকার হওয়াটা অত্যন্ত সাধারণ ঘটনা হয়ে উঠেছে।

আমাদের সমাজে ধর্মের আড়ালে বেশ কিছু সামাজিক বিকৃতি আর খারাপ জিনিষ লাগাতার বিদ্যমান হয়ে রয়েছে। আজও বাচ্চাদের বলি দেওয়ার মত জঘন্য প্রথাকে পুরোপুরি শেষ করা সম্ভব হয়নি। পারম্পরিক রূপে ছেলেদের বংশের উত্তরাধিকার বানানোর প্রথার প্রচলন থাকায় মেয়েদের সাথে পরিবারে আর সমাজে বড়ই ভেদভাব করা হয়ে থাকে। প্রচলিত মানসিকতার এক প্রতিফলন কন্যা ভ্রুণ হত্যার রূপে সামনে প্রকাশ পাচেছ। এর অন্য আরও এক রূপ গ্রামীণ ভারতে প্রচলিত বাল্য-বিবাহের রূপে আজও দেখতে পাওয়া যায়। এটা অত্যন্ত লজ্জাজনক ব্যাপার যে, 50% শতাংশ মেয়েদের সেই বয়সেই বিয়ে দিয়ে দেওয়া হয়... যেটা তাদের শৈশবের বয়স হয় আর যখন তাদের শিক্ষা গ্রহণ করে নিজেদের ভবিষ্যত গড়ে তোলার চেস্টা করা উচিত।

আমার মতে সামাজিক রূপে দায়িত্বশীল আপনাদের মত লোকেদের সকল মতের ধর্ম-ধুরন্ধরদের এমন অনুরোধ জানানো উচিত যে, যে কোন মূল্যে বাচ্চাদের দুরূপযোগ বা অন্যান্য বিকৃতিগুলোকে সমাপ্ত করা উচিত এবং বাচ্চাদের গরিমা আর অধিকারকে অক্ষুন্ন রাখা উচিত। সকল ধর্মের আর সংস্কৃতির লোকেদের সম্পূর্ণ সততার সাথে বাচ্চাদের অধিকারের রক্ষা করা উচিত।

প্রশ্ন 08 ঃ কৈলাশ জী! আপনার যুক্তি আর এই সব ঘটনাগুলো আমাকেও মর্মাহত করে তুলেছে। আমিও যথেস্ট মানসিক আঘাত পেয়েছি। আপনি কি এই বিষয়ের ওপরে কিছুটা আলোকপাত করবেন যে, আমাদের দেশের সংবিধান আর আইন এই ব্যাপারে কি বলে ?

উত্তর ঃ আমার মতে শিশু-শ্রম আর বাচ্চাদের শোষণ হচ্ছে মানবাধিকারের জঘন্যতম উল্লংঘন। ভারত বেশ কিছু আন্তজার্তিক কন্‌ভেতশনে হস্তাক্ষর করেছে এবং শিশু-শ্রমের বিরুদ্ধে বেশ কিছু আইনও তৈরী হয়েছে... কিন্তু এটা অত্যন্ত দুর্ভাগ্যের বিষয় যে, সেই সব আইনের খোলাখুলি ভাবে উল্লংঘন করা হয়ে থাকে। ভারতীয় সংবিধান অনুসারে 14 বছরের কম বয়সের কোন বাচ্চাকে কোন ফ্যাক্টরী, খনি বা এমন কোন উপার্জনে লাগানো যাবে না... যেখানে প্রাণের ঝুঁকি রয়েছে। আমাদের সংবিধান সেই সব প্রতিটি বাধ্যকারী শ্রমের বিরুদ্ধে... যেখানে লোকেদের অদল-বদল (ট্রাফিকিং) বা শোষণ করা হয়। এছাড়া প্রতিটি বাচ্চাকে 14 বছর বয়স পর্যন্ত বিনা পয়সায় জরুরী শিক্ষা প্রদান করার গ্যারান্টীও আমাদের সংবিধান দেয়। আমাদের বেশ কিছু কড় আইন রয়েছে, যেমন – বণ্ডেড লেবার সিস্টেম (এ্যাবোলিশন) এ্যাক্ট, 1976 এবং চাইল্ড লেবার (প্রোহিবিশন এ্যাণ্ড রেগুলেশন) এ্যাক্ট, 1986! এছাড়াও জুভেনাইল জাস্টিস (কেয়ার এ্যাণ্ড প্রোটেকশন) অফ্ চিল্ড্রেন এ্যাক্ট, 2000 এমনটা জানায় যে, যদি কোন ব্যক্তি কোন কম বয়সের ছেলে / মেয়ে বা বাচ্চা (অর্থাৎ 18 বছরের থেকে কম বয়সের ব্যক্তি)-কে উপার্জনের জন্য কোন ঝুঁকিপূর্ণ কাজে লাগায়, তাকে বন্ধুয়া বানিয়ে রাখে, তার আমদানীকে বাধা প্রদান করে বা নিজের উদ্দেশ্য পূর্তি র জন্য তার উপার্জনের ব্যবহার করে... তাহলে সেটাকে এক দণ্ডনীয় অপরাধ হিসেবে গন্য করা হবে... যার জন্য সেই ব্যক্তিকে 03 বছরের কারাবাস ভোগ করতে হবে বা জরিমানা দিতে হবে। এই সব আইন সময়ে-সময়ে সংশোধিতও হতে থাকে। আইনী রূপে বাচ্চাদের কোন ভাবে বিরক্ত করা, তাদের বন্ধুয়া মজদুর বানানো, তাদেকে শিশু-শ্রমে লাগানো (এই পেশা আর প্রক্রিয়া এক সূচীতে বর্ণিত), তাদের কেনা-বেচা করা বা অপহরণ করা এক দণ্ডনীয় অপরাধ। ভারতের মাননীয় সর্বো চ্চ আদালত এবং অন্যান্য হাই কোর্টগুলো শিশু-শ্রম উম্মূলন করার জন্য বেশ কিছু উল্লেখনীয় ফয়সালা শুনিয়েছে। সেই সব ফয়সালা অনুসারে যেসব জায়গায় বাচ্চাদের কাজে লাগানো অবস্থায় দেখতে পাওয়া যাবে... এমন মালিক / কাজে লাগানো ব্যক্তিদের গ্রেপ্তার করা যেতে পারে আর তাঁদের কার্যস্হল সীল করে দেওয়াও যেতে পারে এবং সেই সব মালিকদের থেকে প্রতি বাচ্চা হিসেবে 20,000 টাকা জরিমানাও আদায় করা যেতে পারে। এই সব ফয়সালা এটাও জানায় যে, কি প্রকারে এমন বাচ্চাদের পুনর্বাস করা যেতে পারে আর তাদেরকে শোষণের হাত থেকে বাঁচিয়ে শিক্ষিত করে তোলা যেতে পারে... কিন্তু দেশের নাগরিকদের দেশের আইনের প্রতি অজ্ঞানতা, সরকারী ক্লার্কদের দায়িত্ব পালন না

করা, রাজনৈতিক এবং প্রশাসনিক ভ্রষ্টাচার আর প্রশিক্ষিত লেবার ইন্সপেক্টরদের অভাব এবং কালো টাকার প্রভাব এই সব আইনগুলোর সঠিক অনুপালনের ক্ষেত্রে প্রায়ই বাধা হয়ে দাঁড়ায়।

প্রশ্ন 09 ঃ কৈলাশ জী! আপনার কথার মাঝখানে বাধা দেওয়ার জন্য আমি অত্যন্ত দুঃখিত এবং ক্ষমাপ্রার্থী। আজকাল চার পাশে কালো টাকা আর ভ্রষ্টাচারের ওপরে প্রচণ্ড গরমাগরম বিতর্ক হচ্ছে। আপনি কি শিশু-শ্রমকেও এর সাথে যুক্ত করে তুলছেন না?

উত্তর ঃ আমি এটা দেখে অত্যন্ত হয়েছি যে, আপনি আমাকে বাধা প্রদান করেছেন। ভ্রষ্টাচার আর কালো টাকা এক প্রকারে শিশু-শ্রমের পরিস্হিতি সৃষ্টি করতে সহযোগ প্রদান করে। শিশু-শ্রম দ্বারা কালো টাকার সৃষ্টি হয়। এখানে আমি অত্যন্ত সংক্ষেপে এই প্রক্রিয়াকে স্পষ্ট করব। কিছু বে-সরকারী অনুমান অনুসারে আমাদের দেশে প্রায় 06 কোটি শিশু শ্রমিক রয়েছে... কিন্তু সরকারী ভাবে তাদের সংখ্যা 12.67 মিলিয়নই জানানো হয়ে থাকে (2001 সালের জনগণনা অনুসারে)। অফিসারদের মতানুসার প্রতিটি বাচ্চাকে গড়পড়তা 15 টাকা (30 সেন্ট) প্রতি দিন দেওয়া হয়ে থাকে। এর অর্থ এটা হল যে, সব মিলিয়ে তারা প্রতি দিনা প্রায় 90 কোটি টাকা উপার্জন করে। কিন্তু যদি এই 06 কোটি বাচ্চাদের জায়গায় এতজনই প্রাপ্তবয়স্ক ব্যক্তি কাজ করে আর এমনটা মেনে নেওয়া হয় যে, তাঁদেরকে প্রতি ব্যক্তি পেছু আমদানী হিসেবে 115 টাকা করে দেওয়া হয় (যদিও এটা আইন দ্বারা জানানো সবাধিক কম উপার্জনের থেকে কম)... তাহলে তাঁদের প্রতি দিনের মোট উপার্জন 690 কোটি টাকা হত। এর থেকে এটা স্পষ্ট যে, যদি বাচ্চাদের জায়গায় প্রাপ্তবয়স্করা কাজ করতেন... তাহলে মালিকদের 600 কোটি টাকা (অর্থাৎ 12 কোটি ডলার) অতিরিক্ত পেমেন্ট করতে হত। যদি এক বছরে 200 কার্যদিবস মেনে নেওয়া হয়... তাহলে বাচ্চাদের দিয়ে কাজ করিয়ে মালিকেরা প্রতি বছর গড়পড়তা 01 লক্ষ 20 হাজার কোটি টাকা (অর্থাৎ 29 হাজার মিলিয়ন ডলার) সঞ্চয় করেন।

এই সব মালিকেরা বড়ই সহজে নিজেদের ব্যাঙ্ক এ্যাকাউন্টে কারচুপি করে, প্রতি দিন প্রতিটি ওয়ার্কারের নামে 115 টাকা করে দেখিয়ে প্রতিটি ওয়ার্কার হিসেবে 100 টাকা সঞ্চয় করে চুপচাপ 01 লক্ষ 20 হাজার কোটি টাকা জমিয়ে নেন... যেটা আসলে কালো টাকাই হয় আর এই কালো টাকার ব্যবহার পুলিশ এবং রাজনৈতিক ব্যক্তিত্বদের ঘুষ দেওয়ার কাজে করা হয়ে থাকে। এই যুক্তি এটা স্পষ্ট করে যে, কি ভাবে আমাদের দেশে এক সমান্তরাল অর্থ-ব্যবস্হা গড়ে উঠছে।

প্রশ্ন 10 ঃ কৈলাশ জী! আপনার সাথে হওয়া এই আলোচনা সত্যি-সত্যি আমার চোখ খুলে দিয়েছে। এখন আমিও শিশু-শ্রমের প্রচণ্ড

বিরোধী হয়ে উঠেছি। আপনি কি দয়া করে আমাদের এটা জানাবেন যে, আমাদের মত লোকেরা ব্যক্তিগত রূপে কি ভাবে শিশু-শ্রম উন্মূলনে সহায়ক হয়ে উঠতে পারে?

উত্তর ঃ আমার বক্তব্য মেনে নেওয়ার জন্য আপনাকে জানাই অজস্র ধন্যবাদ! এই পরিবর্তন তো অবশ্যম্ভাবী ছিল। এবার আমাদের সবাইকে এক সাথে মিলে সমাজে এই বাঞ্ছিত পরিবর্তন নিয়ে আসার জন্য কাজ করার সময় এসে উপস্থিত হয়েছে। আপনারা প্রত্যেকে নিজেদের ব্যক্তিগত ক্ষেত্রে এমন দৃঢ় সংকল্প গ্রহণ করুন যে, আপনারা নিজেদের বাড়ীতে বা নিজেদের কার্যক্ষেত্রে কখনো কোন বাচ্চাকে কাজে লাগাবেন না। আপনারা যদি নিজেদের এমন কোন পরিচিত বা আত্মীয়ের বাড়ী যান... যেখানে বাচ্চাদের দিয়ে কাজ করানো হয় – তাহলে আপনারা কখনো সেই সব বাচ্চাদের সেবা গ্রহণ করবেন না, তাদের হাতে এক গ্লাস জলও পান করবেন না। আপনারা যদি এমন কোন রেস্তোঁরা বা ব্যবসায়িক সংস্থানে যান... যেখানে বাচ্চাদের দিয়ে কাজ করানো হয় – সেখানেও আপনারা নিজেদের এই সংকল্পে অটল হয়ে থাকুন। যেসব দোকানে বাচ্চাদের দিয়ে কাজ করানো হয়... সেই সব দোকান থেকে জিনিষপত্র কেনা বন্ধ করে দিন। বাচ্চাদের দ্বারা বানানো জিনিষ কেনাও বন্ধ করে দিন। নিজেদের বন্ধু-বান্ধব আর আত্মীয়দেরও এমনই সংকল্প গ্রহণ করতে উৎসাহিত করে তুলুন আর শিশু-শ্রমিকদের মাতা-পিতাদের তাদের সন্তানদের স্কুলে পাঠানোর জন্য প্রেরিত করে তুলুন।

যেসব ব্যক্তি বাচ্চাদের দিয়ে কাজ করান... তাঁদেরকে সতর্ক করে দিন আর তাঁদের বিরুদ্ধে পুলিশে অভিযোগ জানাতেও পেছিয়ে আসবেন না। শ্রম বিভাগকে এই ব্যাপারে জানান আর চাইল্ড হেল্পলাইনের ব্যবহার করুন। আপনারা শিশু-শ্রমের ব্যাপারে ফোন করে, এস.এম.এস. বা ই-মেল পাঠিয়ে অথবা লিখিত রূপে অভিযোগ জানিয়েও জানাতে পারেন। এক দায়িত্বশীল সামাজিক নাগরিকের রূপে নির্বাচনে কখনোই সেই প্রার্থী কে নিজের বহুমূল্য ভোট দেবেন না... যিনি শিশু-শ্রমের ভৎর্সনা করেন না বা নির্বাচনী প্রচারের সময় নিজের দ্বারা করা শিশু-শ্রম উন্মূলন করার প্রতিশ্রুতি নির্বাচনে জেতার পরে ভুলে যান অথবা তার জন্য কোন পর্যায়বদ্ধ প্রোগ্রাম তৈরী না করেন।

এটা দেখে আমার অত্যন্ত ভালো লাগছে যে, বর্তমানে মীডিয়াতে শিশু-শ্রম এক আলোচনার বিষয়বস্তু হয়ে উঠেছে। যদি আপনারা কোন শিশু-শ্রমের মামলা দেখতে পান... তাহলে তৎক্ষনাত সেটার বিরোধিতা করুন, তৎক্ষনাত মীডিয়াকে খবর দিন... যাতে কম সময়ে বেশী সংখ্যক লোকেদের এই ব্যাপারে জানানো যেতে পারে আর এর প্রভাব বেশ কয়েক গুণ বেড়ে ওঠে। সোশাল নেটওয়ার্কিং সাইটগুলো এবং ফেসবুক

বা টুইটরের প্রয়োগ করে শিশু-শ্রমের ব্যাপারে সমাজে জাগরুকতার সৃষ্টি করুন আর বাচ্চাদের শিক্ষিত করে তোলার আবশ্যকতাকে স্পষ্ট করুন; এ্যান্টী চাইল্ড লেবার প্রোগ্রামের সহায়তা গ্রহণ করে এক মজবুত কেন্দ্রীয় বাজেটের আবশ্যকতাকে স্পষ্ট করে তুলুন এবং শিশু-শ্রম বিরোধী আইনগুলোকে সমর্থন জানিয়ে শিশু-শ্রমের বিরুদ্ধে চালু শিশু-শ্রম লেবার কন্‌জ্যুমার্স অভিযানকে এগিয়ে নিয়ে চলুন। আপনারা চাইলে 'বচপন বঁচাও আন্দোলন'-য়ের স্বেচ্ছাসেবক হতে পারেন বা এমনই কোন সংস্থানের সাথে যুক্ত হয়ে শিশু-শ্রম উন্মূলনের কাজে সহায়ক হয়ে উঠতে পারেন।

আমি তো প্রত্যেককে আহ্বাণ জানাচ্ছি যে, শিশু-শ্রম উন্মূলন করার জন্য যে যতটা পারেন, সহায়তা করুন। আমাদের অন্যদের জন্য অপেক্ষা করে থাকলে চলবে না... আমাদের নিজেদেরই এই ব্যাপারে কাজ শুরু করে দেওয়া উচিত। দেরী করলে পরিস্থিতি আরও খারাপ হয়ে পড়বে। সামাজিক রূপে দায়িত্বশীল এক ভারতীয় নাগরিকের রূপে আমাদের সেই সব কিছু করা উচিত... যেগুলো শিশু-শ্রম উন্মূলন করার জন্য করা সম্ভবপর হবে... অন্যথা এমনটাও হতে পারে যে, আমরা হয়তো নিজেদের আগামী প্রজন্মের সামনে আমাদের অস্তিত্বের ঔচিত্যই প্রমাণ করতে পারব না।

শ্রোতাগণ! সমাজ থেকে শিশু-শ্রম উন্মূলন করার কাজে আমাদের এই সামূহিক প্রচেষ্টা অবশ্যই সফল হবে। আমরা সম্পূর্ণ নিষ্ঠার সাথে এমন প্রতিজ্ঞা করছি যে, শিশু-শ্রম দূর করার জন্য আমরা লাগাতার প্রচেষ্টারত হয়ে থাকব আর আমরা এমনটা আশা ব্যক্ত করছি যে, এক সাথে মিলে কাজ করে আমরা সমাজে বাঞ্ছিত পাবির্তন নিয়ে আসতে অবশ্যই সফল হয়ে উঠব।

আপনাদের কাছে যদি আর কোন প্রশ্ন না থাকে... তাহলে আমি এই বার্তালাপের সমাপ্তি এক লঘু-কাহিনীর মধ্য দিয়ে করতে চাই... যেটা আমি নিজের শৈশবের শুরুতে পড়েছিলাম। এই কাহিনী প্রাচীন ভারতীয় পুরাণ থেকে এসেছে। এক দিন ভগবান শিব নিজের পত্নী পার্বতীর সাথে হিমালয় ক্ষেত্রে ভ্রমণ করে বেড়াচ্ছিলেন। এমন সময় দেবী পার্বতী দেখলেন যে, বেশ কিছু পিঁপড়ে সেখান দিয়ে যেতে থাকা এক হাতীর পায়ের তলায় পিষ্ট হয়ে মারা যাচ্ছে। এই দেখে দেবী পার্বতী আর থাকতে পারলেন না আর উনি ভগবান শিবের উদ্দেশ্যে প্রার্থনা জানালেন – "হে দেব! দয়া করে আপনি ঐ হাতীটাকে আটকান... নয়তো সব পিঁপড়েরাই ওর পায়ের তলায় কুচলে মারা পড়বে। হে প্রভু! আপনি ঐ হাতীটাকে এই সংহারের জন্য দণ্ড দিন।" কিন্তু ভগবান শিব যেন দেবী পার্বতীর প্রার্থনা শুনতেই পেলেন না। এই দেখে দেবী পার্বতী অত্যন্ত ক্রুদ্ধ হয়ে উঠলেন আর উনি চেঁচিয়ে উঠে বললেন –

"দেব! আপনি ঐ হাতীর মাহুতকে বাধা কেন দিচ্ছেন না? ও লাগাতার পাপ কার্য করে চলেছে।" কিন্তু শিব জী পার্বতীর কথার কোন উত্তর না দিয়ে এগিয়ে চলতে লাগলেন। শিব জী-র তরফ থেকে কোন প্রত্যুত্তর না পেয়ে দেবী পার্বতী ক্রোধে পুড়তে লাগলেন – "প্রভু! আমার তো মাথায় কিছুই ঢুকছে না যে, আমি লাগাতার অনুরোধ করে চলা সত্ত্বেও আপনি মৌন কেন হয়ে রয়েছেন? আপনি যদি ঐ হাতী আর ওর মাহুতকে দণ্ড না দিতে চান... তাহলে কৃপা করে এই সব পিঁপড়েদেরই মেরে ফেলুন – যাতে ওদের মোক্ষ প্রাপ্তি হয়ে পড়ে।" এই শুনে শিব জী থেমে গেলেন আর ক্রুদ্ধ দৃষ্টিতে পার্বতীর দিকে তাকিয়ে বললেন – "হে দেবী! এবার আপনি স্বয়ং দণ্ড ভোগ করার জন্য প্রস্তুত হয়ে নিন।" শিব জী-র কথা শুনে দেবী পার্বতী ঘাবড়ে উঠলেন। তখন ভগবান শিব নিজের বক্তব্য স্পষ্ট করলেন – "এক পশু হওয়ার কারণে হাতীর মনে কোন নৈতিকতার বোধ থাকে না। আর মাহুত যেহেতু হাতীর পিঠের ওপরে বসে রয়েছে... তাই সে এটা দেখতে পাচ্ছে না যে, হাতীর পায়ের তলায় পিঁপড়েরা কুচলে মারা যাচ্ছে। কিন্তু আপনি তো সবার প্রথমে এই সব অত্যাচার দেখতে পেয়েছিলেন... তবুও আপনি কোন ব্যবস্থাই নেন নি। নিজে সক্রিয় না হয়ে আর ভুল কাজকে সংশোধন করার চেষ্টা না করে... যেটা আপনি খুব সহজেই করতে পারতেন... আপনি এই প্রতীক্ষায় রইলেন যে, আমি কিছু একটা করব। এজন্য আপনিই এই পুরো ব্যাপারে একমাত্র দোষী আর দণ্ড ভোগ করার যোগ্য।"

প্রিয় বন্ধুরা! আমাদের সমাজে বেশীর ভাগ লোক পিঁপড়েদেরই মত অসহায়। কিছু লোক হাতীর মতও রয়েছেন... কিন্তু কিছু লোক এমনও আছেন – যাঁরা চোখের সামনে অত্যাচার হতে দেখলে সেই ব্যাপারে অভিযোগ তো জানান আর অন্যরা কিছু একটা করবে, এই প্রতীক্ষায় থাকেন। আমরা যদি এখনও কোন পদক্ষেপ না গ্রহণ করি... তাহলে আমরা নিজেদেরই দৃষ্টিতে নীচে নেমে আসব।

বচপন বঁচাও আন্দোলন (বি.বি.এ.)

'বি.বি.এ.'-র উদ্দেশ্য হচ্ছে বাচ্চাদের জন্য এক বন্ধুত্বপূর্ণ সমাজের নির্মাণ করা... যে সমাজে সকল বাচ্চা শোষণ থেকে মুক্ত হবে এবং ফ্রী আর গুণবত্তা পূর্ণ শিক্ষা প্রাপ্ত করবে।

বচপন বঁচাও আন্দোলন (বি.বি.এ.) হচ্ছে এক জন-আন্দোলন... যেটা 70,000-য়েরও বেশী ব্যক্তি এবং অসংখ্য সিভিল সোসাইটি সংস্থানগুলোকে এক জোট করার চেষ্টা চালাচ্ছে। বি.বি.এ.-র কাছে 150 স্বেচ্ছাসেবী সদস্য রয়েছে। নিষ্ঠাবান ব্যবসায়িক ব্যক্তি আর স্থানীয় স্বেচ্ছাসেবকেরা পুরো ভারত জুড়ে কাজ করে চলেছেন এবং তাঁদেরকে

হাজার-হাজার প্রতিবদ্ধ আর সক্রিয় স্বেচ্ছাসেবকেরা সহায়তা করেন।

'বি.বি.এ.' এই সময় দিল্লী, রাজস্থান, পাঞ্জাব, উত্তরাখণ্ড, উত্তর প্রদেশ, বিহার, ঝারখণ্ড, পশ্চিম বাংলা, মধ্য প্রদেশ, মহারাষ্ট্র আর কর্নাটকে কার্যরত হয়ে রয়েছে। 'বি.বি.এ.'-র কাছে দিল্লীর সীমাবর্তী এলাকায় এক 'লঘু বিশ্রাম পুনর্বাসন কেন্দ্র' – 'মুক্তি আশ্রম'-ও রয়েছে... যেখানে শিশু-শ্রমের হাত থেকে মুক্ত করিয়ে আনা বাচ্চাদের সম্পূর্ণ করুণা আর দয়ার সাথে দেখাশোনা করা হয়ে থাকে। তারপর তাদেরকে তাদের পরিবারের কাছে ফেরত পাঠিয়ে দেওয়া হয়।

'শিশু আশ্রম' হচ্ছে জয়পুরের কাছে বিরাট নগরে এক সুদীর্ঘ বিশ্রাম পুনর্বাসন কেন্দ্র... যেখানে এক প্রশিক্ষণ কেন্দ্রও রয়েছে। এখানে শিশু-শ্রম থেকে মুক্ত করানো বাচ্চাদের বাঞ্ছিত স্নেহ, শিক্ষা আর পেশাদারী প্রশিক্ষণ প্রদান করা হয়। এই সহায়তা দ্বারা বাচ্চাদের মধ্যে হারানো আত্মবিশ্বাস ফিরে আসে আর তারা এতটা দক্ষ হয়ে ওঠে যে, অতীতে কাটানো নিজেদের কষ্টদায়ক দিনগুলোকে ভুলে তারা নতুন করে গরিমাময় জীবন কাটাতে শুরু করে।

'বি.বি.এ.'-র সূত্রপাত শ্রী কৈলাশ সত্যার্থী 1980 সালে করেছিলেন। ওনার সাথে ওনার মত চিন্তাধারার আরও বেশ কিছু ব্যক্তি ছিলেন... যাঁরা এক সাথে মিলে শিশু-শ্রমের বিরুদ্ধে এক ধর্ম-নিরপেক্ষ, অ-রাজনৈতিক আর প্রত্যক্ষ রূপে কাজ করা এক জন-আন্দোলন শুরু করেছিলেন। প্রারম্ভিক দিনগুলোয় অভিযান চালানোর ওপরে এবং

'বচপন বাঁচাও আন্দোলন'-য়ের অফিশিয়াল ওয়েবসাইট

বাচ্চাদের বে-আইনী কেনা-বেচা বন্ধ করা আর তাদের বন্ধুয়া মজুদুরী থেকে মুক্ত করার ওপরেই ওনাদের দৃষ্টি ছিল। গত শতাব্দীর অন্তিম দশকে এই আন্দোলন এতটা ব্যাপক রূপ ধারণ করে যে, আশ্রয় স্হলগুলোয় শিশু-শ্রমে পীড়িত বাচ্চাদের পুনর্বাসন এক পর্যায়বদ্ধ প্রোগ্রাম দ্বারা চলতে লাগল।

এটাই সেই সময় ছিল... যখন এই আন্দোলন দক্ষিণ এশিয়া থেকে বার হয়ে এসে বাকী বিশ্বে ছড়িয়ে পড়ল – যেটার সব থেকে উল্লেখনীয় উদাহরণ হচ্ছে 1998 সালে হওয়া 'গ্লোবাল মার্চ এগেন্সস্ট চাইল্ড লেবার'... যেটা ছিল সুদীর্ঘ 83,000 কিমি.-র এক পদযাত্রা। এই পদযাত্রা নিজের এই দাবী আদায় করার জন্য বিশ্বের 103 দেশের ওপর দিয়ে গিয়েছিল যে, শিশু-শ্রমের সর্বাধিক বিকৃত রূপকে সমাপ্ত করার জন্য এক বিশদ কন্‌ভেনশনের আয়োজন করা হোক্। এই প্রচেষ্টার পরিণাম 1999 সালে দেখতে পাওয়া গিয়েছিল... যখন আই.এল.ও. শিশু-শ্রমের বিকৃততম রূপের বিরুদ্ধে কন্‌ভেনশন 182-কে নিজের স্বীকৃতি জানিয়েছিল। 2001 সালে 'বি.বি.এ.'-র মনোযোগ শিশু-শ্রম বন্ধ করার ওপরেই নিবদ্ধ হয়ে রইল আর আন্তজার্ত্তিক রূপে বিখ্যাত এক প্রোগ্রাম 'শিশু মিত্র গ্রাম' (শিশুদের বন্ধু গ্রাম) স্হাপিত করা হল।

'বি.বি.এ.' সংস্হা নিজের নতুন-নতুন প্রয়োগ, সাহস আর বহুমুখী প্রচেষ্টার জন্য বিখ্যাত... যেগুলোর দ্বারা এই সংস্হা শিশু-শ্রমের মত গম্ভীর বিষয়ের মোকাবিলা করে। এই আন্দোলনের দ্বি-পক্ষীয় পদ্ধতি বড়ই ব্যবস্হিত রূপে শিশু-শ্রমের মূল কারণগুলোর সাথে লড়াই করে আর ঠিক ততটাই ঘৃণ্য কাজ, বাচ্চাদের বে-আইনী অদল-বদলের মোকাবিলা করে।

শিশু-শ্রমের এই সমস্যা হচ্ছে এক সামাজিক, আর্থিক, রাজনৈতিক সমস্যার মিশ্রিত রূপ... যেটার সমাধান সরাসরি রূপে প্রাপ্ত হতে পারে না। কিন্তু 'বি.বি.এ.' এমনটা মনে করে যে, দারিদ্রতা আর শিক্ষার মধ্যে পারস্পরিক যুক্ত বিষয়ের মোকাবিলা এক সাথে করা উচিত। একমাত্র তাহলেই এই অপরাধ কম করতে সফলতা পাওয়া যেতে পারে। 'বি.বি.এ.' দৃঢ়তার সাথে এমনটা মনে করে যে, এর এন.জি.ও.-র সাথে মিলে কাজ করলে যে কোন রাজ্যের বাচ্চাদের প্রদান করা পরিষেবায় উন্নতি আসবে এবং আরও গুরুত্বের ব্যাপার হচ্ছে এই যে, এর দ্বারা বাচ্চাদের প্রতি আর তাদের অধিকারের প্রতি সমাজের ব্যবহারে এক ইতিবাচক পরিবর্তন লক্ষ্য করা যাবে। এর কার্যশৈলী আর উদ্দেশ্যের প্রতিটি গতিবিধিতে এর এই দর্শন স্পষ্ট রূপে কার্যান্বয়নে ফুটে ওঠে।

'বি.বি.এ.'-র উদ্দেশ্য বা ভিশন হচ্ছে – শিশু-মিত্র সমাজ গড়ে তোলা... যেখানে বাচ্চারা কোন প্রকারের শোষণ দ্বারা শোষিত হবে না

এবং বিনা পয়সায় উচ্চ গুণবত্তা যুক্ত শিক্ষাও প্রাপ্ত করবে।

'বি.বি.এ.'-র মিশন (লক্ষ্য) হচ্ছে কাজে ফেঁসে থাকা বাচ্চাদের খুঁজে বার করে তাদের মুক্ত করা এবং তাদের পুনর্বাসন করে তাদেরকে শিক্ষিত করে তোলা। এর জন্য বি.বি.এ. প্রত্যক্ষ রূপে কাজ করার পক্ষপাতী... যাতে বাচ্চাদের সমুদায়ের যোগদান থাকবে, তাদের মধ্যে পারস্পরিক বোঝাপড়া বৃদ্ধি পাবে আর মরাল বিজনেস প্রথাকে উৎসাহ প্রদান করার জন্য সমস্ত জনতা সক্রিয় হয়ে উঠবে।

'বি.বি.এ.' কেবল শিশু-শ্রম মুক্ত বিশ্ব গড়ে তোলাই নয়... বরং এমন এক দুনিয়া গড়ে তুলতে চায় – যেটা সর্বদা বাচ্চাদের মিত্র হয়ে থাকবে। এই উদ্দেশ্যে 'বি.বি.এ.' কাজ করে চলেছে... যাতে শিশু-শ্রমের মত অপরাধ মেটানোর জন্য এক স্থায়ী সমাধান প্রাপ্ত হয়। 'বি.বি.এ.' বেশ কিছু স্তরে এক সাথে সক্রিয় হয়ে রয়েছে – সমুদায়গুলোর সাথে মিলে কাজ করা, একেবোরে তৃণমূল স্তরে গিয়ে আর নীতি-নির্মাণকারী কর্মীদের সাথে বসে নীতি পরিবর্তনের পক্ষে ওকালতী করা। নিজের সূত্রপাত থেকে আজ পর্যন্ত 'বচপন বঁচাও আন্দোলন' 80,000 বাচ্চা আর বন্ধুয়া মজদুরদের মুক্ত করে তুলেছে।

❑❑❑

৪

সমস্যার সমাধান

মানব কেনা-বেচা, শিশু দাসত্ব আর এর সাথে যুক্ত জঘন্য অপরাধগুলোর দুনিয়ার ব্যাপারে 05 জুন, 2006 জারী করা সংযুক্ত রাষ্ট্র আমেরিকার রিপোর্টে তৎকালীন ফরেন সেক্রেটারী কোণ্ডোলীজা রাইস বলেছিলেন – "পৃথিবীর যে দেশ এই ঘৃণ্য আর বিপজ্জনক ব্যবসার সাথে লড়াই করার সাহস দেখাবে... আমেরিকা সেই দেশকে কোন প্রকারের শর্ত ছাড়াই নিজের পূর্ণ শক্তির সাথে সহযোগ করবে। আমরা এটা স্পষ্ট করে দিতে চাই যে, মানব-দমন আর মানব-দাসত্বকে কোন ভাবেই বরদাস্ত করা হবে না। আমরা কোন প্রকারের চাপের সামনে মাথা নীচু করব না। আমরা সামূহিক রূপে আশায় ভরপুর এমন এক পৃথিবী গড়ে

জয়পুর অফিসে বাচ্চাদের মাঝে সান্তা ক্লজের রূপে কৈলাশ

তুলব... যেখানে সবাই পূর্ণ স্বাধীনতার সাথে নিজেদের স্বপ্নকে সাকার করে তোলার চেষ্টা করতে পারবেন।”

সেই রিপোর্টের শুরুতেই পৃথিবীর 144-য়েরও বেশী দেশে সরকার, সংস্থা আর ব্যক্তিদের দ্বারা সঞ্চালিত প্রোগ্রামগুলোর মধ্যে সবার প্রথমে শ্রী কৈলাশ সত্যার্থী-র 'বচপন বঁচাও আন্দোলন'-য়ের সফলতার উল্লেখ ছিল। আজ থেকে 08 বছর আগেই আমেরিকাও শ্রী কৈলাশ সত্যার্থীর রূপে ভারতীয় উপ-মহাদ্বীপে এক নতুন 'গান্ধী' দেখতে পেয়েছিল... যাঁর সহায়তায় তারা পৃথিবীর 144-য়েরও বেশী দেশে কোন প্রকারের সৈনিক হস্তক্ষেপ ছাড়াই এক সুখী-সম্পন্ন সমাজ গড়ে তোলার আশা করছিল।

2013 সালে যখন আমেরিকান সরকার এই রিপোর্ট আবার এক বার ছাপল... তখন রিপোর্টের শুরুতে চতুর্থ পৃষ্ঠাতেই 'বচপন বঁচাও আন্দোলন' দ্বারা বাঁচানো এক শিশু শ্রমিকের হাতের নখের ফোটো সমেত তথ্য প্রকাশ করা হয়েছিল। এটা অত্যন্ত স্পষ্ট ছিল যে, পৃথিবীর সব থেকে বড় দেশের ওপরেও কৈলাশ সত্যার্থী-র প্রভাব বিস্তার হয়ে পড়ছিল। এটা স্পষ্ট যে, বিশ্বের সব থেকে শক্তিশালী দেশ... যার কাছে পৃথিবীর অন্যান্য সকল দেশগুলোর তুলনায় অনেক বেশী আর ভালো সংসাধন রয়েছে... সেই আমেরিকাও এটা বুঝতে পেরে গিয়েছিল যে, এক মামুলী-দর্শন ব্যক্তির ব্যক্তিত্বই মানবতাকে মানবাধিকারের হনন, শিশু দাসত্ব, মানব তস্করী এবং বুকের ভেতরটা কাঁপিয়ে দেওয়া মানব-অঙ্গের ব্যবসার হাত থেকে বাঁচানোর মামলায় বাকী সবার থেকে অনেক কার্যকরী।

আপনারা এটা জেনে অবক হয়ে উঠবেন যে, শ্রী কৈলাশ সত্যার্থী-র প্রচেষ্টার আগে গোটা পৃথিবীতে মহামারীর মত ছড়িয়ে পড়তে থাকা শিশু-মজদুরী আর শিশু-দাসত্বের ওপরে কারও দৃষ্টিই যেত না। এই জঘন্য জিনিষটা বিশ্বের প্রায় 121 দেশের জন-জীবনকে এ্যাসিডের মত ধীরে-ধীরে বর্বাদ করে তুলছিল আর কারও সেদিকে কোন দৃষ্টিই ছিল না। ভারতীয় সমাজে তো শিশু-দাসত্ব কোন স্তরেই কোন আলোচনার বিষয়-বস্তু ছিল না। এখানকার লোকেদের সেই সব ব্যাপারে ধর্না-প্রদর্শন করার শখ ছিল... আজ পর্যন্ত যেসব বিষয়ের কোন ফলই বার হয়নি। না সরকার আর না কোন বে-সরকারী সংগঠন এই বিষয়ে কাজ করছিল। এমন পরিস্থিতিতে কেবলমাত্র শ্রী কৈলাশ সত্যার্থীই ভারত সমেত বিশ্বের 117 দেশে নিজের চেষ্টায় শিশু-দাসত্বকে সামাজিক, রাজনৈতিক আর আইনী বিষয় করে তুলেছেন। ওনার প্রচেষ্টাতেই এই সব ক্ষেত্রে কাজ করতে থাকা হাজার-হাজার লোক প্রভাবিত হয়ে উঠেছেন আর ওনার পাশে এসে দাঁড়িয়েছেন।

ইঞ্জিনিয়ারিং-য়ের চাকরী এবং উজ্জ্বল ভবিষ্যত ত্যাগ করে মানবাধিকার, শিশু মুক্তি এবং শিক্ষার ক্ষেত্রে 1980 সাল থেকে আজ

পর্যন্ত নিজেকে লাগিয়ে রাখা শ্রী কৈলাশ সত্যার্থী-র মত লোকেদের কারণেই আজ গোটা বিশ্ব এটা জানে – আফগানিস্তান, আলবানিয়া, আলজিরিয়া, অঙ্গোলা, এ্যান্টিগুয়া-বারবুডা, আর্জেন্টিনা, আর্মেনিয়া, অস্ট্রেলিয়া, অস্ট্রিয়া, আজরবেজান, বাহমাস, বেলজিয়াম, বেনিন, ভূটান, বোলিভিয়া, বোস্নিয়া-হর্জেগোভিনা, বোৎসোবানা, ব্রাজিল, ব্রুনেই, বুলগেরিয়া, বুর্কিনোফাসো, বার্মা, বুরুণ্ডী, কম্বোডিয়া, ক্যামেরুন, কেপ ভের্দে, আফ্রিকা, চিলী, চীন, কলম্বিয়া, কোমোরোস, কঙ্গো, কোস্টারিকা, ক্রোয়েশিয়া, কিউবা, সাইপ্রাস, চেক গণরাজ্য, ডেনমার্ক, ডিজীবুটী, ডোমেনিকান গণরাজ্য, ইক্যোয়াডোর, মিশর, আল্ সালভাডোর, গিনী, ইরিট্রিয়া, এস্তোনিয়া, ইথিয়োপিয়া, ফিজী, ফিনল্যাণ্ড, ফ্রান্স, গ্যাবন, গাম্বিয়া, জর্জিয়া, জার্মানী, ঘানা, গ্রীস, গুয়েটামালা, গিনী বিসৌ, গুয়ানা, হায়তী, হণ্ডুরাস, হাঙ্গেরী, আইল্যাণ্ড, ভারত, ইন্দোনেশিয়া, ইরান, আয়ারল্যাণ্ড, ইস্রায়েল, ইটালী, জামাইকা, জাপান, জর্ডন, কাজাকিস্তান, কেনিয়া, কিরবাতী, কোরিয়া, কুয়েত, লাওস, লাটভিয়া, লেবানন, লেসেথো, লাইবেরিয়া, লীবিয়া, লিথুনিয়া, লক্সমবর্গ, মকদুনিয়া, ম্যাডাগাস্কার, মালাভী, মালয়েশিয়া, মালদ্বীপ, মালী, মাল্টা, মার্শাল দ্বীপ, মরিটানিয়া, মরিশাস, মেক্সিকো, মাইক্রোনেশিয়া, মালডোভা, মঙ্গোলিয়া, মোন্তেনেগ্রো, মরক্কো, মোজাম্বিক, নামিবিয়া, নেপাল, নেদারল্যাণ্ড, নিউজিল্যাণ্ড, নিকারাগুয়া, নাইগর, নাইজেরিয়া, নরওয়ে, ওমান, পাকিস্তান, পলাউ, পানামা, পাপুয়া নিউ গিনী, প্যারাগুয়ে, পেরু, ফিলিপিন্স, পোলাণ্ড, পর্তুগাল, কাতার, রোমানিয়া, রাশিয়া, অভান্দা, সেন্ট লুসিয়া, সেন্টা মার্টিন, সেন্ট ভিনসেন্ট, সৌদী আরব, সেনেগাল, সার্বিয়া, সেশেল্স, সিয়েরা লিয়ন, সিঙ্গাপুর, স্লোভাক গণরাজ্য, স্লোভেনিয়া, সোলোমন আইল্যাণ্ড, সোমালিয়া, দক্ষিণ আফ্রিকা, দক্ষিণ সুডান, শ্রীলঙ্কা, সুডান, সুরীনাম, স্যুইট্জারল্যাণ্ড, স্যুইডেন, সীরিয়া, তাজাকিস্তান, তাঞ্জানিয়া, থাইল্যাণ্ড, তিমোর লেস্টে, টোগো, ত্রিনিদাদ এ্যাণ্ড টোবাগো, টিউনীসিয়া, টর্কী, তুর্কমানিস্তান, উগাণ্ডা, ইউক্রেন, সংযুক্ত আরব অমীরাত, ব্রিটেন, আমেরিকা, উরুগুয়ে, উজবেকিস্তান, ভেনেজুয়েলা, ভিয়েতনাম, ইয়েমেন, জাম্বিয়া আর জিম্বাবোয়ে ইত্যাদি দেশগুলোয় মানব তস্করী, মানব অঙ্গের ব্যবসা, মানব ক্রয়-বিক্রয়, শিশু দাসত্ব, শিশু বেশ্যাবৃত্তি, বিভিন্ন অপরাধে বাচ্চাদের প্রয়োগ, শিশু মজদুরী, শিশু অধিকারের হনন, চাইল্ড পোর্নোগ্রাফী, ভাড়া করা সৈনিকের রূপে বাচ্চাদের প্রয়োগ এবং জঘন্য অপরাধগুলোর সাথে-সাথে মাদক পদার্থের তস্করীতে কম বয়সের বাচ্চাদের জোর করে ব্যবহার কোন্-কোন্ দেশে এবং কি ভাবে করা হয়ে থাকে। এখানে ভেবে দেখার মত বিষয় হচ্ছে এটা যে, এক ভারতীয়ের কত ব্যাপক প্রভাব!

মহানতার উচ্চতা পর্যন্ত কৈলাশ সত্যার্থী-র এই সফর এমনি-এমনি শুরু হয়নি। সবার প্রথমে ওনাকে সামাজিক ক্ষেত্রে মৌলিক কার্যকে উৎসাহ প্রদানকারী এক বিখ্যাত আমেরিকান বিল ড্রেটন গুরুত্ব প্রদান করেছিলেন।

এর পরে কৈলাশ সত্যার্থী-র কাছে আর্থিক আধারও ছিল। উনি সবার প্রথমে 1995 সাল নাগাদ এই তথ্যের প্রতি আমেরিকা, ব্রিটেন আর জার্মানী সমেত পুরো বিশ্বের মনোযোগ আকৃষ্ট করেন – ভারত, নেপাল, পাকিস্তান আর বাংলাদেশ জোর-জবরদস্তি মজদুরী আর দেহ ব্যবসার দুনিয়ার গুদাম আর ঠিকানা হয়ে উঠছে। উনি সেই সময়ই এমনটা বলেছিলেন যে, ভবিষ্যতে এই ব্যবসা আরও বৃদ্ধি পাবে। আজ কৈলাশ সত্যার্থী-র নামের উল্লেখ আমেরিকা সরকারের বিভিন্ন প্রকাশনে করা হয়ে থাকে... কিন্তু 1995 সাল পর্যন্ত আমেরিকাতেও ওনার বক্তব্যকে ততটা গুরুত্ব সহকারে গ্রহণ করা হত না।

উনি নিজের কাজের বিস্তার করা শুরু করেন আর নিজের প্রারম্ভিক লড়াই-য়ের সমস্ত শক্তি বন্ধুয়া মজদুরী থেকে সরিয়ে নিয়ে এসে শিশু-দাসত্বের প্রতিটি পক্ষকে উন্মূলন করার কাজে লাগান। শিশু-শ্রমের আধারে টিঁকে থাকা সকল প্রকারের উৎপাদনের ঘরোয়া আর বিদেশী গ্রাহকদের উনি ধীরে-ধীরে শিশু-শ্রমের বিরোধীর রূপে প্রস্তুত করতে শুরু করেন। এই কাজে ওনার পুত্র ভুবন ঋভু আইনী ক্ষেত্রে, পত্নী শ্রীমতি সুমেধা এবং কন্যা অস্মিতা জনমত তৈরী করতে, সামাজিক জাগরুকতা তৈরী করতে এবং বিভিন্ন আয়োজনে নিরন্তর ওনার পাশে থাকার কাজ করেছেন। বিগত প্রায় 30 বছর ধরে ওনার বাড়ী এক প্রকারে শিশু-

'বচপন বাঁচাও আন্দোলন'-য়ের বাচ্চারা অস্মিতার সাথে

দাসত্ব থেকে মুক্ত করানো বাচ্চাদের আশ্রয়স্থল আর তাদের প্রারম্ভিক প্রশিক্ষণ স্থল হয়ে উঠেছে। উনি যখন এই সব বাচ্চাদের সমর্থ করে তোলার কাজ শুরু করেছিলেন... তখন অন্যান্য সংগঠনগুলোর দৃষ্টি মানবাধিকারের এই ক্রান্তিবীরের ওপরে পড়ে।

কারখানাগুলোয় বাচ্চাদের জানোয়ারের মত রেখে তাদের দিয়ে দিনের মধ্যে 10 - 12 ঘন্টা কাজ আদায় করা মালিকদের বিরুদ্ধে শ্রী কৈলাশ সত্যার্থী-র একের-পর-এক হানার কারণে শিশু-অধিকারের বিষয়টা প্রথম বার আন্তর্জার্তিক স্তরে উঠতে লেগেছিল।

এই সময় শ্রী সত্যার্থী-র কাজে প্রেরিত হয়ে উঠে প্রথম বার ইউরোপ আর ভারতের মানবাধিকার সংগঠনগুলোর সাথে য়ুনিসেফ-ইণ্ডিয়া আর জার্মান সরকারের সংস্থা ভারত-জার্মান এক্সপোর্ট পরিষদ্ সংযুক্ত রূপে ভারত থেকে জিনিষ আমদানী কারকদের সহায়তা করার জন্য এক প্রোগ্রাম তৈরী করে... যার অন্তর্গত আমদানী কারকদের এমন গ্যারান্টি প্রদান করা হত যে, আমদানী করা উৎপাদনে শিশু-শ্রমের উপযোগ করা হয়নি।

1980 থেকে 1993 সালের মাঝে অ-সহযোগ, অপমান আর উপেক্ষার দংশন সহ্য করেও অসংখ্য বলিদান দেওয়া শ্রী কৈলাশ সত্যার্থী হঠাৎ করে এমন কোন ব্যক্তিত্ব হয়ে ওঠেননি... যাঁর ওপরে কোন কারখানার ঠেকেদার হিংস্র হামলা করে বেঁচে যাবে। সত্যি-সত্যি সেই সময় উনি আন্তর্জার্তিক স্তরের এক ব্যক্তিত্ব হয়ে উঠতে লেগেছিলেন। ওনার বক্তব্য সেই সময় কেবল শোনাই হত না... বরং সেগুলো বেশ ভালোমতন বোঝাও হতে লেগেছিল। খুব শীঘ্রই বিশ্বের 30 দেশে আমদানী-রপ্তানীর ক্ষেত্রে 'রগমার্ক সার্টিফিকেশন' অনিবার্যতা হয়ে উঠল। বিদেশে হ্যাণ্ডিক্র্যাফ্ট শিল্পের কোন উৎপাদন 'রগমার্ক'-য়ের চিহ্ন বা লেবেল না দেখে কেনাই হত না।

গণতান্ত্রিক মূল্যের প্রতি কৈলাশ সত্যার্থী-র এত বেশী আস্থা রয়েছে যে, 'রগমার্ক'-য়ের ডায়রেক্টর বোর্ডে উনি স্বেচ্ছাসেবী সংগঠন, ভারত-জার্মান এক্সপোর্ট পরিষদ্, য়ুনিসেফ আর শিশু-শ্রম বিরোধী কার্পেট নির্মাতাদের সংগঠনের প্রতিনিধিদেরই সমস্ত অধিকার সঁপে দিয়েছেন। 'রগমার্ক ফাউণ্ডেশন' নরকে ফেঁসে থাকা শিশু-শ্রমিকদের পরিবারগুলোকে আর্থিক সহায়তা করার সাথে-সাথে প্রারম্ভিক রূপে তাদের পরিবারের বয়স্ক ব্যক্তিদের কার্পেট শিল্পে উপার্জন প্রদান করত। এর সাথে-সাথেই এই সব সংস্থা বাচ্চাদের কাজে না লাগানো কার্পেট, ইঁট ভাঁটা, পেতল এবং হ্যাণ্ডিক্র্যাফ্টের ওপরে আধারিত শিল্পপতিদেরও আন্তর্জার্তিক স্তরে সহায়তা করত।

শিশু-শ্রমের ব্যাপারে চমকে দেওয়ার মত এক তথ্য হচ্ছে এটা যে, গোটা পৃথিবীর মোট শিশু-শ্রমিকদের 30% অর্থাৎ 80 কোটি শিশু-

শ্রমিক কেবলমাত্র দক্ষিণ এশিয়ান দেশগুলোতেই রয়েছে। আপনারা এই তথ্য সহজে বিশ্বাস করতে চাইবেন না যে, এদের মধ্যে কম পক্ষে 02 কোটি বাচ্চা পারম্পরিক রূপে প্রজন্মের-পর-প্রজন্ম ধরে শিশু-দাসত্বের শিকার। এদের ঠাকুর্দা-ঠাকুমা, দাদামশাই-দিদিমা আর মাতা-পিতারা কোন-না-কোন কারণে কারও-না-কারও গোলামী করে এসেছেন। সেই সব পরিবারগুলোয় অশিক্ষাও ছিল। তারা প্রচণ্ড দারিদ্রতার শিকার হয়ে ছিল আর সুদখোরদের কাছে ঋণে গলা পর্যন্ত ডুবে ছিল। এটা কেউ-ই মেনে নেবেন না... কিন্তু সত্য হচ্ছে এটাই যে, ভারতেও 14 কোটি কাজ করতে থাকা বাচ্চা বন্ধুয়া মজদুর হয়ে রয়েছে আর 01 কোটি বাচ্চা প্রত্যক্ষ বা পরোক্ষ রূপে শিশু-দাসত্বের জীবন কাটাচ্ছে। আন্তজার্তিক স্তরে এই তথ্যকে সঠিক হিসেবে মেনে নেওয়া হয়েছে যে, এই সব বাচ্চাদের আর্থিক চাপের কারণে তাদের মাতা-পিতা বা তাঁরা বেঁচে না থাকলে গরীব আত্মীয়দের দ্বারা নেওয়া ঋণের পরিবর্তে বন্ধক রাখা হয়। শিশু-দাসত্বের এই সিস্টেম আজও এজন্য বজায় রয়েছে... কারণ প্রতি বার যত বাচ্চাদের এই নরক থেকে মুক্ত করানো হয়... তার থেকে অনেক বেশী সংখ্যক বাচ্চা এই নরকে ফেঁসে যায়। সব থেকে মার্মিক তথ্য হচ্ছে এটা যে, কাজের পরিবর্তে এই সব বাচ্চাদের খুব কম সময়ই খরচ চালনোর মত পারিশ্রমিক দেওয়া হয়। অনেক এলাকায় এমন বাচ্চাদের সংখ্যা বেড়ে গেলে তাদের দিয়ে ঘৃণ্য ধান্ধা-ও করানো হয়ে থাকে।

এই সব সংস্থাগুলোও এখন ভারতীয় উপ-মহাদ্বীপে শিশু-শ্রমে লেগে থাকা বাচ্চাদের দীর্ঘকালীন পুনর্বাসকে সহায়তা প্রদান করা শুরু করেছে। এই প্রোগ্রাম শুরুতে, 1994 সালে ভারতে সঞ্চালিত করা হয়েছিল... কিন্তু 02 বছরের মধ্যেই কৈলাশ সত্যার্থী-র নাম নেপাল পর্যন্ত পৌঁছে যায়। নিঃসন্দেহে 'অশোকা ফেলোশিপ'-য়ের কারণে শ্রী সত্যার্থী-র বিশ্বসনীয়তা আরও বেড়ে উঠেছিল।

এই ফাঁকে 1981 সাল থেকে সক্রিয় ব্রিটেনের আন্তজার্তিক সংস্থা 'পীস ব্রিগেড ইন্টারন্যাশনাল' (পি.বি.আই.) অহিংস আন্দোলনের মাধ্যমে দীর্ঘ সময় পর্যন্ত মানবাধিকারের ক্ষেত্রে কার্যরত হয়ে থাকা জন্য শ্রী কৈলাশ সত্যার্থী-কে 1994 সালে বিশ্ববিখ্যাত 'আচেনর ইন্টারন্যাশনাল এ্যাওয়ার্ড' প্রদান করার ফয়সালা নেয়। এর ঠিক পরের বছরই, 1995 সালে 100 বছরেরও বেশী সময় ধরে আন্তজার্তিক গ্রাহক সংরক্ষণের ক্ষেত্রে কার্যরত আমেরিকান সংস্থা 'ন্যাশনাল কন্‌জ্যুমার লীগ' (এন.সি.এল.) শ্রী কৈলাশ সত্যার্থী-কে শিশু-অধিকারের সংরক্ষণ, শিশু-শ্রমিকদের পুনর্বাস এবং ব্যবসায়িক উৎপাদনগুলোয় শিশু-শ্রমের বিরুদ্ধে পুরো বিশ্বকে জাগরুক করে তোলার জন্য আয়োজিত পদযাত্রা-র বৈশ্বিক চিন্তাধারাকে স্বীকৃতি প্রদান করে শ্রী সত্যার্থী-কে 'ট্রুম্পেট্রিয়র এ্যাওয়ার্ড' প্রদান করে।

সেই বছর, 1995 সালেই আমেরিকার প্রাক্তণ রাষ্ট্রপতি জন এফ্ কেনেডী-র ভাই এবং সেনেটরের নামে গঠিত বিখ্যাত আমেরিকান সংস্হা 'রবার্ট এফ্ কেনেডী সেন্টার ফর জাস্টিস এ্যাণ্ড হ্যুমন রাইটস্' শ্রী সত্যার্থী-কে 'রবার্ট এফ্ কেনেডী মানবাধিকার এ্যাওয়ার্ড' প্রদান করে। এই এ্যাওয়ার্ড বিভিন্ন দেশে মানবাধিকার, শিশু-দাসত্ব এবং শিশু-শ্রমের ক্ষেত্রে প্রাণের ঝুঁকি উঠিয়ে সামাজিক কল্যাণের জন্য সাহসিক কাজ করতে থাকা অত্যন্ত বিরল লোকেদের উপলব্ধিকে প্রশংসা জানানোর জন্য, 1984 সাল থেকে প্রদান করা হয়ে আসছে। আর্থিক অনুদানের সাথে এই সম্মানে পুরস্কৃত ব্যক্তিকে সংস্হানের সংসাধন আর প্রযুক্তির উপযোগ করার অধিকারও প্রদান করা হয়।

জার্মানী, নেপাল আর ভারতের সাথে-সাথে এই প্রথম বার আমেরিকাও খোলাখুলি ভাবে শ্রী কৈলাশ সত্যার্থীর অভিযানে সহায়তা প্রদান করার জন্য আগ্রহ দেখানো শুরু করেছে। এর পরে জন্ম গ্রহণ করা 'রগমার্ক ইন্টারন্যাশনাল' পরের 02 বছরে, 1998 সালের মে মাস আসতে-আসতে বিশ্বের 144-য়েরও বেশী দেশে ছড়িয়ে পড়ল। সেই বছর, 1998 সালে শ্রী সত্যার্থী-কে নেদারল্যাণ্ডের সব থেকে বড় সম্মান 'গোল্ডেন ভিম্পেল এ্যাওয়ার্ড'-ও প্রদান করা হয়। বস্তুতঃ এই এ্যাওয়ার্ড খাঁটি সোনা দিয়ে তৈরী, এক ছোট্ট জাহাজের মত এক কলাত্মক পিনের রূপে হয় এবং প্রকৃতি আর মানবতার সেবা করার জন্য কিছু দুর্লভ ব্যক্তিদেরই এই পুরস্কার দ্বারা সম্মানিত করা হয়। সেই বছর, 1998 সালেই শ্রী সত্যার্থী শিশু-শ্রমের বিরুদ্ধে বৈশ্বিক পদযাত্রা (গ্লোবাল মার্চ এগেন্সস্ট চাইল্ড লেবার) আন্দোলন শুরু করেন। ওনার এই আন্দোলন তো অদ্ভূত জন-সমর্থন প্রাপ্ত করে। জননায়ক, ফিল্মী তারকা, ন্যায়বিদ্, মীডিয়া, সরকার আর বিভিন্ন সংস্হা – সবাই এই আন্দোলনে সহযোগ প্রদান করার জন্য এগিয়ে এসেছিলেন। সেই সময় এটা বলা অত্যন্ত মুশ্কিল হয়ে উঠেছিল যে, এই ব্যাপারে ঠিক কে বা কারা শ্রী সত্যার্থী-র পাশে দাঁড়াননি। এই প্রথম বার শ্রী সত্যার্থী শিশু-শ্রমকে বৈশ্বিক চেতনার সাথে যুক্ত করে তোলেন আর এমনটা বলেন যে, শিশু-অধিকারের রক্ষা... বাচ্চাদের বিনা পয়সায় শিক্ষা প্রদান করা... তাদের সকল প্রকারের শোষণ থেকে রক্ষা করা আর তাদের স্বাস্হ্যকে সুনিশ্চিত করা হচ্ছে বিশ্ব সমুদায়ের দায়িত্ব এবং সবাই ওনার কথা মেনেও নেন। আমি আগেই এটা জানিয়েছি যে, সেই পদযাত্রায় বিশ্বের 144-য়েরও বেশী দেশ অংশ গ্রহণ করেছিল। এর সাথে-সাথে শ্রী সত্যার্থী সেই বছরে সমাজের উপেক্ষিত আর শোষিত শ্রেণীর লোকেদের 'বিশ্ব নাগরিক সমাজ' (গ্লোবাল সিভিল সোসাইটি)-র অধীনে 'বৈশ্বিক শিক্ষা আন্দোলন' (গ্লোবাল ক্যাম্পেন ফর এডুকেশন)-য়েরও সূত্রপাত করেন। ওনার এই অভিযানকে বিশ্বের 140

দেশের 18 কোটি লোক আর হাজার-হাজার সংগঠন সহযোগ প্রদান করার আশ্বাসন এবং প্রতিশ্রুতি দেয়। এতে শিক্ষক, ছাত্র-ছাত্রী, বিভিন্ন সমাজসেবী সংগঠন, শিশু-অধিকার কর্মী আর জন নেতারাও শামিল ছিলেন।

শ্রী কৈলাশ সত্যার্থী-র সক্রিয়তার আগে পর্যন্ত পুরো দুনিয়া শিশু-দাসত্বের এই হৃদয় কাঁপানো আর অবিশ্বসনীয় রূপের ব্যাপারে কিছুই জানত না। আন্তর্জার্তিক সম্মান প্রাপ্তি দ্বারা সাহস কিছুটা বেড়ে ওঠায় শ্রী কৈলাশ সত্যার্থী 'বচপন বঁচাও আন্দোলন'-কেও গোটা পৃথিবীতে ছড়িয়ে দেওয়ার চেষ্টা শুরু করেন।

শ্রী কৈলাশ সত্যার্থী আজ গোটা বিশ্ব জুড়ে শিশু-দাসত্ব আর শিশু-মজদুরীর বিরুদ্ধে সংঘর্ষের অপর নাম হয়ে উঠেছেন। উনি 'শিশু দাসত্ব বিরোধী বিশ্ব আন্দোলন' (গ্লোবাল ক্যাম্পেন এগেনস্ট চাইল্ড লেবার)-য়ের সংস্থাপক অধ্যক্ষ। উনি ভারতে 'বচপন বঁচাও আন্দোলন'-য়ের প্রণেতাও বটে। এই দুটি সংগঠন আলাদা-আলাদা ভাবে বিশ্বের প্রায় 150 দেশে সক্রিয় হয়ে রয়েছে। এখনও পর্যন্ত উনি অত্যন্ত ঝুঁকিপূর্ণ গোপন হানা দ্বারা উনি নিজে আর ওনার নেতৃত্বে 'বচপন বঁচাও আন্দোলন' প্রায় 84 হাজার বাচ্চাদের মুক্ত করিয়ে তাদের পুনর্বাস দ্বারাও লাভান্বিত করে তুলেছে। ওনার জীবন সর্বদাই ঝুঁকিতে পরিপূর্ণ হয়ে থেকেছে... কারণ গোটা দুনিয়ার সরল বাচ্চাদের চুরি করে ব্যবসা করতে থাকা আর বাচ্চাদের দিয়ে গোলামী করাতে থাকা মাফিয়ারা, ওনাকে নিজেদের সব থেকে বড় শত্রু হিসেবে মানে।

ওনার প্রচেষ্টার পরিণাম স্বরূপ সুপ্রীম কোর্ট এবং হাই কোর্টগুলো দ্বারা এমন বেশ কিছু ঐতিহাসিক ফয়সালা শোনানো হয়েছে... যেগুলো দ্বারা বন্ধুয়া মজদুরী, শিশুদের হঠাৎ করে গায়েব হয়ে যাওয়া, শিশুদের প্রতি দুব্যর্বহার, শিশু-শ্রমের বেশ কিছু জঘন্য পক্ষ এবং শিক্ষার পুনর্বাসের গুরুত্বপূর্ণ বিষয়গুলোকে পরিভাষিত করা হয়েছে। এই সব ফয়সালা দেশের লক্ষ-লক্ষ বাচ্চাদের প্রত্যক্ষ রূপে তো লাভ প্রদান করেছেই... কেন্দ্র সরকার আর রাজ্য সরকারগুলোকেও নিজেদের নীতিতে ব্যাপক পরিবর্তন নিয়ে আসতে হয়েছে।

1999 সাল পর্যন্ত বাচ্চাদের গোলামী আর ভয়ংকর পরিস্থিতিতে শিশু-শ্রমকে বাধা প্রদান করার জন্য কোন আন্তর্জার্তিক আইন ছিল না। এমন আইনের দাবী জানাতে থাকা প্রথম ব্যক্তি শ্রী কৈলাশ সত্যার্থী-ই ছিলেন। লেখাপড়া করার বদলে এক দাবী নিয়ে উনি এক ঐতিহাসিক প্রচেষ্টা শুরু করেন... যেটা বিশ্ব জন-আন্দোলনের ইতিহাসের সব থেকে প্রভাবশালী ঘটনাগুলোর মধ্যে অন্যতম ছিল।

1998 সালে উনি শিশু-শ্রম বিরোধী 'বিশ্ব পদযাত্রা'-র আয়োজন করেন এবং সেটাকে নেতৃত্বও দেন। জানুয়ারী থেকে জুন মাস পর্যন্ত চলা 80 হাজার কিমি.-র এই পদযাত্রায় তদানীন্তন আমেরিকান রাষ্ট্রপতি বিল ক্লিন্টন, ব্রিটিশ প্রধানমন্ত্রী টনি ব্লেয়ার, ফ্রান্সের রাষ্ট্রপতি শেরাক, ভারতের তদানীন্তন রাষ্ট্রপতি কে. আর. নারায়ণন সমেত 70-য়ের বেশী দেশের রাষ্ট্রপতি, প্রধানমন্ত্রী, রাজা-রানী ইত্যাদিরা অংশ গ্রহণ করেছিলেন। মোট 72 লক্ষেরও বেশী বাচ্চা, মহিলা আর পুরুষ এই পদযাত্রায় শামিল হয়েছিলেন।

শ্রী কৈলাশ সত্যার্থী হচেছন প্রথম বে-সরকারী ব্যক্তি... যিনি 2000 সালে সংযুক্ত রাষ্ট্র মহাসভার অধিবেশনকে সম্বোধিত করার সুযোগ পেয়েছিলেন। মহা অধিবেশন চলাকালীন তার সাথে-সাথে চলতে থাকা সমান্তরাল বৈঠক আর অনুষ্ঠানে তো বিশেষজ্ঞরা অংশ নিতে থাকেন... কিন্তু মহাসভার মুখ্য অধিবেশনকে কেবলমাত্র কোন দেশের প্রধানমন্ত্রী বা রাষ্ট্রপতিই সম্বোধিত করতে পারেন। 2009 সালের বিশেষ অধিবেশন শিশু অধিকারের ওপরে কেন্দ্রীভূত ছিল। এজন্য সংযুক্ত রাষ্ট্রসভা নিজেদের প্রোটোকলে পরিবর্তন করে শ্রী সত্যার্থীকে বলার সুযোগ করে দেয়। ওনার আমেরিকা, ব্রিটেন, জার্মানী, ইটালী ইত্যাদি দেশের সাংসদদের বিশেষ বৈঠককে সম্বোধিত করার সুযোগও প্রাপ্ত হয়েছে। উনি শিশু মজদুরী আর শিক্ষার ওপরে সংযুক্ত রাষ্ট্র সঙ্ঘের বেশ কিছু গুরুত্বপূর্ণ কমিটির সদস্যও বটে। ওনাকে অক্সফোর্ড, হার্বার্ড, প্রিন্সটন ইত্যাদি অনেক বিশ্ববিদ্যালয়ে ভাষণ দেওয়ার জন্যও আমন্ত্রণ জানানো হয়ে থাকে।

শ্রী কৈলাশ সত্যার্থী-র নাম এর আগেও 'নোবেল শান্তি পুরস্কার'-য়ের জন্য বেছে নেওয়া হয়েছিল। এক বার তৎকালীন আমেরিকান সেনেটর এবং বর্তমান বিদেশ মন্ত্রী হিলেরী ক্লিন্টন ওনার নাম প্রস্তাব করেছিলেন। শ্রী সত্যার্থীর পরিচিত ব্যক্তিরা এমনটা বলে থাকেন যে, শ্রী সত্যার্থী গত দু দশক ধরে শিশু-শ্রমের বিরুদ্ধে আওয়াজ ওঠাচেছন ঠিকই আর গত দু দশক ধরে উনি নিজের এই আন্দোলনকে বৈশ্বিক স্তরে নিয়ে যাওয়ার চেষ্টাও করছেন... কিন্তু এর অনেক আগে থেকেই ওনার মনে এই প্রকারের ভাবনা ছিল। জাত-পাতে উনি কোনদিনও বিশ্বাস করতেন না। উনি যখন ছাত্র ছিলেন... সেই সময় বিদিশার নেমতাল চৌমাথার মোড়ে উনি গান্ধী জয়ন্তীর দিন সাফাই জমাদারদের দিয়ে ভোজন তৈরী করিয়েছিলেন আর কারও পরোয়া না করে চৌমাথার মোড়েই সবার সাথে সেই ভোজন খেয়েছিলেন। আর্যসমাজী নেতা স্বামী অগ্নিবেশের সাথে মিলে উনি 'বন্ধুয়া মুক্তি মোর্চা আন্দোলন'-তেও কাজ করেছেন।

এর ঠিক পরে 1999 সালে শ্রী সত্যার্থী-কে মানবাধিকারের ক্ষেত্রে অসাধারণ সেবার জন্য স্পেন 'হস্পিটলেট এ্যাওয়ার্ড' প্রদান করে। এই বছরে জার্মানী সামাজিক ন্যায় আর শিশু-দাসত্ব উন্মূলনের জন্য আন্তজার্ত্তিক স্তরে জাগরুকতা সৃষ্টি করার জন্য কৈলাশ সত্যার্থী-কে 'ফ্রেডরিক এবর্টস্তি তুঙ্গ এ্যাওয়ার্ড' প্রদান করে। কৈলাশ সত্যার্থী-কে এই কৃতিত্বও প্রদান করা হয় যে, 1998 সালের জুন মাসে 'আন্তজার্ত্তিক শ্রম সংগঠন' (আই.এল.ও.)-র 86-তম অধিবেশনকে সম্বোধিত করে উনি এমন এক পরিবেশের সৃষ্টি করেছিলেন... যার ফলে আই.এল.ও. 06 জুন, 1999 এক প্রস্তাব পাশ করে শিশু-শ্রমের বিরুদ্ধে গোটা পৃথিবী জুড়ে অভিযান চালানোর নির্ণয় নেয়। আই.এল.ও. এটা স্বীকার করে নেয় যে, গোটা বিশ্বে 24 কোটিরও বেশী বাচ্চা মজদুরী করে জীবন কাটানোর জন্য বাধ্য হয়ে উঠেছে। এই সব বাচ্চারা হ্যাণ্ডিক্র্যাফ্ট, বস্ত্র, কার্পেট, তুলো, আতশবাজী আর খনন শিল্পে সর্বাধিক সংখ্যায় কাজ করে আর তাদের মুক্ত করার প্রচেস্টা কেউ-ই করেনি।

এই ফাঁকে কৈলাশ সত্যার্থী পৃথিবীর প্রতিটি দেশে গিয়ে শিশু-শ্রমের প্রতিটি স্বরূপকে ভেঙে ফেলার আর জনমত তৈরী করার কাজ চালিয়ে যান। লোকেরা ওনার সাথে যুক্ত হচ্ছিলেন আর ওনার বক্তব্য যথেষ্ট গম্ভীরতার সাথে শোনাও হচ্ছিল।

2002 সালে ওনাকে আমেরিকায় মিশিগান বিশ্ববিদ্যালয় প্রতিষ্ঠিত 'ভালেনবর্গ মেডাল' প্রদান করার ফয়সালা নেয়। স্যুইডেনের বিশ্ববিখ্যাত কূটনীতিজ্ঞ ভালেনবর্গের নামে এই সম্মান প্রাপ্ত ব্যক্তি আপনা থেকে নোবেল পুরস্কার কমিটি এবং পৃথিবীর সমস্ত সমাজসেবী সংগঠনের দৃষ্টিতে চলে আসেন। এই মেডাল সেই সব অসাধারণ মানবতাবাদীদের প্রদান করা হয়... যাঁরা পৃথিবীর যে কোন দেশে অসহায়, নিরাশ্রয় এবং শোষিত লোকেদের সহায়তা করার অভিযান সঞ্চালন করেন। ভালেনবর্গ-ও দ্বিতীয় বিশ্বযুদ্ধের সময় বুডাপেস্টে লক্ষ-লক্ষ অসহায় আর আতংকিত ইহুদীদের প্রাণ রক্ষা করেছিলেন।

2006 সালে শ্রী সত্যার্থী-কে আমেরিকার প্রতিষ্ঠিত 'ফ্রীডম এ্যাওয়ার্ড' প্রদান করা হয়। 'ফ্রীডম এ্যাওয়ার্ড'-য়ের স্থাপনা 1933 সালে প্রসিদ্ধ বৈজ্ঞানিক এ্যালবার্ট আইন্সস্টাইনের প্রচেস্টায় করা হয়েছিল। এই সম্মানও মানবাধিকার আর ইতিহাসকে প্রভাবিত করার ক্ষমতা সম্পন্ন সমাজসেবী আন্দোলনের প্রণেতাদের প্রদান করা হয়ে থাকে।

2006 সালে প্রথম বার কৈলাশ সত্যার্থীর নাম আমেরিকান সংসদে ওঠে। আমেরিকান সরকার শিশু-অধিকারের হননের ব্যাপারে নিজেদের রিপোর্টের সূত্রপাত শ্রী সত্যার্থী-র 'বচপন বঁচাও আন্দোলন'-য়ের উল্লেখ করে আর খোলাখুলি ভাবে এই প্রতিশ্রুতিও দেয় যে, শ্রী সত্যার্থী-র

মত শিশু-অধিকারের রক্ষকদের আমেরিকান সরকার যথাসম্ভব সহায়তা করবে।

এর ঠিক পরের বছরই, 2007 সালে ওনাকে আমেরিকান বিদেশ বিভাগ শিশু-দাসত্বের ক্ষেত্রে দেশের সব থেকে বিশিষ্ট সম্মান 'হীরো এ্যাক্টিং এ্যাণ্ড মডার্ন ডে স্লেভারী' প্রদান করে। ততদিনে সবাই এটা বুঝতে পেরে গিয়েছিলেন যে, শ্রী সত্যার্থীর একদিন-না-একদিন নোবেল পুরস্কার প্রাপ্তি অবশ্যম্ভাবী। সেই বছরই ওনাকে ইটালীর সংসদ শিশু-অধিকার আর শিশু-শ্রমের সাথে-সাথে অসাধারণ কার্য দ্বারা গোটা মানব সমাজকে জাগরুক করে তোলার জন্য 'মেডাল অফ্ ইটালিয়ান সেনেট' সম্মান প্রদান করে।

2008 সালে স্পেন সরকার ওনাকে শিশু-শ্রমের ব্যাপারে গোটা দুনিয়াকে জাগরুক করে তোলার জন্য এবং মানবাধিকারের সংরক্ষণ করার জন্য 'আন্তর্জার্তিক আলফান্সো কোমিন এ্যাওয়ার্ড' প্রদান করে। এর ঠিক পরে 2009 সালে সমস্ত আমেরিকান সাংসদেরা শ্রী কৈলাশ সত্যার্থী-কে গণতন্ত্রের রক্ষক সম্মান 'ডিফেণ্ডার্স অফ্ ডেমোক্রাসী এ্যাওয়ার্ড' প্রদান করেন। হিলেরী ক্লিন্টন সেই সময় থেকেই এমনটা বলতে শুরু করে দিয়েছিলেন যে, শ্রী কৈলাশ সত্যার্থী-কে নোবেল পুরস্কার অবশ্যই প্রদান করা উচিত।

যখন শ্রী নরেন্দ্র মোদী ভারতের প্রধানমন্ত্রী হন... তখন শ্রী কৈলাশ সত্যার্থী ট্যুইট করেছিলেন – "এক চা বিক্রী করতে থাকা ছেলে দেশের প্রধানমন্ত্রী হয়ে উঠে নিজের সমালোচকদের মুখ বন্ধ করে দিয়েছেন। এবার এটা তাকে (বাচ্চা) সুনিশ্চিত করতে হবে যে, দেশের কোন বাচ্চাকে যেন শিশু-শ্রমের ফাঁদে ফাঁসিয়ে না নেওয়া হয়।"

❑❑❑

9

মহা সফলতার গুরু মন্ত্র

গত এক দশকে কৈলাশ সত্যার্থী যে অকল্পনীয় গতিতে পুরো পৃথিবীতে অপার সফলতা অর্জন করে নিয়েছেন... সেটার থেকে বিশেষ করে আমাদের যুবা প্রজন্মের অনেক কিছু শেখার রয়েছে। মধ্য প্রদেশের এক অল্প বিকশিত নগর বিদিশার নিবাসী আর শিক্ষাগত দৃষ্টিতে কেবলমাত্র ইঞ্জিনিয়ারিং-য়ের যোগ্যতা রাখা এই মহামানবের কার্যশৈলীতে এমন কি রয়েছে... যেটার দ্বারা সবাই প্রভাবিত হয়ে পড়ে ? ওনার ভেতরে কি এমন চমৎকারী তত্ত্ব রয়েছে যে, গতকাল পর্যন্ত ভারতের নাম শুনলে ভ্রু কোঁচকাতে থাকা বিদেশীরা পর্যন্ত আজ ওনাকে নিজেদের মাথায় তুলে রেখেছেন ?

শ্রী সত্যার্থী-র জীবন সবার প্রথমে যে জিনিষটা শেখা যেতে পারে... সেটা হচ্ছে – "সেই কাজটাই করা উচিত... যে কাজটা করার জন্য আপনার ভেতরে আন্তরিক ইচ্ছা রয়েছে। যে কাজটার প্রতি আপনার আস্থা রয়েছে... কেবলমাত্র সেই কাজটাকেই বেছে নিন। আপনাকে সফল হওয়া থেকে কেউ-ই বাধা দিতে পারবে না।" শ্রী কৈলাশ সত্যার্থী-র মনে ছোটবেলা থেকেই প্রচুর সংখ্যক বাচ্চাদের স্কুলে যেতে না পারা, গরীব বাচ্চাদের ভোজন-শিক্ষা প্রাপ্ত না হওয়া আর তাদের সমান অধিকার প্রাপ্ত না হওয়ার কারণে প্রচণ্ড অস্থিরতা ছিল। উনি নিজের ভেতরের এই অস্থিরতাকে বুঝতে পেরেছিলেন আর উনি সেই পথ বেছে নিয়েছিলেন... যেটার মাধ্যমে উনি লোকেদের স্বপ্ন সাকার করে তুলতে সহায়তা করতে পারবেন। উনি সবাইকে এটা দেখিয়ে দিয়েছিলেন যে, নিজের ভেতর থেকে চেষ্টা করা হলে সেই সব লক্ষ্যও হাসিল করা যেতে পারে... যেগুলোকে ওপর-ওপর থেকে দেখলে অসম্ভব মনে হয়।

আমেরিকান সাংসদদের দ্বারা ওনাকে 'গণতন্ত্রের রক্ষক' উপাধি প্রদান করা হয়েছিল। সেখানে উনি চার-চারটি বড় সম্মান প্রাপ্ত করেছিলেন। জার্মানীতে তিন সম্মান... ব্রিটেনে দুটি সম্মান; স্পেন, নেদারল্যাণ্ড আর ইটালীতে এক-একটি সর্বোচ্চ সম্মান। শ্রী কৈলাশ সত্যার্থী ঠিক কি ভাবে

এতটা উচ্চতায় উঠতে পেরেছিলেন ? অন্যরাও কি নিজেদের জীবনে ওনার মত উচ্চতা হাসিল করতে পেরেছিলেন ?

প্রত্যেকের ভেতরে সম্ভাবনা রয়েছে ঃ

কৈলাশ সত্যার্থী-র উত্তর হচেছ – "নিশ্চয়ই ! প্রতিটি ব্যক্তির মধ্যেই জীবনে এগিয়ে চলার অপার সম্ভাবনা রয়েছে। সমস্যা হচেছ দৃষ্টিভঙ্গীর। লোকেরা নিজেরা সামনের দিকে এগিয়ে চলতে চান আর আমি এমনটা বলি যে, অন্যদের সামনের দিকে এগিয়ে চলতে সহায়তা করুন... তাঁদের সফরে সবার পেছনে থাকুন – আপনারাও নিজেদের গন্তব্য প্রাপ্ত করে নেবেন।"

কোন সাধারণ ব্যক্তি কৈলাশ সত্যার্থী-র জীবন থেকে শিক্ষা গ্রহণ করে নিজের জীবনে কি ভাবে এগিয়ে চলতে পারেন ? এটা জানার আগে আমরা ওনার কার্যশৈলী, ওনার জীবনের সিদ্ধান্ত, বিভিন্ন গতিবিধির সঞ্চালন আর ব্যবস্থাপনা শৈলীর ব্যাপারে জানব।

শ্রী সত্যার্থী-র সুনিয়োজিত সমাজসেবী জীবন এক সামাজিক কর্মী, সমাজ সংশোধক, রাজনৈতিক নেতা এবং সন্ত স্বামী অগ্নিবেশের 'বন্ধুয়া মুক্তি মোর্চা আন্দোলন'-য়ের ছত্রছায়ায় 1981 সালে শুরু হয়েছিল। শ্রী সত্যার্থী-র মত স্বামী অগ্নিবেশও ভারতের এক অত্যন্ত পেছিয়ে পড়া ক্ষেত্রে 21 সেপ্টেম্বর, 1939 জন্ম গ্রহণ করেছিলেন... যে ক্ষেত্রটা এখন ছত্তিশগঢ়ের অন্তর্গত। স্বামী অগ্নিবেশ শ্রী সত্যার্থী-র থেকে বেশী শিক্ষিত। উনি কোলকাতা থেকে আইন এবং বিজনেস ম্যানেজমেন্টের শিক্ষা হাসিল করেছেন।

বয়স এবং উপাধিতে শ্রী সত্যার্থীর থেকে এগিয়ে থাকা সত্ত্বেও স্বামী অগ্নিবেশ উপলব্ধির মামলায় কোনদিনও শ্রী সত্যার্থীর থেকে এগোতে পারেননি। 60 বছর বয়স হতে-হতে শ্রী সত্যার্থী বিশ্বের 144 দেশে নিজের যোগ্যতার পতাকা উড়িয়েছিলেন... অন্য দিকে স্বামী অগ্নিবেশ ভারতেও তেমন কিছুই করে দেখাতে পারেননি। ওনার ভেতরে ঠিক কোন্ জিনিষটার অভাব ছিল ?

বিদিশা লোকসভা কেন্দ্র থেকে সমাজবাদী পার্টির সাংসদ চৌধুরী মুনব্বর সেলিম শ্রী সত্যার্থীর পত্নী শ্রীমতি সুমেধা সত্যার্থীর যুবাবস্থার বেশ কিছু কাহিনী শুনিয়েছিলেন। সেই সব কাহিনীর মধ্যে একটা এটা ছিল যে, যখন মুনব্বর সেলিমের হার্ট এ্যাটাক হয়ে পড়েছিল আর চিকিৎসা করানোর জন্য টাকা-পয়সার জোগাড় সময় মত করা সম্ভব হল না... তখন শ্রী সত্যার্থীর পুত্র ভুবন ঋভু (বর্তমানে সুপ্রীম কোর্টের এক সফল উকিল) সত্যার্থী পরিবারের পক্ষ থেকে সব প্রকারের ব্যবস্থা করেছিলেন। এক বার তো উনি হাসপাতাল কর্তৃপক্ষকে এমনটাও বলে দিয়েছিলেন – "আমার সব কিছু বিক্রী কবরে দিতে হলেও আমি সেলিম জী-কে মরতে দেব না।"

এই প্রকারের আরও কিছু কাহিনী আছে... যেগুলোর মধ্যে একটা কাহিনী ওনার শাশুড়ী মা আমাকে শুনিয়েছিলেন যে, যখন ওনারা সবাই ওনার বিবাহ সুমেধা দেবীর সাথে দেওয়ার জন্য প্রস্তুতি নিচ্ছিলেন... সেই সময় কৈলাশের এক পরম মিত্র অভয় শ্রীবাস্তব ওনাদের এমনটা জানান – "কৈলাশ তো বড়ই হুজুগে ছেলে! ও সর্বদাই হোটেল, ঢাবা, রেলওয়ে স্টেশন আর বাস আড্ডায় কাজ করতে থাকা বাচ্চাদের ভালো জীবন প্রদান করার জন্য আন্দোলন চালাতে থাকে। আপনারা নিজেদের মেয়েকে এ কার হাতে তুলে দিচ্ছেন?" যখন কৈলাশ এই সব কিছু জানতে পারলেন... তখনও উনি নিজের সেই পরম মিত্রের বিরুদ্ধে কিছুই বললেন না আর আজ পর্যন্ত বলেননি।

সংঘর্ষের দিনগুলোয় কৈলাশ সত্যার্থী

পাশে থাকুন, সাথী পান ঃ

এটা অত্যন্ত স্পষ্ট যে, যে কোন মহান ব্যক্তি সর্বদাই নিজের লোকেদের পাশে থাকবেন আর নিজের লোকেদের সাথে মতভেদ হয়ে পড়লেও তাঁদের কোন ক্ষতি করবেন না। শ্রী কৈলাশ সত্যার্থী ওনার ব্যাপারে সকল প্রকারের বিবাদ সৃষ্টি করতে থাকা ব্যক্তিদের বিরুদ্ধেও আজ পর্যন্ত কিছুই বলেননি। ওনার লড়াই তো শিশু-দাসত্বের বিরুদ্ধে ছিল... সেজন্য উনি নিজের পূর্ণ মনোযোগ এবং সম্পূর্ণ শক্তি সেই কাজেই লাগিয়ে রেখেছিলেন। এর থেকে এটা বুঝতে পারা যায় যে, প্রতিটি ব্যক্তির নিজের সম্পূর্ণ শক্তি নিজের লক্ষ্য হাসিল করার জন্য ব্যবহার করা উচিত।

শ্রী কৈলাশ সত্যার্থী-র আন্দোলনের জীবন স্বামী অগ্নিবেশের 'বন্ধুয়া মুক্তি মোর্চা আন্দোলন'-য়ের সাথে 1981 সালে হয়েছিল। শ্রীমতি সুমেধা কৈলাশ আমাকে জানিয়েছিলেন যে, পাঞ্জাবের এক ইঁট ভাটায় কিছু হিন্দু-মুসলিম বাচ্চাদের বন্ধুয়া মজদুর বানিয়ে তাদের দিয়ে জোর-জবরদস্তি কাজ করানোর ব্যাপারে অভিযোগ আসার পরে উনি প্রচণ্ড সংঘর্ষ করেছিলেন আর সেই মামলায় তোলা ফোটোগ্রাফ উনি হাই কোর্টের সামনে পেশ করে সকল বাচ্চাদের মুক্ত করিয়েছিলেন। সেই ঘটনায় বন্ধুয়া মজদুর বাচ্চাদের বিরাট বড় সংখ্যা থেকে উনি এই শিক্ষা গ্রহণ করেছিলেন যে, উনি ভবিষ্যতে কেবলমাত্র বাচ্চাদেরই সকল প্রকারের দাসত্ব থেকে মুক্ত করার চেস্টা করবেন। উনি যখন এই ব্যাপারে প্রচেস্টা চালান... তখন উনি এমনটা দেখতে পান যে, শিশু-দাসত্ব, শিশু-শোষণ, শিশু দেহ ব্যবসা, শিশু অশিক্ষা, শিশু তস্করী এবং শিশু অপরাধীদের সমস্যা গোটা বিশ্বে

ঠিক ভাবে ওঠানোই হচ্ছে না। উনি এই জিনিষটাকে নিজের জীবনের উদ্দেশ্য বানিয়ে নেন আর সরকার, সমাজ বা কোন সংসাধনের পরোয়া না করে একাই এগিয়ে চলেন। ওনার এই উদাহরণ থেকে এই শিক্ষা গ্রহণ করা যেতে পারে যে, যদি কোন ব্যক্তি নিজের মনের মত ক্ষেত্রে সকল পক্ষের ওপরে দৃষ্টি রেখে আন্তরিক ভাবে সব থেকে ভালো কাজ করার চেষ্টা করেন... তাহলে সংসারের সকল শক্তি এক সাথে মিলে তাঁর সহায়তা করা শুরু করে দেয়। সমস্যা সফলতা হয়ে ওঠে... বাধা পথ হয়ে ওঠে!

সাংসদ চৌধুরী মুনব্বর সেলিম জানিয়েছেন – "শুরু থেকেই দদ্দা কোন প্রকারের অন্যায় সহ্য করতেন না... তা সেই অন্যায় যার ওপরেই হোক্ না কেন। উনি পূজা-পাঠী ব্যক্তি মোটেই নন। ধর্ম আর অন্ধবিশ্বাস থেকে উনি সর্বদাই শত যোজন দূরে থাকেন। এক বার এক মামলায় পুলিশ ভুল করে অনেক রাতে বিদিশার এক ইমাম 'ধর্ম গুরু'-কে ধরে নিয়েছিল। সেই ব্যাপারে জানতে পারামাত্র দদ্দা অনশন ধর্মঘট শুরু করে দেন। অন্য এক মামলায় এক দলিত বস্তিতে আগুন লাগার পরে ফায়ার ব্রিগেড পৌঁছতে দেরী হওয়ায় আগুনে ফেঁসে থাকা লোকেদের বাঁচানোর জন্য দদ্দা নিজে আগুনের মধ্যে ঝাঁপিয়ে পড়েন আর আগুনে গুরুতর রূপে পুড়েও যান।"

এই প্রকারের বিভিন্ন ঘটনা থেকে এটা জানতে পারা যায় যে, মহানতার প্রাথমিক সিদ্ধান্ত হচ্ছে – সঠিক মামলায় অন্যদের নিঃস্বার্থ রূপে সহায়তা করা উচিত। এর দ্বারাও সমাজে বিশ্বসনীয়তা, খ্যাতি আর লাগাতার সফলতা প্রাপ্ত হয়। শ্রী সত্যার্থী সর্বদাই উদার, সরল আর নিশ্ছল হয়ে ছিলেন। উনি নিজের শত্রুদের ওপরেও বদলা নেননি।

সহায়তা করুন ঃ

শ্রী কৈলাশ সত্যার্থী 'বচপন বঁচাও আন্দোলন'; এক সাথে বেশ কিছু রাষ্ট্রীয় এবং আন্তজার্ত্তিক সংগঠনের পরিকল্পনা, নির্মাণ, ব্যবস্থাপনা আর সঞ্চালন করেছেন এবং উনি গোটা বিশ্বে কম পক্ষে আরও 40 সংগঠনের সাথে যুক্ত হয়ে ছিলেন। উনি কি এই সফলতা এক দিনে হাসিল করেছিলেন ? এই প্রশ্নের উত্তরে উনি জানিয়েছেন – "কেবলমাত্র নিজের সফলতার জন্য কখনো কোন চেষ্টা করা উচিত নয়। আপনাদের সর্বদা এমন চেষ্টা করা উচিত, যাতে আপনারা সফল হোন্ বা না হোন্... যাদের জন্য আপনারা কাজ করতে চান, তাঁরা সবাই সফল আর সুখী হতে পারেন।"

উনি আরও বলেছেন – "সেই সময় আমার বয়স 11 বছর ছিল। ক্লাস সিক্সের রেজাল্ট বার হওয়ার সময় হয়ে গিয়েছিল। আমি এই নিয়ে অত্যন্ত চিন্তিত হয়ে উঠেছিলাম যে, আমার সাথে খেলা করে বেড়ানো বেশ কিছু গরীব বাচ্চা কেবলমাত্র এজন্য পড়াশোনা ছেড়ে দিচ্ছে... কারণ ওদের মাতা-পিতার কাছে স্কুলের বই-খাতা কিনে দেওয়ার মত

পয়সা নেই। তাই আমি নিজের এক বন্ধুর সাথে মিলে এক ঠেলা ভাড়ায় নিলাম। 30 এপ্রিল পরীক্ষার রেজাল্ট এসে গেল। সেদিন আমি ঠেলা নিয়ে রাস্তায় বেরিয়ে পড়লাম আর চেঁচিয়ে-চেঁচিয়ে বলতে লাগলাম – "অভিনন্দন... অভিনন্দন... অভিনন্দন! আপনাদের বাচ্চা পরীক্ষায় পাশ করে গেছে... আপনাদের সবাইকে অভিনন্দন!" দেখতে-দেখতে আমার ঠেলার চার পাশে লোকেদের ভারী ভীড় জমা হয়ে পড়ল।"

"এই দেখে আমার সাহস বেড়ে উঠতে লাগল। আমি বলতে শুরু করে দিলাম – "আজকের পরে বেশ কিছু বাচ্চা আর স্কুলে যাবে না... কারণ অনেক পরিবারের কাছে এত টাকা-পয়সা নেই যে, তাঁরা নিজেদের বাচ্চার জন্য নতুন ক্লাসের বই-খাতা কিনতে পারবেন। কিন্তু আপনারা চাইলে তাদের পড়াশোনা জারী থাকতে পারে। এতে আপনারা বিনা পয়সায় তাদের আশীর্বাদ প্রাপ্ত করবেন।" লোকেরা আমাকে বিভিন্ন প্রকারের প্রশ্ন করতে শুরু করে দিল আর আমি তাদের প্রশ্নের উত্তর দিয়ে চললাম। আমি বললাম – "আপনাদের বাড়ীতে যেসব পুরোন বই আর অর্দ্ধেক ভরা খাতা রয়েছে... সেগুলো আপনারা আমার এই ঠেলায় রেখে দিন। যেসব বাচ্চারা দারিদ্রতার কারণে বই-খাতা কিনতে পারবে না... আপনাদের সহযোগে আমরা তাদের সারা বছর বই-খাতা দেব। পরের বছরে এই সব বই আবার অন্য বাচ্চাদের কাজে আসবে।"

"এর পরে তো দেখতে-দেখতে আমার ঠেলা দিনের মধ্যে দু বার ভরতে লাগল। প্রথম দিনই প্রায় 2,000 বই জমা হয়ে পড়ল। আমি ক্লাস সিক্সে পড়তাম... কিন্তু আমার কাছে বি.এ. আর এম.এ. পর্যন্তের বই জমা হয়ে পড়েছিল। সেই সব বই আমি কিছুই বুঝতে পারতাম না... সেজন্য সেগুলোর বাণ্ডল বাঁধার কাজে আমাকে বাড়ীর বড়দের সহায়তা নিতে হল।"

"তারপর আমি কিছু স্কুলের প্রধান শিক্ষকদের সাথে দেখা করি। প্রায় সবাই আমার কালেকশনে আগ্রহ দেখান আর তাঁরা সবাই আমার পথ প্রদর্শনও করেন। বেশ কিছু প্রধান শিক্ষক তো আমাকে নিজেদের পক্ষ থেকে কিছু বই উপহারও দেন। এই ভাবে বিদিশায় দেখতে-দেখতে পাঠ্যপুস্তকের এমন এক মহান ভাণ্ডার তৈরী হয়ে পড়ল... যেটা পরে অসংখ্য ছাত্র-ছাত্রীদের মাঝপথে পড়াশোনা ছেড়ে দেওয়ার সংকট থেকে মুক্তি প্রদান করল। আজও সেখানে এই পুস্তকালয় চলছে এবং গরীব ছাত্র-ছাত্রীরা সেটার লাভ ওঠাচ্ছে। এই সব বই ছাত্র-ছাত্রীদের সারা বছরের জন্য দেওয়া হয়ে থাকে।"

"বেশীর ভাগ ক্ষেত্রে এটাই হত যে, এই বছরে বই নেওয়া ছাত্র-ছাত্রীরা পরের বছরে সেই বই ফেরত দেওয়ার সময় তার সাথে-সাথে কিছু অতিরিক্ত বই-ও জমা করে দিত... যেগুলো তারা অন্য কোন জায়গা থেকে নিয়েছিল বা কিনেছিল।" কৈলাশ সত্যার্থীর এমন অভিজ্ঞতা থেকে

এটা জানতে পারা যায় যে, আপনারা যদি এই দুনিয়ায় মন থেকে কারও সহায়তা করতে চান... তাহলে গোটা দুনিয়া ততক্ষন পর্যন্ত আপনার পাশে থাকবে, যতক্ষন না আপনার কার্যকলাপে তারা কোন প্রকারের স্বার্থ দেখতে পাচ্ছে।

অমূল্য সিদ্ধান্ত ঃ

আপনারা এটা জেনে অত্যন্ত আশ্চর্য হয়ে উঠবেন যে, যে কৈলাশ সত্যার্থীকে আজ পৃথিবীর 144 দেশে মান-সম্মান প্রদান করা হয় আর যাঁকে অনুকরণ করা হয়... যে ব্যক্তিকে পৃথিবীর অনেক দেশ নিজের দেশের সর্বোচ্চ সম্মান দ্বারা ভূষিত করেছে... যে কৈলাশ সত্যার্থী-র এক ভাষণে প্রেরিত হয়ে আন্তর্জার্তিক শ্রম সংগঠন পুরো বিশ্বে শিশু-দাসত্ব সমাপ্ত করাকে নিজেদের নতুন লক্ষ্য হিসেবে মেনে নিয়েছে আর যে ব্যক্তির জন্য সংযুক্ত রাষ্ট্র সঙ্ঘ নিজেদের নিয়মে পরিবর্তন নিয়ে এসেছে – সেই ব্যক্তির সফলতার সফর এক অজানা বালিকাকে দাসত্বের হাত থেকে মুক্ত করার সেই ঘটনার মধ্য দিয়ে শুরু হয়েছিল... যাতে ওনাকে যথেস্ট সংঘর্ষ করতে হয়েছিল। শ্রী সত্যার্থী বলেছেন – "নিজের সহায়তা তো জানোয়াররাও করে। সত্যিকারের মানুষ হচেছন তিনি... যাঁর জীবন অন্যদের কাজে আসে।"

1981 সালে কৈলাশ সত্যার্থী কেবলমাত্র একটি পত্রিকা 'সংঘর্ষ জারী রহেগা' প্রকাশ করেছিলেন। ওনার পেছনে না তো জন-সমর্থন ছিল আর না-ই উনি সেই সময় এমন কোন সফলতা প্রাপ্ত করে নিয়েছিলেন... যেটা ওনাকে মহান করে তুলবে। কিন্তু উনি নিজের সাথীদের সাথে মিলে এই পত্রিকাকে শোষিত লোকেদের আওয়াজ করে তুললেন। দারিদ্রতা আর মৃত্যুর সাথে মোকাবিলা করতে থাকা লোকেদের যন্ত্রণাকে উনি নিজের এই পত্রিকার মাধ্যমে সমাজের সামনে তুলে ধরার চেস্টা করলেন। শ্রী সত্যার্থী সেই সময়টাকে হিন্দী সাংবাদিকতার ইতিহাসে নতুন যুগের সূত্রপাত হিসেবে মানেন।

উনি বলেছেন – "1980 সালের আগে হিন্দী পত্র-পত্রিকাগুলোয় 'বন্ধুয়া মজদুর' বলে কোন শব্দই ছিল না। 'সংঘর্ষ জারী রহেগা' পত্রিকায় শিশু-মজদুরদের সমস্যাকে প্রমুখ স্হান করে দেওয়া হত। এক দিন পত্রিকার অফিসে পাঞ্জাব থেকে ভাসল খান নামক এক ব্যক্তি আসেন। উনি বলেন যে, উনি আর ওনার পরিবার গত 15 বছর ধরে পাঞ্জাবের এক ইঁট ভাটায় বন্ধুয়া মজদুরী করছেন। ইঁট ভাটার মালিক ওনার 14 বছরের সরল মেয়েকে দিল্লী নিয়ে গেছে... সেখানে সে মেয়েটিকে দালালদের হাতে বিক্রী করে দেবে। এই শুনে আমার শরীরের রক্ত গরম হয়ে উঠল। এমনটা কি করে হতে দেওয়া যেতে পারে?"

ওনার পত্নী শ্রীমতি সুমেধা সত্যার্থী জানিয়েছেন – "ইনি তৎক্ষনাত পাঞ্জাব যাওয়ার ফয়সালা করে নেন এবং নিজের কিছু সাথী আর এক

ফোটোগ্রাফারকে সাথে নিয়ে ইনি সেই ইঁট ভাটায় পৌঁছে যান। ইনি ইঁট ভাঁটার চৌকিদারকে প্রচণ্ড ভয় দেখান আর সেখানে আটকে রাখা সকল বন্ধুয়া মজদুরদের ট্রাকে চাপিয়েও নেওয়া হয়েছিল... এমন সময় ইঁট ভাঁটার মালিক পুলিশের সাথে সেখানে এসে পৌঁছয়। মজদুরদের মারধোর তো করা হয়-ই... তাদের সাথে-সাথে এনার সাথীদেরও প্রচণ্ড মারধোর করা হয়। পুলিশ সবাইকে সতর্ক করে দিয়ে সেখান থেকে চলে যাওয়ার জন্য বলে। এনার সাথে যাওয়া ফোটোগ্রাফারের ক্যামেরা ভেঙে দেওয়া হয়... কিন্তু সেই ফোটোগ্রাফার আগেই তোলা ফোটোগ্রাফের তিনটি রীল কোন ভাবে বাঁচিয়ে নিয়েছিলেন। পরের দিন চণ্ডীগঢ় আর দিল্লীর বিভিন্ন সংবাদপত্রে সেই সব ফোটো প্রথম পৃষ্ঠায় ছাপা হয়েছিল।"

দিল্লী ফিরে এসে নিজের সাথীদের সাথে শলা-পরামর্শ করার পরে কৈলাশ সত্যার্থী হাই কোর্টের শরণাপন্ন হন। ওনার কাছে যা কিছু জমা পুঁজি ছিল... সেই সব কিছু খরচ করে উনি সেই সব অজানা মজদুরদের জন্য মামলা দায়ের করেন... যাদের সাথে ওনার কোন প্রকারের কোন সম্পর্কই ছিল না। আদালত 48 ঘন্টার ভেতরে সেই সব মজদুরদের সুরক্ষিত ভাবে আদালতে পেশ করার আদেশ জারী করে দেয়। পরের দিনই সেই সব বন্ধুয়া মজদুরদের দিল্লী নিয়ে আসা হয়। তারা বহু বছরের গোলামীর হাত থেকে মুক্তি প্রাপ্ত করে। রাষ্ট্রীয় স্তরে এটাই ছিল কৈলাশ সত্যার্থী-ই সব থেকে বড় জিত! এতে উনি প্রচণ্ড খ্যাতিও প্রাপ্ত করেন। এর থেকে এটা প্রমাণ হয় যে, আপনারা যখন নিজেদের স্বার্থের উর্দ্ধে উঠে আন্তরিক ভাবে কোন কাজ করেন... তখন সেই কাজে আপনাদের সফলতা প্রাপ্তি সুনিশ্চিত হয়।

কৈলাশ সত্যার্থী কখনো কারও সমালোচনা বা নিন্দা করেন না। স্বামী অগ্নিবেশের 'বন্ধুয়া মুক্তি মোর্চা আন্দোলন' থেকে আলাদা হওয়ার নিজের ফয়সালার ওপরে তীক্ষ্ম প্রতিক্রিয়া ব্যক্ত করার বদলে উনি এমনটা বলেন – "আমি এমনটা অনুভব করেছিলাম যে, বন্ধুয়া মজদুরদের মধ্যে বাচ্চাদের সংখ্যা অত্যন্ত বেশী। এই কারণে আমি 'বচপন বাঁচাও আন্দোলন'-য়ের গঠন করেছিলাম।" কারও সমালোচনা বা নিন্দা করাকে উনি অনাবশ্যক বলে মনে করেন। উনি বলেন – "আরোপ-প্রত্যারোপের চক্করে পড়ে অমূল্য সময় নষ্ট করাই হচ্ছে সব থেকে বড় মূর্খতা!"

দিল্লীর প্রসিদ্ধ মনো-চিকিৎসক ডাঃ সংস্কৃতি সিং ওনার ব্যক্তিত্বের বিশ্লেষণ করে এমনটা বলেছেন – "কৈলাশ সত্যার্থী-র জীবন, সংঘর্ষ, ব্যবহার, চিন্তন, সফলতা আর ব্যক্তিত্ব থেকে প্রত্যেক ব্যক্তিই কিছু-না-কিছু শিখতে পারেন। অসহায় বাচ্চাদের সহায়তা করার নেশা হচ্ছে ওনার ব্যক্তিত্বের প্রাথমিক বিশেষত্ব। বাচ্চাদের সাথে যুক্ত সকল প্রকারের বিষয়ের ওপরে উনি নিজের চিন্তাধারা আর দৃষ্টিভঙ্গীকে সর্বদাই সঠিক রেখেছেন। উনি 'বন্ধুয়া মুক্তি মোর্চা আন্দোলন' থেকে এজন্য আলাদা হয়ে পড়েছিলেন... কারণ উনি নিজের ফোকাস

শিশু-শ্রম উন্মূলন পর্যন্তই সীমিত রাখতে চাইতেন। ওনার সকল প্রকারের প্রচেষ্টায় এক জবরদস্ত নিরন্তরতা রয়েছে। মানসিক চাপ বা ব্যর্থতাতেও উনি কখনো নিরাশ হননি। ওনার মধ্যে কঠিন পরিস্থিতিতেও পথ খুঁজে বার করার ক্ষমতা রয়েছে। উনি সর্বদা শান্ত, সন্তুলিত আর সর্বদা অবিচলিত হয়ে থাকেন। উনি কখনোই অনাবশ্যক কথা বলেন না। ওনার শব্দাবলী অত্যন্ত সহজ। ওনার বার্তালাপে দম্ভের চিহ্নমাত্র নেই। উনি সর্বদা নিজের লক্ষ্য হাসিল করার ওপরেই দৃষ্টি রাখেন... অন্যদের দোষ-ত্রুটি খুঁজে বার করার অনাবশ্যক প্রচেষ্টা উনি কখনোই করেন না। এজন্য ওনার সফলতা আর স্বীকার্যতা লাগাতার বেড়ে উঠেছে।" এখানে স্মরণ রাখার মত বিষয় হচ্ছে এটা যে, আপনারা যদি নিজেদের কাজ নিঃস্বার্থ রূপে করে চলেন আর সঠিক রূপে করে চলেন – আপনারা যদি বিনা কারণে অন্যদের জন্য বিপদের কারণ না হয়ে ওঠেন... তাহলে লোকেরা আপনাদের আরও বেশী সহায়তা করে চলবেন।

'শিশু-শ্রম'-য়ের বিরুদ্ধে লড়াই করার জন্য শ্রী কৈলাশ সত্যার্থী প্রথমেই বিশ্বের 108 দেশের 14 হাজার সংগঠনের পক্ষ থেকে সহযোগ প্রাপ্ত করেছিলেন। এর পেছনে সহজ কারণ এটা মানা হয়ে থাকে যে, ওনার 'বচপন বাঁচাও আন্দোলন'-তে কেবল সকল স্তরের সহযোগীদের বক্তব্যই কেবল শোনা হয় না... বরং অন্যান্য দেশের সংগঠনগুলোকেও বিনা শর্তে সহযোগ প্রদান করা হয়ে থাকে।

সর্বদা এগিয়ে চলার অপর নামই হচ্ছে জীবন ঃ

জীবনে কিছু-না-কিছু কাজ করে চলাটা আমাদের সবার ভাগ্যে রয়েছে। কোন কাজ না করে কোন ব্যক্তি জীবনে সফলতা অর্জন করতে পারে না। কোন ব্যক্তি কেবল নিজের আবশ্যকতা পূরণ করার জন্যই বেঁচে থাকতে পারে না। জীবনের আসল অর্থই হচ্ছে অন্যদের জন্য এমন কিছু করে দেখানো... যেটা পুরো দুনিয়া মনে রাখবে। শ্রী কৈলাশ সত্যার্থী চাইলে এখন কোন বিশ্ববিদ্যালয়ের ইঞ্জিনিয়ারিং বিভাগের অধ্যক্ষ, ডায়রেক্টর বা প্রোফেসর হিসেবে দিন কাটাতে পারতেন। না ওনার ওপরে হিংস্র হামলা হত আর না-ই উনি কোন অসহায় বাচ্চাকে বাঁচানোর চক্করে পড়ে মামলাবাজীতে ফেঁসে যেতেন। কিন্তু এটাও তো একটু চিন্তা করে দেখুন... তাহলে কোন্ কৈলাশ শর্মাকে আমরা 'সত্যার্থী' বলতাম ?

আজ পর্যন্ত ওনার জীবন কখনো ক্লান্ত না হয়ে পরোপকার আর জন-কল্যাণের এক নিরন্তর সফর হয়ে থেকেছে। উনি নিজেও নিজের এই সফরের গন্তব্য স্থির করতে থেকেছেন আর অন্যদেরও উনি সফল করে তুলেছেন। উনি শিশু-অধিকার, শিশু-শিক্ষা আর সমাজ কল্যাণের জীবনকে নিজের জন্য বেছে নিয়েছেন আর সেটাকেই নিজের ভগবান হিসেবে মেনেছেন। এক ইঞ্জিনিয়ার হয়েও উনি শিশু-অধিকার, শিশু-শ্রম আর শিশু-শোষণের বিষয়কে গোটা পৃথিবীর সামনে এতটা দক্ষতার সাথে তুলে ধরেছেন যে, তার জন্য আন্তর্জাতিক শ্রম সংগঠন, সংযুক্ত

রাষ্ট্র সঙ্ঘ এবং পৃথিবীর অনেক দেশকে নিজেদের দৃষ্টিভঙ্গীতে পরিবর্তন নিয়ে আসতে হয়েছে। উনি এই ক্ষেত্রে যে কাজই করেছেন... সেই সব কাজের গুণবত্তা এতটাই উচ্চ স্তরের ছিল যে, উনি একের-পর-এক আন্তর্জার্তিক সম্মান প্রাপ্ত করে চলেছেন।

যোগাযোগ বজায় রাখুন ঃ

কৈলাশ সত্যার্থী-র অসাধারণ কার্য-প্রণালীর একটা উদাহরণ এটাও বটে যে, যখন আমি ওনার ওপরে এই পুস্তক লেখার সময় সোশাল মীডিয়ায় এমন মেসেজ পোস্ট করলাম যে, কেউ আমাকে ওনার মোবাইল নম্বর দিতে পারেন কি না? – তখন কম পক্ষে 40 ব্যক্তি দেশের বিভিন্ন জায়গা থেকে আমার মেসেজের উত্তর দিয়েছিলেন আর অমাকে তাঁদের কাছ পর্যন্ত পৌঁছনোর মাধ্যমের ব্যাপারে জানিয়েছিলেন। কৈলাশ সত্যার্থী স্বয়ং আমার সাথে কথা বলেন... তখন উনি বলেছিলেন যে, উনি যখন জামানীতে ছিলেন... সেই সময়ই অনেকে ওনার কাছে আমার মেসেজ পৌঁছে দিয়েছিলেন। এতে ওনার সফলতার আরও একটা রহস্যের ব্যাপারে জানতে পারা যায় যে, প্রতিটি ব্যক্তিরই নিজের ইষ্ট মিত্রদের সাথে সর্বদা যোগাযোগ বজায় রাখা উচিত।

উত্তর প্রদেশের আই.পি.এস. অফিসার এবং বর্তমানে মুলিশ মহা-নিরীক্ষক শ্রী অমিতাভ ঠাকুর আজ থেকে 10 বছর আগের এক ঘটনা আমাকে শুনিয়েছিলেন। 2004 সালে এক প্রসিদ্ধ সার্কাসে কাজ করতে থাকা অল্প বয়সের নেপালী মেয়েদের মুক্ত করার জন্য কৈলাশ জী নিজের ছেলে এবং সাথীদের নিয়ে সেখানে পৌঁছেছিলেন। সার্কাস চালাতে থাকা লোকেরা ওনাদের ওপরে ঘাতক হামলা চালায়। রক্তে মাখামাখি অবস্থায় কৈলাশ সত্যার্থীকে হাসপাতালে ভর্তি করাতে হয়। চিকিৎসা চলাকালীনও উনি সেই নেপালী বন্ধুয়া মজদুর মেয়েদের কথাই চিন্তা করে চলেছিলেন। যেই উনি বিপদ থেকে মুক্ত হয়ে পড়লেন... উনি হাসপাতাল থেকে বেরিয়ে এসেই সেই সব মেয়েদের মুক্তির দাবীতে অনশন ধর্মঘট শুরু করে দেন। পরিণাম স্বরূপ সেই সব নেপালী মেয়েদের মুক্ত করানো সম্ভবপর হয়ে ওঠে আর তারা এক নতুন জীবন প্রাপ্ত করে। এই ঘটনায় ওনার শরীর থেকে রক্তপাত হয়েছিল বটে... কিন্তু দেশ-বিদেশের সমস্ত মীডিয়ায় ওনার খ্যাতি গগন স্পর্শ করতে লেগেছিল। উনি লোকেদের প্রেরণার উৎস হয়ে উঠেছিলেন।

এই ঘটনা দ্বারা কৈলাশ সত্যার্থী-র ব্যক্তিত্বের ব্যাপারে মনো-চিকিৎসকীয় মূল্যাংকন সঠিক প্রমাণিত হয়। কৈলাশ সত্যার্থী নিজের ভেতরে অসহায় বাচ্চাদের সহায়তা করার নেশা জাগিয়ে রেখে সঠিক দৃষ্টিভঙ্গীর সাথে শিশু-শ্রম উম্মূলন করার জন্য এতটুকু ক্লান্ত না হয়ে নিজের লাগাতার প্রচেষ্টা জারী রেখে সফলতার পথ খুঁজে বার করতে জানেন।

কোন একটা বিষয়ে এক ব্যক্তি এক বার ওনাকে প্রশ্ন করেছিলেন – "শিশু-মজদুরীর বিরুদ্ধে গোটা দুনিয়ায় জাগরুকতা সৃষ্টি করাটা যথেষ্ট চ্যালেঞ্জিং ব্যাপার। আপনি তাহলে দক্ষিণ এশিয়ার দেশগুলো, যেমন – ভারত, বাংলাদেশ, নেপাল আর শ্রীলঙ্কার ওপরে বেশী করে দৃষ্টি দিচ্ছেন না কেন ?" এতে শ্রী সত্যার্থী অত্যন্ত সঠিক উত্তর দিয়েছিলেন – "আমাকে যদি কোন কারণে কখনো শিশু-দাসত্ব উম্মূলনের প্রচেষ্টাকে সীমিত করে আনতে হয়... তাহলে আমি এশিয়ার দেশগুলোর বদলে ইউরোপ আর আমেরিকায় কাজ করতে পছন্দ করব... যাতে সেখানকার লোকেরা জাগরুক হয়ে ওঠে আর ভারতের শিশু-মজদুরদের দ্বারা বানানো জিনিষ কেনা তারা বন্ধ করে দেয়। এতে আমাদের দেশে শিশু-মজদুরী আপনা থেকেই সমাপ্ত হয়ে পড়বে।" আপনারা সহজেই এটা বুঝতে পারছেন যে, ওনার দৃষ্টিভঙ্গী প্রচলিত পথে চলা ছিল না... বরং সেটা পারম্পরিক চিন্তাধারাকে বদলে ফেলার দৃষ্টিভঙ্গী ছিল।

যখন কৈলাশ সত্যার্থী 'রগমার্ক'-য়ের সূত্রপাত করেছিলেন... তখন অনেকেই এমন প্রশ্ন করেছিলেন – "এর দ্বারা কি শিশু-মজদুরী সমাপ্ত হয়ে পড়বে ?" ওনার উত্তর ছিল – "আপনারা যদি কার্পেট তৈরীর কারখানাগুলোয় গিয়ে এটা দেখেন যে, সেখানে বাচ্চাদের দিয়ে কাজ করানো হচ্ছে কি না... তাহলে এটা নিশ্চিত যে, এর দ্বারা এক দিকে যেমন শিশু-মজদুরী কমে আসবে... অন্য দিকে শিশু-মজদুরদের জায়গায় কাজ করার জন্য কারখানার লোকেরা সেই সব বাচ্চাদের মা-বাবাদের কাজে রাখবে।" উনি আরও বলেন – "আমরা যে কোন প্রকারের শিশু-দাসত্বের বিরোধী... কিন্তু কার্পেট তৈরীর কারখানাগুলো বন্ধ করাটা আমাদের উদ্দেশ্য নয়।"

সবার কল্যাণ সর্বোপরি ঃ

ওনার তত্ত্বাবধানে গোটা দুনিয়া জুড়ে আয়োজিত শিশু-অধিকার র‍্যালী, পদযাত্রা আর বিরোধ-প্রদর্শনের পরিকল্পনা এবং ব্যবস্থাপনা এতটাই নিস্কলংক ছিল যে, পৃথিবীর কোন দেশে ওনার সহযোগীদের বিরুদ্ধে পুলিশকে কখনো কোন ব্যবস্থা গ্রহণ কারতে হয়নি আর না-ই জন-জীবনের কোন অসুবিধা হয়েছে। সকল ধর্না-পদযাত্রা-প্রদর্শন নিতান্তই শান্তিপূর্ণ পদ্ধতিতে করা হয়েছে। এই ব্যাপারে শ্রী সত্যার্থী বলেছেন – "এতে আমার কোন কৃতিত্ব নেই। আমরা সবার সহযোগ নিয়েছিলাম।" যখন ওনার এই বক্তব্য মীডিয়াতে এল... তখন পৃথিবীর সকল দেশে ওনার ইমেজ আরও উন্নত হয়ে উঠল। কৈলাশ সত্যার্থী কখনো কোন সফলতার কৃতিত্ব একা নিজে নেননি। ওনার পুত্র ভুবন ঋভু বয়সে যুবা এবং উনি এক বিখ্যাত উকিল। ভুবন নিজের পিতার অভিযানগুলোর সাথে যুক্ত সমস্ত মামলার আইনী লড়াই জিতেছেন। তা সত্ত্বেও অনেকে এটা জানেন না যে, ভুবন ঋভু মানুষ হিসেবে ঠিক কেমন ? যেমন পিতা – তেমন পুত্র! উনিও শিশু-দাসত্বের লড়াই জেতার কৃতিত্ব নিজের

সহযোগীদের দিতেই অভ্যস্ত।

কৈলাশ সত্যার্থী লাগাতার এমনটা বলে এসেছেন যে, শিশু-তস্করী, শিশু-অপরাধ, শিশু-বেশ্যাবৃত্তি আর শিশু-শ্রম ক্রমশঃ দারিদ্রতা, বেকারত্ব, অশিক্ষা আর জনসংখ্যা বৃদ্ধির কারণে বেড়েছে। দেশের সীমান্ত এলাকাগুলো থেকে শুরু করে বড়-বড় রাজ্যগুলো পর্যন্ত ভারতের প্রতিটি কোনায় ওনার সংগঠন প্রাণের ঝুঁকি নিয়ে শিশু-দাসত্বের শিকার হয়ে পড়া বাচ্চাদের মুক্ত করিয়েছে। এত সব কিছু সত্ত্বেও উনি সেই সব বাচ্চাদের দিয়ে কাজ করাতে থাকা লোকেদের রিুদ্ধে মামলাবাজীকে নিজের উদ্দেশ্য করেননি... বরং শিশু-তস্করী আর শিশু-মজদুরীর বিরুদ্ধে কড়া আইন তৈরী করার ওকালতী করে এসেছেন। উনি মানবাধিকারের প্রসঙ্গে সর্বদাই শিশু-অধিকারের ওকালতী করে এসেছেন। এমন কি য়ুনেস্কো আন্তজার্ত্তিক সম্মেলনেও কৈলাশ সত্যার্থী শিশু-শোষণ মুক্তির জন্য শিশু-অধিকারগুলোকে প্রভাবশালী করে তোলার ওপরে জোর দিয়েছেন। সুতরাং আমরা এটা বুঝতে পারি যে, কোন সফল ব্যক্তির সমস্যার মূলকে সমাপ্ত করার ওপরে জোর দেওয়া উচিত... সেটার পাতার ওপরে নয়।

জন-সম্পর্ক বিশেষজ্ঞ শ্রী রাজেশ জৈন-য়ের মতানুসার কৈলাশ সত্যার্থী-র অভিযানগুলোর প্রভাব এজন্য এতটা ব্যাপক আর কার্যকরী ছিল... কারণ ওনার প্রচেষ্টা দ্বারা কোন এক ব্যক্তি, ক্ষেত্র অথবা জাতি প্রভাবিত হয়নি... বরং পরোক্ষ রূপে লক্ষ-লক্ষ পরিবার প্রভাবিত হয়ে উঠেছিল। 'বচপন বঁচাও আন্দোলন' হাজার-হাজার শিশু-মজদুরদের কার্পেট শিল্প, কাঁচ কারখানা, ইঁট ভাঁটা, পাথরের খনি, ঘরোয়া শিশু-মজদুরী এবং শাড়ী শিল্পের মত বিপজ্জনক কাজগুলো থেকে মুক্ত করিয়েছে। এই আন্দোলনে 'শিশু মিত্র গ্রাম'-য়ের রূপে এমন গ্রামের নির্বাচন করা হয়... যেগুলো শিশু-মজদুরীতে গ্রস্ত। সেই গ্রাম থেকে ধীরে-ধীরে শিশু-মজদুরী সমাপ্ত করে তোলা হয় এবং বাচ্চাদের স্কুলে ভর্তি করানো হয়। এর পরে সেই সব বাচ্চাদের 'শিশু পঞ্চায়েত' বানানো হয়। শহরগুলোয় এই প্রকল্পকে 'শিশু মিত্র ওয়ার্ড' নামে চালানো হয়ে থাকে। এর দ্বারা প্রত্যক্ষ আর পরোক্ষ রূপে কৈলাশ সত্যার্থী-র সহযোগীদের সংখ্যা লাগাতার বেড়েই চলেছে।

কেবলমাত্র কোন একটা দেশের লোকেদের ভালো করার ব্যাপারে কৈলাশ সত্যার্থী কখনো চিন্তা করেন না। ওনার সংগঠন, 'গ্লোবাল মার্চ এগেন্সস্ট চাইল্ড লেবার'-য়ের পরিসংখ্যান প্রথম বার গোটা দুনিয়ার মনোযোগ শিশু-দেহ ব্যবসার সাংঘাতিক দুনিয়ার দিকে আকৃষ্ট করেছিল। বস্তুতঃ এই অবৈধ ধান্ধার সাথে যুক্ত ব্যক্তিরা নেপাল আর বাংলাদেশ থেকে বেশ কিছু ছোট-ছোট বাচ্চা মেয়েদের ফুসলিয়ে ভারতে নিয়ে আসে। তারপর সেই সব মেয়েদের ভয় দেখিয়ে, ধমকিয়ে, ক্ষুধার্ত রেখে, তাদের ওপরে অত্যাচার করে আর তাদের মাদক পদার্থ খাইয়ে জোর করে বন্ধুয়া মজদুরী, দেহ ব্যবসা আর ম্যাসাজের নামে হতে থাকা যৌন ব্যবসায় ঠেলে

দেওয়া হয়। কেবলমাত্র ভারত, বাংলাদেশ আর নেপালেরই কম পক্ষে 60 লক্ষ বাচ্চা মেয়ে দেহ ব্যবসার এই ভয়াবহ নরকে ফেঁসে রয়েছে। এমনটা অনুমান লাগানো হচেছ যে, প্রায় 30 লক্ষ বাচ্চা ছেলেও এই ব্যবসার অংশ হয়ে রয়েছে। এমনটাও মানা হয়েছে যে, 40 লক্ষ বাচ্চা ছেলে-মেয়ে ঘরোয়া মজদুরী করতে বাধ্য হয়ে উঠেছে।

সহায়তার ধর্ম ঃ

'গ্লোবাল মার্চ এগেন্সস্ট চাইল্ড লেবার'-য়ের পরিসংখ্যান অনুসারে, যে মেয়ে বয়সে যত যুবা হয়... তাকে তত বেশী দাম দিয়ে কেনা হয়। এমনটা মানা হয়ে থাকে যে, সে তার থেকে বেশী বয়সী মহিলাদের তুলনায় বেশী সময় পর্যন্ত কাজ করতে পারবে। ভারতে দেহ ব্যবসার কারবার কম পক্ষে 3400 কোটি ডলারের। এতে অবৈধ ব্যবসায়ী, বেশ্যালয়ের মালিক, দালাল, উকিল, পুলিশ-প্রশাসনের অফিসার শামিল রয়েছে। ঘরোয়া মজদুরী দ্বারা দেহ ব্যবসাতে আসা বাচ্চাদের সংখ্যা যথেষ্ট বেশী। এদের মধ্যে বেশীর ভাগ বাচ্চা বিহার আর আসামের মত রাজ্যগুলো থেকে আসে। এদের লোকেরা নিজেদের বাড়ীতে কাজ করার জন্য নিয়ে আসে... কিন্তু পরে তাদের দেহ ব্যবসার চোরাবালিতে ঠেলে দেওয়া হয়। রিপোর্ট অনুসারে 40% শতাংশ বাচ্চা এই শ্রেণীতে আসে। কৈলাশ সত্যার্থী-র ওপরে শিশু-শ্রমিকদের মুক্ত করানোর সময় অনেক বার প্রাণঘাতী হামলাও চালানো হয়েছে। 17 মার্চ, 2011 দিল্লীর এক কাপড় ফ্যাক্টরীতে হানা দেওয়ার সময় ওনার ওপরে ঘাতক হামলা করা হয়েছিল।

এক বার সাংবাদিকেরা হিলেরী ক্লিন্টনকে প্রশ্ন করেন যে, উনি কৈলাশ সত্যার্থী-কে নোবেল পুরস্কার দেওয়ার জন্য ওকালতী কেন করেছিলেন ? এই প্রশ্নের উত্তরে হিলেরী ক্লিন্টন বলেছিলেন – "বাচ্চারা মানবতার ভবিষ্যত হয়... তাহলে শ্রী কৈলাশ সত্যার্থী মানবতার রক্ষক হলেন কি না ?" এই ঘটনার পরে যখন কৈলাশ সত্যার্থী-কে নোবেল পুরস্কার প্রদান করা হল না আর 2009 সালে যখন আমেরিকান সাংসদেরা ওনাকে গণতন্ত্রের রক্ষক – 'ডিফেণ্ডার অফ্ ডেমোক্রাসী' এ্যাওয়ার্ড দেওয়ার ফয়সালা নিলেন... তখন এটা সহজেই বুঝতে পারা যায় যে, ওনার ঠিক কোন্ জিনিষটা আমেরিকার সাংসদদের প্রভাবিত করেছিল ! শৈশবের রক্ষা করার লড়াই এমন এক বিষয় হয়... যেটার লাভ প্রতিটি দেশ-কালের প্রাপ্ত হওয়াটা সুনিশ্চিত। এটা অত্যন্ত স্পষ্ট যে, যদি আপনাদের গন্তব্য, লক্ষ্য, চিন্তাধারা আর আদর্শ সার্বভৌম কল্যাণ আর সকলের সহায়তা করা হয়... তাহলে আপনাদের মহান হয়ে ওঠা থেকে কেউ-ই বাধা দিতে পারবে না।

'বচপন বঁচাও আন্দোলন'-য়ের উদ্দেশ্য হচেছ এমন এক সমাজের নির্মাণ করা... যে সমাজে প্রতিটি বাচ্চা গুণবত্তা পূর্ণ শিক্ষা প্রাপ্ত করবে আর তারা সকল প্রকারের শোষণ থেকে মুক্ত হয়ে থাকবে। এর জন্য সংস্থা বেশ কয়েক প্রকারের জন-জাগরুকতা অভিযান, গতিবিধি আর খেলাধূলো-প্রতিযোগিতার আয়োজন করে থাকে... যাতে শিশু-শ্রমের জীবনে বাচ্চারা নীরসতা বা একাকীত্ব অনুভব না করে। এর সাথে-সাথেই 'শিশু-মিত্র গ্রাম' প্রোগ্রামের আয়োজনও করে। এই প্রোগ্রামে সেই সব গ্রামকে বেছে নেওয়া হয়... যেসব গ্রাম থেকে শিশু-শ্রমকে সম্পূর্ণ রূপে সমাপ্ত করে দেওয়া হয়েছে। এর সাথে-সাথে সংস্থা দ্বারা সকল বাচ্চাদের স্থানীয় স্কুলেও ভর্তি করানো হয়। এই সংস্থার এই মডেলকে শিশু-শ্রম আর শিশু-তস্করী উম্মূলনে যথেষ্ট সহায়ক হিসেবে মানা হয়েছে। বাচ্চাদের রক্ষা করার জন্য এই সংস্থার টীম স্থানীয় আইনী ব্যবস্থার ওপরে পূর্ণ দৃষ্টি রাখে। শিশু-শ্রম থেকে মুক্ত করানো বাচ্চাদের পুনর্বাসের জন্য সংস্থা রাজ্য সরকারের প্রোগ্রামগুলোরও উপযোগ করে। এই সংস্থা ভারতে 180 সাংসদের সাথে 2001 সালে 15,000 কিমি. লম্বা এক পদযাত্রার আয়োজন করেছিল আর সেটার পরিণাম ভারত সরকার দ্বারা বাচ্চাদের শিক্ষার অধিকার প্রদান করার রূপে সামনে প্রকাশ পেয়েছিল। এই উদাহরণ থেকে এটাও স্পষ্ট হয়ে ওঠে যে, আপনারা যদি পূর্ণ নিষ্ঠার সাথে কাজ করেন... তাহলে আপনাদের কোন সরকারের কাছ থেকে নিজেদের জন্য মান-সম্মান চাওয়ার কোন আবশ্যকতা হবে না।

এই পুস্তক লেখার সময় আমি শিশু-অধিকার, শিশু-শ্রম, শিশু-দেহ ব্যবসা, শিশু-অপরাধ, মানবাধিকার, সামাজিক চেতনা, চিকিৎসা, পরিবেশ সংরক্ষণ আর শিক্ষার সাথে সম্বন্ধিত প্রায় 50 ওয়েবসাইট

দেখেছিলাম আর আমি এটা দেখে অত্যন্ত আশ্চর্য হয়ে উঠেছিলাম যে, কৈলাশ সত্যার্থী সেই সব জায়গাতেও অত্যন্ত পরিচিত নাম ছিলেন। বিভিন্ন সংগঠন ওনার দ্বারা করা কাজের ব্যাপারে নিজেদের ওয়েবসাইটে বিভিন্ন ভাষায় পুস্তিকা পর্যন্ত আপলোড করে রেখেছিল।

কৈলাশ সত্যার্থী বিশ্বের সেই সব প্রতিটি সংস্থার সহযোগী হয়ে রয়েছেন... যারা যে কোন প্রকারে বাচ্চাদের বা সমাজের দীর্ঘকালীন কল্যাণের জন্য কাজ করে চলেছে, যেমন – এডুকেশন ইন্টারন্যাশনাল (ঈআই - আঈঈ) বস্তুতঃ 1912 থেকে আজ পর্যন্ত পুরো দুনিয়ার মাধ্যমিক স্কুল শিক্ষকদের সংগঠনগুলোর এক বৈশ্বিক মহাসঙ্ঘ। বর্তমানে পৃথিবীর 172 দেশের 401 শিক্ষক সংগঠনের 30 লক্ষ শিক্ষক এই সংগঠনের সদস্য। এক প্রকারে এটা হচেছ দুনিয়ার সব থেকে বড় বৈশ্বিক শিক্ষক সঙ্ঘ। কৈলাশ সত্যার্থী এই সংগঠনের প্রশংসক-সহযোগী। এই প্রকারে আন্তজার্ত্তিক ট্রেড ইউনিয়ন আন্দোলন, সারা দুনিয়া জুড়ে দারিদ্রতা আর অন্যায়ের সমাধান খুঁজে বার করার জন্য প্রায় 94 দেশে কাজ করে চলা 17 সংগঠনের আন্তজার্ত্তিক পরিসঙ্ঘ 'অক্সফেম'-কেও কৈলাশ সত্যার্থী সহায়তা করেন। বাচ্চাদের শিক্ষার ক্ষেত্রে 1972 সাল থেকে কার্যরত 'এ্যাকশন' গোটা দুনিয়ার 15 লক্ষ গরীব, অশিক্ষিত, অসুস্হ আর বঞ্চিত বাচ্চাদের সহায়তা করার জন্য বিভিন্ন দেশের সহযোগীদের সাথে মিলে কাজ করে। এশিয়া, আমেরিকা আর ইউরোপে এদের শাখা রয়েছে এবং এদের প্রধান কার্যালিয় রয়েছে দক্ষিণ আফ্রিকায়। এই সংগঠনের আন্তজার্ত্তিক স্বরূপ হচেছ 'এ্যাকশন ইন্টারন্যাশনাল' – যেটা আফ্রিকা, এশিয়া, ল্যাটিন আমেরিকা, মধ্য-পূর্ব আর ক্যারিবিয়ান ক্ষেত্রের 50 দেশে মহিলা এবং শিশু অধিকার, দারিদ্রতা উম্মূলন, লৈঙ্গিক সমানতা, কৌশল বৃদ্ধি, ভেদভাব মুক্তি, ফ্রী চিকিৎসা, মহিলা আর মেয়েদের সুরক্ষার জন্য কাজ করে। কৈলাশ সত্যার্থী আবশ্যকতা হলে বিনা শর্তে এই সংগঠনকেও সহায়তা করেন। নিজের পুরো জীবনে কৈলাশ সত্যার্থী আর কিই-বা করেছেন ? কোথাও আগুন লাগলে নিজের হাত পুড়ে যাওয়ার পরোয়া না করে উনি আগুন নেভানোর কাজে লেগে পড়েছেন। কোন জায়গায় কোন বাচ্চাকে দাসত্বের শৃঙ্খলে আবদ্ধ হয়ে দেখতে পেলে সেই শৃঙ্খল ভাঙার জন্য ছুটে গেছেন। দুনিয়ার কোন দেশ থেকে শিশু-শ্রম, শিশু-দেহ ব্যবসা আর শিশু-দাসত্বের ব্যাপারে খবর পাওয়ামাত্র সেখানে মুক্তির প্রদীপ জ্বালাতে পৌঁছে গেছেন। উনি কখনো এটা চিন্তা করেননি যে, ওনার জীবনের কি হবে ? এই সব উদাহরণ থেকে এটা বুঝতে পারা যায় যে, কৈলাশ সত্যার্থী-র পেছনে জন-সমুদ্র কি ভাবে প্রবাহিত হয় !

জন-অংশীদারীর জাদু ঃ

17 জানুয়ারী, 1998 শুরু হওয়া শিশু-শ্রমের বিরুদ্ধে 'গ্লোবাল মার্চ আন্দোলন'-তে দুনিয়ার 103 দেশের হাজার-হাজার লোকেরা প্রায় 80,000 কিমি. লম্বা পদযাত্রা করেছিলেন। এই আন্দোলনকে সমর্থন জানাতে থাকা 70 লক্ষ লোকেদের মধ্যে অনেককে মীডিয়া এমন প্রশ্ন করেছিল – "আপনি কি কৈলাশ সত্যার্থী-কে চেনেন ?" মুষ্টিমেয় কিছু লোককে বাদ দিলে বেশীর ভাগ লোকেদের এটা জানা ছিল না যে, তাঁরা ঠিক কাকে সমর্থন জানাতে এই পদযাত্রায় অংশ নিয়েছেন ? তাঁরা কেবল হেঁটে চলেছিলেন। তাঁদের মধ্যে অনেকে কেবল এটা জানতেন যে, তাঁদের স্থানীয় সমন্বয়ক কে... ব্যস্! এর দ্বারা কি শেখা যেতে পারে ?

আপনারা যতক্ষনে এই প্রশ্নের উত্তর খুঁজে বার করবেন, ততক্ষনে আমি আপনাদের এটা জানাতে চাই যে, কৈলাশ সত্যার্থী দ্বারা সঞ্চালিত সমস্ত আন্দোলন আর সংগঠনগুলোয় কার্যরত ওনার সহযোগীরা নিজেদের নেতৃত্বকারীকে হয় নিজেদের বড় ভাই হিসেবে মানতেন, অথবা বন্ধু! আমি ওনার অধিকাংশ সংগঠনের পদাধিকারীদের সূচী দেখে অবাক হয়ে উঠি যে, সেই সূচীতে ওনার পরিবারের সদস্যদের নাম কোথাও নেই।

যে 'বচপন বাঁচাও আন্দোলন'-য়ের জন্য কৈলাশ সত্যার্থী আজ গোটা দুনিয়া জুড়ে পরিচিত... সেই 'বচপন বাঁচাও আন্দোলন'-য়ের শীর্ষ পদাধিকারীদের সূচীতে ওনার নাম নেই। এই সংগঠনের অধ্যক্ষ হচেছন শ্রী রমেশ গুপ্তা (এ্যাডভোকেট), উপাধ্যক্ষ হচেছন এক স্ত্রী রোগ বিশেষজ্ঞ ডাঃ শ্রীমতি তরুণা সাক্সেনা, মহামন্ত্রী হচেছন শিশু-অধিকারের সক্রিয় সমর্থক আর. এস. চৌরসিয়া, কোষাধ্যক্ষ হচেছন আরেক চিকিৎসক ডাঃ পঙ্কজ বত্রা। আজ্ঞে হ্যাঁ, কৈলাশ সত্যার্থী আর ওনার বেশ কিছু সহযোগীদের নাম এই সংস্থার এক্জিকুটিভ সদস্যদের সূচীতে অবশ্যই আছে।

এই প্রকার 'রগমার্ক ইন্টারন্যাশনাল'... যার বর্তমান নাম 'গুডউইভ ইন্টারন্যাশনাল' হয়ে পড়েছে – সেটার নির্মাতা কৈলাশ সত্যার্থী ঠিকই... কিন্তু উনি নিজের কাছে এই সংস্থা সঞ্চালন করার কোন অধিকার রাখেননি। 'গ্লোবাল পার্টনারশিপ ফর এডুকেশন'-য়েরও উনি কেবল এক সদস্য মাত্র। আন্তর্জাতিক শিশু-শ্রম আর শিক্ষা কেন্দ্রের স্থাপনা করেও উনি সেগুলোর সঞ্চালন ভার নিজের সহযোগীদের ওপরে সঁপে দিয়েছেন। 'গ্লোবাল ক্যাম্পেন ফর এডুকেশন'-য়ের অধ্যক্ষতার দায়িত্বভার উনি ল্যাটিন আমেরিকায় শিক্ষার অধিকারের যোদ্ধা ক্যামিল্লা ক্রোসো-র হাতে সঁপে দিয়েছেন... ফ্রান্সে শিক্ষার অধিকারের পুরোধা মোনিক ফোলেহোক্স হচেছন এই সংস্থার সভাপতি। ফিলিপিন্সের শিক্ষা ক্ষেত্রের কর্মী মারিয়া খান হচেছন সংস্থার উপ-সভাপতি। এছাড়া ঘানা, ল্যাটিন আমেরিকা, বাংলাদেশ, আর্জেন্টিনা, ডেনমার্ক, আফ্রিকা, ফ্রান্স, টোগো, অস্ট্রেলিয়া, প্যালেস্টাইন, মোজাম্বিকের শিশু-শিক্ষা কর্মীদের সাথে-সাথে ভারতের

কৈলাশ সত্যার্থী-ও এই সংস্থার এক মামুলী সদস্য। কেবল 'গ্লোবাল মার্চ এগেন্সস্ট চাইল্ড লেবার'-য়ের এককিজকুটিভ কমিটির তিনি সংস্থাপক সদস্য এবং নির্বাচিত সভাপতি। এই সংস্থায় বিশ্বের অনেক প্রমুখ সংগঠনের পদাধিকারীরা শামিল রয়েছেন।

কৈলাশ সত্যার্থী দ্বারা যদিও সকল প্রকারের সংগঠনের স্থাপনা করা হয়েছে... কিন্তু উনি নিজের পত্নী, কন্যা, পুত্র এবং নিজেকে সেই সব সংগঠনগুলোর প্রমুখ পদ থেকে দূরে সরিয়ে রেখেছেন। যখন কোন আন্দোলন বা অভিযানে কাজ করতে থাকা ব্যক্তি নিজের যোগ্যতা বা ত্যাগের ভিত্তিতে কোন গুরুত্বপূর্ণ পদ প্রাপ্ত করেন... তখন তাঁর বার্তা অনেকটা নীচ পর্যন্ত প্রভাবশালী পদ্ধতিতে পৌঁছয়। লোকেরা এটা বুঝতে পারেন যে, এই ব্যক্তির সাথে কাজ করলে গুরুত্ব অবশ্যই পাওয়া যাবে। এমন অবস্থায় প্রতিটি কর্মী সম্পূর্ণ নিষ্ঠার সাথে কাজ করলে কারও অবাক হওয়া উচিত নয়।

সাধারণ লোকেদের সাথে যুক্ত হোন্ ঃ

এই দুনিয়ায় প্রতিটি ব্যক্তিরই সাধারণ রূপে এমন সমস্যা থাকে যে, তিনি অন্যদের ব্যাপারে কম চিন্তা করেন... নিজের ব্যাপারে বেশী চিন্তা করেন। জীবনে যে ব্যক্তি এই প্রচলিত ধারণা থেকে সরে এসে অন্য রকমের আচরণ করেছেন... তিনিই অন্যদের পেছনে ফেলে সামনের দিকে এগিয়ে গেছেন। আপনারাও যদি নিঃস্বার্থ ভাব দ্বারা অন্যদের সাথে যুক্ত হন... তাহলে আপনাদের সামাজিক গণ্ডী বিস্তৃত হবে আর আপনারা অন্যদের তুলনায় অনেক বেশী সহযোগও প্রাপ্ত করবেন। আপনারা যদি নিজেদেরকে নিজেদের গণ্ডীর মধ্যেই সীমিত করে রাখেন বা নিজেদেরকে অন্যদের থেকে শ্রেষ্ঠ মনে করে তাদের থেকে দূরত্ব বজায় রাখেন... তাহলে আপনাদের সফলতার রং অবশ্যই কিছুটা ম্লান হয়ে পড়বে। এই জিনিষটা কৈলাশ সত্যার্থী-র জীবন থেকে ভালো ভাবে শেখা যেতে পারে।

নোবেল পুরস্কার পাওয়ার ঘোষণা হওয়ার ঠিক পরেই উনি প্রধানমন্ত্রী শ্রী নরেন্দ্র মোদী-র সাথে মিলিত হয়ে ভারতে বাচ্চাদের অবস্থায় উন্নতি নিয়ে আসার ব্যাপারে আলোচনা করেন। উনি কংগ্রেস অধ্যক্ষ শ্রীমতি সোনিয়া গান্ধী-র সাথেও দেখা করেছেন আর ওনাকেও দেশের বাচ্চাদের অবস্থায় উন্নতি নিয়ে আসার যে কোন প্রচেষ্টায় সহযোগ প্রদান করার প্রতিশ্রুতি দিয়েছেন। দুই শীর্ষ নেতাই ওনার উপলব্ধির অত্যন্ত প্রশংসা করেছেন। সব থেকে উল্লেখনীয় ব্যাপার হচ্ছে এটা যে, দুই শীর্ষ নেতার সাথে মিলিত হওয়ার কিছু সময় আগে আর পরে বেশ কিছু সরকারী অফিসার-কর্মচারীরা ওনার সাথে ফোটো তোলানোর ইচ্ছা প্রকাশ করেন এবং উনি তাঁদের কাউকেই নিরাশ করেননি। আপনারা একটু কল্পনা করে দেখুন যে, সেই সাক্ষাৎকারের সময় কে বেশী সমর্থক

বানিয়েছেন? কৈলাশ সত্যার্থী কি প্রধানমন্ত্রী শ্রী মোদী এবং ওনার কোটি-কোটি প্রশংসকদের হৃদয় জিতে নেননি? ওনার সম্বন্ধে কংগ্রেস অধ্যক্ষ শ্রীমতি সোনিয়া গান্ধী-র ধারণা কি আগের থেকে উন্নত হয়নি?

কৈলাশ সত্যার্থী-র জনতার সাথে যুক্ত হওয়ার আন্তরিক ইচ্ছা রয়েছে। কিছুদিন আগে এক প্রসিদ্ধ টি.ভি. চ্যানেলের অনুষ্ঠানে ওনাকে আমন্ত্রণ জানানো হলে, লোকেরা ওনার কার্য-শৈলীর ব্যাপারে পরিস্কার ভাবে জানতে পারে। অনুষ্ঠান শুরু হওয়ার কিছুক্ষনের মধ্যেই উনি দর্শকাসনে বসে থাকা বেশীর ভাগ যুবা আর ছাত্র-ছাত্রীদের হৃদয় এই বলে জয় করে নেন – "আপনারা তো আমার বন্ধু আর আমিও আপনাদের সাথে চিরস্থায়ী বন্ধুত্ব বজায় রাখতে চাই।" পুরো অনুষ্ঠানে উনি কাউকেই এক বারের জন্যও এমনটা অনুভব করতে দেননি যে, উনি শান্তির ক্ষেত্রে নোবেল পুরস্কার জেতা ব্যক্তি এবং গোটা বিশ্বে শিশু-দাসত্ব, শিশু-শিক্ষা এবং জন-জাগরণের ক্ষেত্রের সব থেকে জনপ্রিয় স্টার!

এক টি.ভি. চ্যানেলে প্রসারিত ওনার সাক্ষাৎকারে উনি যখন এমনটা বলেন যে, নিজের ছোটবেলার বাসস্থান বিদিশা ওনার অত্যন্ত পছন্দের আর উনি যত শীঘ্র সম্ভব বিদিশায় যেতে চান – তখন এক সাংবাদিক প্রশ্ন করেন যে, বাচ্চাদের অধিকারের জন্য লড়াই করা ছাড়া ওনার আর কি ভালো লাগে? উনি অত্যন্ত সরলতার সাথে উত্তর দিয়েছিলেন – "বাড়ীর খাবার।"

এই একটা জবাবে অনেক বড় বার্তা ছিল... অত্যন্ত মার্মিক বাস্তব ছিল যে, ভারতে জন্ম গ্রহণ করা এবং দেশকে আন্তজার্ত্তিক খ্যাতি আর গৌরব প্রদানকারী, শিশু-অধিকারের এই মহারথীকে বঞ্চিতদের কল্যাণের জন্য কাজ করার সময় বেশীর ভাগ সময় নিজের বাড়ী, নিজের পরিবারের লোকেদের থেকে দূরে থাকতে হবে। এজন্যই ওনার দৃষ্টিতে শিশু-অধিকারের জন্য সংঘর্ষের পরে সব থেকে রুচিকর হবে নিজের বাড়ীর সুখ। কত মার্মিক সত্য লুকিয়ে রয়েছে এই বক্তব্যের মধ্যে।

তো কৈলাশ সত্যার্থী-কে দেখে আপনারাও জনতার সাথে যুক্ত হতে শিখুন... সিদ্ধান্তের জন্য যে কান ঝড়-তুফানের মোকাবিলা করতে শিখুন, নিজেদের মধ্যে বঞ্চিতদের অধিকারের জন্য যে কোন লড়াই লড়ার সাহস আনতে শিখুন এবং আপনারাও ওনার মতই সফল হয়ে উঠুন... দুনিয়া জয় করুন!

সফর এগিয়ে চলুক ঃ

নিজের আত্মবিশ্বাসের জোরে দুনিয়ায় সবাই কাজ করেন... কিন্তু কৈলাশ সত্যার্থী অন্যদের হারানো আত্মসম্মান, আত্মবিশ্বাস আর আত্মগৌরব ফিরিয়ে দেওয়াটাকেই নিজের জীবনের লক্ষ্য বানিয়ে রেখেছেন। উনি এমনটা মানেন যে, আত্মবিশ্বাস দ্বারাই মনুষ্যের ভেতরের সঠিক ক্ষমতা ফুটে ওঠে আর জাগ্রত হয়। এজন্য উনি নিজের প্রাণের ঝুঁকি

রেখেও শিশু-দাসত্বের জীবন কাটাতে থাকা বাচ্চাদের শিশু-শ্রমের নরক থেকে বার করে আনার কাজ করেছেন। উনি যখন এই কাজে সফলতা প্রাপ্ত করে নেন... তখন উনি এই সব শিশ-মজদুরদের ভালো জীবন প্রদান করার জন্য, তাদের লেখাপড়া শেখানোর জন্য আর তাদের আত্মসম্মানের সাথে জীবন কাটানোর সুযোগ করে দেওয়ার জন্য সকল প্রকারের ব্যবস্হা করেন। এজন্যই ওনার দ্বারা মুক্ত করা অধিকাংশ শিশু-মজদুর সমাজে গুরুত্বপূর্ণ স্হান হাসিল করতে পেরেছেন।

ওনার জীবন থেকে এটাও শেখা যেতে পারে যে, যদি আপনাদের মধ্যে নৈতিক সাহস থাকে... তাহলে আপনারা যে কোন কাজে সফলতা প্রাপ্ত করতে পারেন। অনুমান লাগান যে, যদি আপনারা নিজেদের বাড়ীতে রাতে ঘুমোবার সময় মাঝরাতে এমন খবর পান যে, অমুক জায়গায় সশস্ত্র গুণ্ডারা কিছু বাচ্চাদের জোর করে আটকে রেখেছে আর তাদের এখুনি বাধা দেওয়া না হলে তারা বাচ্চাদের বিক্রী করে দেবে – এমন অবস্হায় আপনারা কি করবেন ?

শ্রীমতি সুমেধা সত্যার্থী জানিয়েছেন – "অনেক বার উনি নাম বদলে, ভেষ বদলে হানা দিতেন আর আমাদেরও এটা জানা থাকত না যে, উনি সুরক্ষিত ভাবে বাড়ী ফিরে আসবেন কি না ? উনি নিজের পরের দিনের পুরো প্রোগ্রাম আগে থেকে তৈরী করে রেখে তবে হানা দিতে যেতেন। এটা ওনার প্রেরণা ছিল, না আত্মবিশ্বাস – এটা আজ পর্যন্ত আমরা ঠিক বুঝে উঠতে পারিনি।"

এটাকে প্রসিদ্ধ মনো-বৈজ্ঞানিক ডাঃ সংস্কৃতি সিং এই ভাবে বুঝিয়েছেন – "আত্মবিশ্বাসই সাধারণতঃ ব্যক্তিকে কিছু একটা করার প্রেরণা দেয়। যাঁর মধ্যে আত্মবিশ্বাসই থাকে না... তিনি স্বাধীন রূপে কোন নির্ণয়ই নিতে পারবেন না। তাঁকে সর্বদা ব্যর্থতার ভয় গ্রাস করে রাখবে।"

শ্রী সত্যার্থী-র জীবনের সর্বোপরি উদ্দেশ্যই ছিল শিশু-শ্রমের উন্মূলন। ওনার সামনে কাজও অত্যন্ত বাপক স্তরে ছিল। এজন্য অত্যন্ত বড় লক্ষ্য হাসিল করার চাপ ওনার জীবনের শক্তি একবং প্রেরণা হয়ে উঠেছিল। এটা সহজেই বোঝা যেতে পারে যে, বেশী বড় আদর্শ বেশী প্রেরণা প্রদান করে। প্রেরণা প্রাপ্ত হলে ভালো ভাবে প্রস্তুতি নেওয়ার ইচ্ছা হয়। প্রস্তুতি ভালো হলে কোন পরিশ্রমেই ক্লান্তি আসে না। অত্যধিক পরিশ্রম করলে খারাপ পরিণাম আসার ভয় সমাপ্ত হয়ে পড়ে। খারাপ পরিণামের ভয় না থাকলে অস্হিরতা থাকে না। অস্হিরতা না থাকলে লক্ষ্য প্রাপ্তির পদ্ধতিতে উন্নতি নিয়ে আসা সম্ভবপর হয়ে ওঠে। এর দ্বারা লক্ষ্যের ব্যাপারে আরও ভালো ভাবে বোঝা যায় আর ভালো ভাবে বুঝতে পারলে যে কোন বড় লক্ষ্য আরও বেশী আত্মবিশ্বাসের সাথে, আরও সফলতার সাথে হাসিল করা যেতে পারে। এই কারণেই কৈলাশ সত্যার্থী সর্বদা নিজেকে ফুটিয়ে তুলতে পেরেছেন।

কৈলাশ সত্যার্থী-র ব্যবস্হাপনা কৌশল দ্বারা আমরা ঠিক কি শিখতে পারি? একটু চিন্তা করে দেখুন। প্রশ্ন হচ্ছে এটা যে, জীবনে সফল হওয়াকে লক্ষ্য না বানিয়ে কিছু একটা করে দেখানোর অভিলাষাকে নিজের জীবনের লক্ষ্য করে তুলে সামনের দিকে এগিয়ে চলা উচিত। যে কোন পরিণামের প্রতীক্ষা না করে পরবর্তী কাজে লেগে পড়া উচিত। অন্যদের ক্ষমতার ব্যাপারে জেনে নিয়ে তাঁদের ওপরে ভরসা করুন। নিজের সাথীদের প্রশংসা করুন আর তাঁদের গুণগুলোর প্রতি আন্তরিক ভাবে সম্মান জানান। যেভাবে আপনারা নিজেরা ভুল করলে তার জন্য অন্যদের শাস্তি দেন না... ঠিক সেই প্রকার নিজেদের সাথীদের ভুলের সমালোচনা না করে সামনে দিকে এগিয়ে চলুন। অন্যদের নিন্দা, সমালোচনা আর অভিযোগ করে কখনো সময় নষ্ট করা উচিত নয়। সফলতা আর শান্তি প্রাপ্ত করার সব থেকে সহজ পথ হচ্ছে অন্যদের সুখ প্রদান করার চেষ্টা করা। নিজেদের মহান আর অন্যদের হেয় প্রতিপন্ন করার ভাবনা কখনো নিজের মনে আসতে দেবেন না। যদি আপনারা নিজেদের জীবনের লক্ষ্যের ওপরে নিরন্তর দৃষ্টি দেন... তাহলে আপনারা অবশ্যই নিজেদের ক্ষেত্রে এক অসাধারণ ব্যক্তি হয়ে উঠবেন। অন্যদের দ্বারা নিজেদের অনুকরণের আশা কখনো করবেন না। আপনাদের যদি কোন ব্যক্তির কাজ আর কাজ করার পদ্ধতি ভালো লেগে থাকে... তাঁর অনুকরণ আপনারা নিজেরা করুন। প্রত্যেক পরিস্হিতির পরিণাম নিজেদের অনুকূলে আসার আশা করবেন না। নিরন্তর কাজ করে চলুন... পরিণাম অবশ্যই অনুকূল হবে। প্রতিকূল পরিস্হিতিতে সবার প্রথমে নিজেদের সাথীদের রক্ষা করুন আর ভীরুতার প্রদর্শন না করে পরিস্হিতির ওপরে বিজয় প্রাপ্ত করুন অথবা বিজয় প্রাপ্ত হওয়া পর্যন্ত সংঘর্ষ করে চলুন। যে কাজটা সম্ভব হয়, সেই কাজ তো সবাই করে নেয়... আপনারা কিছু অসম্ভব কাজ করে দেখানোর প্ল্যান তৈরী করুন। আপনাদের সমালোচনা হোক্ বা প্রশংসা – নিজেদের পথ ত্যাগ করে কখনো খালি বসে থাকবেন না!

❑❑❑

10 

পারদর্শিতার জাদু

ভারত এক অদ্ভূত দেশ! যে কোন জিনিষের সমালোচনা করতে ভারতীয়দের খুবই ভালো লাগে। আমরা যুক্তির পরোয়া করি না। আমরা ভণ্ড আর ব্যাভিচারী মহাত্মা, নিরঙ্কুশ-অত্যাচারী-ভ্রষ্ট শাসক আর অপরাধের মাধ্যমে সমৃদ্ধ হয়ে ওঠা লোকেদের খুব সহজেই 'মহান' মেনে নিই। তাঁদের সাথে কেউ কোন প্রকারের তর্ক করে না আর সাধারণতঃ তাঁদের বিরোধিতাও করা হয় না। দামী বিজ্ঞাপনের ওপরে আমরা চোখ বন্ধ করে বিশ্বাস করে নিই... কিন্তু কোন সত্যিকারের মহান ব্যক্তিকে আমরা ততক্ষন পর্যন্ত 'মহান' হিসেবে মেনে নিই না... যতক্ষন না তিনি কোন প্রকারের চমৎকার করে দেখাচেছন। কৈলাশ সত্যার্থী আমাদের এমন মানসিকতার শিকার... যাঁর ওপরে একদিন নিশ্চিত রূপে মানবতাও গর্বিত অনুভব করবে। শিশু-দাসত্বকে সমাপ্ত করার প্রতি কৈলাশ সত্যার্থী-র ব্যক্তিগত নেশার প্রেমিক আজ গোটা দুনিয়া জুড়ে ছড়িয়ে রয়েছে। আপনারা কিছু সময়ের জন্য, নিজেদের মস্তিস্ককে বিচারশূণ্য করে এমনটা চিন্তা করুন – আপনাদের কাছে হঠাৎ করে আপনাদের খুব কাছের কোন ব্যক্তি এলেন আর তিনি এমনটা বললেন যে, তাঁর মেয়ে বা ছেলেকে কেউ চুরি করে নিয়েছে আর পুলিশও তাঁর সহায়তা করছে না – তখন আপনারা কি করবেন ? তিনি যদি এমনটা বলেন যে, প্রশাসন তাঁর অভিযোগে কর্ণ পাত করছে না আর কোন অফিসার তাঁর হয়ে কোন ব্যবস্হাই নিচেছন না – তখন আপনারা কি করবেন ? আপনাদের পরিচিত সেই ব্যক্তি যদি আপনাদের পায়ের কাছে লুটিয়ে পড়ে এমন কাকুতি-মিনতি জানাতে থাকেন যে, কেউ তাঁর

বাচ্চাকে অপহরণ করে নিয়ে গেছে আর তিনি এটা জানেন যে, তাঁর বাচ্চা কোথায় আছে... তাহলে আপনারা কি নিজেদের প্রাণের ঝুঁকি উঠিয়ে সেই ব্যক্তির সহায়তা করার জন্য তাঁর সাথে রওনা হয়ে পড়বেন? কৈলাশ সত্যার্থী গত 35 বছর ধরে এই কাজটাই করে চলেছেন। অসহায় আর শোষিত বাচ্চাদের সহায়তা করার জন্য যে-ই ওনার কাছে প্রার্থনা জানিয়েছেন... উনি তাঁকে তৎক্ষনাত সহায়তা করেছেন।

এবার একটু চিন্তা করে দেখুন যে, কেউ যদি আপনাদের এমনটা বলেন যে, তিনি মানবতার সুখী ভবিষ্যতের জন্য শিশু-দাসত্ব, শোষণ আর অত্যাচার মুক্ত পৃথিবীর স্হাপনায় নিজের জীবন কাটাতে চান... কেউ যদি আপনাদের এমন্যটা জানান যে, আপনাদের থেকে তাঁর কোন প্রকারের আর্থিক সহায়তা চাই না – কেবল নৈতিক সমর্থন চাই... তাহলে এমন ব্যক্তিকে আপনারা কেমন ভাবে গ্রহণ করবেন? পাগল, মূর্খ, ধূর্ত, লোভী – না অন্য কিছু?

শিশু-শোষণের বিরুদ্ধে কাজ করে চলে কৈলাশ সত্যার্থী এটা জানতে পারেন যে, শিশু-দাসত্বের দুনিয়া আমাদের কল্পনার থেকে অনেক বেশী বিশাল, বিকৃত, বীভৎস আর বিকরাল। ওনাকে সহায়তা করার জন্য এগিয়ে আসা লোকেরা প্রারম্ভিক রূপে শিশু-শোষণের হাত থেকে মুক্ত করা পরিবার থেকে এসেছিলেন আর ধীরে-ধীরে এই শোভাযাত্রা ওনার প্রচেস্টাকে সমর্থন জানাতে থাকা, ওনার পাশে এসে দাঁড়ানো আর ওনাকে সহযোগ প্রদান করা লোকেদের মহাসাগর হয়ে উঠল। আসুন... ওনার দ্বারা সঞ্চালিত সংগঠন, ওনার কার্য-শৈলীকে আরও কিছুটা জানার আর বোঝার চেস্টা করা যাক।

উদ্দেশ্য ঃ

'বচপন বঁচাও আন্দোলন' হোক্ বা 'গ্লোবাল মার্চ এগেন্সস্ট চাইল্ড স্লেভারী' – কৈলাশ সত্যার্থী-র সমস্ত গতিবিধির আধার ওনার দ্বারা স্হাপিত দুটি প্রমুখ সংগঠন সারা দুনিয়ার বাচ্চাদের সংরক্ষণ করার স্পষ্ট উদ্দেশ্য নিয়েই স্হাপিত করা হয়েছে। এই সব সংগঠনগুলোর আন্তজার্তিক খ্যাতি এবং বিশ্বসনীয়তা এজন্য রয়েছে... কারণ এই সংগঠনগুলো গোটা দুনিয়ায় সক্রিয় হয়ে থাকা সেই সব সমাজসেবী সংগঠনগুলোর মত নয় – যারা সরকারী, বে-সরকারী, ব্যক্তিগত এবং গোপন দানদাতাদের অনুদানের জোরে গোপন ভাবে চলতে থাকে। এই সংগঠনগুলোর লক্ষ্য অত্যন্ত স্পষ্ট আর এই সব সংগঠনগুলোয় জবরদস্ত পারদর্শিতা রয়েছে। দুনিয়ার যে কোন ব্যক্তির এই সংগঠনগুলোর ব্যাপারে জানার জন্য কোন প্রকারের পরিশ্রম করার কোন আবশ্যকতা নেই। দুনিয়ার যে কোন ব্যক্তি ইন্টারনেটের মাধ্যমে যে কোন সময়, যে কোন জায়গা থেকে এই সংগঠনগুলোর ব্যাপারে নিজের যে কোন প্রশ্নের জবাব হাসিল করতে পারেন।

আপনাদেরও বেশী কিছু করতে হবে না। আপনারা ইন্টারনেটে যে কোন ভাষায় গুগল-য়ের মত যে কোন সার্চ ইঞ্জিনে কেবল 'কৈলাশ সত্যার্থী' টাইপ করুন আর যা রেজাল্ট আসবে... সেগুলোর মধ্যে থেকে 'কৈলাশ সত্যার্থী', 'বচপন বঁচাও আন্দোলন', 'গুডউইভ' বা 'গ্লোবাল মার্চ'-য়ের ওয়েবসাইটে পৌঁছে এটা জেনে নিন যে, উনি ঠিক কি কাজ করেন ? ওনার লক্ষ্য কি ? ওনার সহযোগী কারা-কারা ? উনি এর আগে কি-কি কাজ করেছেন ? উনি কি বলেন ? লোকেরা ওনার ব্যাপারে কি বলেন ? উনি আজ পর্যন্ত কি-কি উপলব্ধি হাসিল করেছেন ? প্রতি বছরে ওনার উপলব্ধি কি-কি ?

বিভিন্ন প্রতীকের মাধ্যমে বুঝতে হলে 'বচপন বঁচাও আন্দোলন' হচ্ছে মহাভারতের যুদ্ধে অর্জুনের রথের সারথি এবং 'গ্লোবাল মার্চ' হচ্ছে রথের চাকা ওপরের দিকে তুলে শত্রু সেনার মাঝে পৌঁছে গিয়ে শত্রু সেনার উদ্দেশ্য চ্যালেঞ্জ ছুঁড়ে দেওয়া যোদ্ধা। এই দুটি সংগঠনের কার্য-শৈলীর মধ্যে কিছুটা ভিন্নতা আছে, কিন্তু এদের উদ্দেশ্য একই – শোষণ, উপেক্ষা, পূর্বাগ্রহ আর অভাব থেকে মুক্ত 'শিশু-মিত্র সমাজ'। এমন এক সমাজ... যেখানে বাচ্চাদের যে কোন প্রকারের গোলামী আর শোষণের হাত থেকে রক্ষা করা যাবে... তাদেরকে শিক্ষিত-প্রশিক্ষিত করে তুলে তাদের যোগ্যতাকে আরও ফুটিয়ে তোলা যাবে আর তাদের পরিবারকে শক্তিশালী করে তোলা যাবে।

সীমা ঃ

'বচপন বঁচাও আন্দোলন' ভারতীয় উপ-মহাদ্বীপের পরিস্থিতি আর ভারতীয় আইন অনুসারে কাজ করে এবং 'গ্লোবাল মার্চ' বৈশ্বিক স্তরে দুনিয়ার বিভিন্ন দেশের পরিস্থিতি, আন্তর্জাতিক সন্ধি, আইন আর ব্যবস্থার গণ্ডীর মধ্যে থেকে কাজ করে। প্রাথমিক রূপে 'বচপন বঁচাও আন্দোলন' ভারতীয় উপ-মহাদ্বীপের সীমা পর্যন্ত সীমিত থাকে... যদিও এর এক স্বরূপ 'সেভ দ্য চাইল্ডহুড ফাউণ্ডেশন'-ও রয়েছে, যেটাকে কৈলাশ সত্যার্থী এর সাথে কিছুটা একই রকমের নামের কারণে খুব বেশী এগিয়ে নিয়ে যাননি। দেখতে গেলে 'বচপন বঁচাও আন্দোলন'-কে দুনিয়ায় শিশু-অধিকারের ক্ষেত্রে সাম্প্রতিক কালে হওয়া সকল বিপ্লবের বীজ বলা যেতে পারে। 'গ্লোবাল মার্চ' হচ্ছে সেই বীজের বটবৃক্ষ... কৈলাশ সত্যার্থী-র চিন্তাধারার বিশ্বস্তরীয় বিরাট স্বরূপ।

নিজের নামের অনুরূপই 'গ্লোবাল মার্চ অভিযান', শিশু-অধিকারের ক্ষেত্রে কাজ করতে থাকা বিভিন্ন সংগঠন, শ্রমিক, শিক্ষক এবং ব্যবসায়ীদের বিভিন্ন সংগঠনগুলোর একতা আর রচনাত্মক সহযোগের ওপরে আধারিত এমন এক অভিযান... যেটার আন্তর্জাতিক শ্রম সংগঠন দ্বারা সঞ্চালিত আন্তর্জাতিক শিশু-শ্রম উন্মূলন প্রোগ্রাম এবং

শিশু-অধিকারের ক্ষেত্রে কার্যরত দুনিয়ার সকল দেশগুলোর সব থেকে প্রতিষ্ঠিত সংস্থা 'য়ুনিসেফ'-য়ের সহযোগ প্রাপ্ত হয়ে রয়েছে।

এক প্রকারে 'গ্লোবাল মার্চ সংগঠন' শিশু-অধিকারের ক্ষেত্রে আন্তজার্ত্তিক পুলিশের মত কাজ করে। এর সব থেকে বেশী মনোযোগ শিশু-শ্রম, শিশু-অধিকার আর শিশু-দাসত্বের সমস্ত প্রকারের স্বরূপের ব্যাপারে সহযোগী সংগঠনগুলোর সাথে তথ্যের আদান-প্রদান, জন-অভিমত নির্মাণ এবং শিশু-শ্রম উম্মূলন সম্বন্ধীয় সংযুক্ত অভিযানগুলোর সঞ্চালনের ওপরেই নিবদ্ধ হয়ে থাকে।

কার্য-নীতি ঃ

'বচপন বঁচাও আন্দোলন' মোটামুটি ভাবে 'শিশু-মিত্র সমাজ' নির্মাণ করার জন্য কাজ করে। এই সংগঠনের কার্য-নীতি হচেছ বাচ্চাদের শিশু-শ্রম থেকে মুক্তি প্রদান করা, তাদেরকে যে কোন প্রকারের শোষণ থেকে বাঁচানো এবং উচ্চ গুণবত্তা যুক্ত ফ্রী সেবা সুনিশ্চিত করা। এই সংগঠন বেশ কিছু স্তরে বিভিন্ন সমুদায়ের সাথে সমন্বয় বজায় রেখে প্রশাসনিক স্তরে শিশু-কল্যাণে জরুরী নীতি নির্দ্ধারণ, আইন নির্মাণ বা আইনী পরিবর্তনের পরিবেশও তৈরী করে। নিজের এমন নীতির কারণে এই সংগঠন 1981 সাল থেকে আজ পর্যন্ত প্রায় 82 হাজারেরও বেশী বাচ্চাদের শোষণ, দাসত্ব আর অপরাধের দুনিয়ার চঙ্গুল থেকে মুক্ত করতে পেরেছে। এই সংস্থা শিশু-শ্রমের ওপরে পূর্ণ নিষেধাজ্ঞা লাগানোর কাজে ভারতের প্রাক্তণ এবং বর্তমান রাষ্ট্রপতি, প্রধানমন্ত্রী, সাংসদ এবং প্রধান বিচারপতিদের তরফ থেকে সর্বদাই পূর্ণ সহযোগ প্রাপ্ত করেছে। এই কাজের স্বপক্ষে জন-সমর্থন এবং জন-জাগরুকতার পরিবেশ তৈরী করার জন্য সংগঠন অনেক সম্মেলন, রাষ্ট্রীয় অধিবেশন আর সেমিনারের আয়োজন করতেও সফলতা অর্জন করেছে।

নিজের বিশ্বব্যাপী লক্ষ্য আর দায়িত্বকে বুঝে 1989 সালে 'বচপন বঁচাও আন্দোলন' শিশু-দাসত্ব সমাপ্ত করার জন্য দক্ষিণ এশিয়ান দেশগুলোর প্রায় 750 সমাজসেবী সংগঠনের সাথে মিলে শিশু-দাসত্বের ওপরে 'দক্ষিণ এশিয়ান জোট' (SACCS)-য়ের স্থাপনা করেছিল। এই সংগঠন শিশু-শ্রম বিরোধী বেশ কিছু ফোরামকেও গুরুত্বপর্ণ সহযোগ প্রদান করেছে, যেমন – 1992 সালে শিশু-শ্রম বিরোধী সংসদীয় সমিতিকে, 1993 সালে শিশু-শ্রম বিরোধী ধার্মিক ফোরামকে এবং 1994 সালে শিশু-শ্রম বিরোধী ট্রেড ইউনিয়ন ফোরামকে। এছাড়াও এই সংস্থা শিশু-মজদুরী গ্রস্ত ক্ষেত্রগুলোয় অসহায় গরীব পরিবারগুলোর সহায়তা করে সেই সব ক্ষেত্রে ব্যাপক স্তরে শিশু-বিকাশ প্রোগ্রাম সঞ্চালিত করে আর শিশু-দাসত্ব দ্বারা প্রভাবিত পরিবারগুলোর বাচ্চাদের সুরক্ষা, সংরক্ষণ, পোষণ, শিক্ষা এবং ক্ষমতা বিকাশের প্রোগ্রামও সঞ্চালিত করে। যেসব ক্ষেত্রে এই

সব কার্য সঞ্চালিত হয়... সেগুলোকে 'শিশু-মিত্র গ্রাম' বলা হয়ে থাকে। 'বচপন বঁচাও আন্দোলন'-য়ের এই প্রয়োগ গোটা দুনিয়া জুড়ে অত্যন্ত জনপ্রিয় হয়ে উঠেছে এবং পৃথিবীর বেশ কিছু দেশ একে গ্রহণ করেছে। এর সাথে-সাথেই আন্দোলন দ্বারা শোষণ, তস্করী, দাসত্ব, অপরাধ আর বন্ধুয়া জীবন থেকে মুক্ত করে আনা বাচ্চাদের নিয়মিত রক্ষা, সহায়তা আর পথ প্রদর্শন করা ছাড়াও দোষী ব্যক্তিদের বিরুদ্ধে আইন অনুসারে শাস্তির ব্যবস্থাও করা হয়ে থাকে।

এই সংস্থা দ্বারা 1991 সালে ভারতে আতশবাজী শিল্পে কাজ করতে থাকা সরল বাচ্চাদের বাঁচানোর জন্য প্রায় 10 হাজার স্কুলে বাজী-পটকার বিরুদ্ধে আতশবাজী বিরোধী অভিযান চালানো হয়... যাতে স্কুলে পড়তে থাকা প্রায় 70 লক্ষ বাচ্চারা সহযোগ প্রদান করে। এর 05 বছর পরে, 1996 সালে খেলার সামগ্রী তৈরী করা ভারতীয় শিল্পে বাচ্চাদের শোষণের বিরুদ্ধে সংগঠন দ্বারা 'ফেয়ার প্লে' অভিযান সঞ্চালিত করা হয়। জন-জাগরুকতা ছড়িয়ে দেওয়ার জন্য এই সংগঠন আজ পর্যন্ত বেশ কয়েক হাজার পদযাত্রা, সাইকেল র‍্যালী, দৌড় আর মিছিলের আয়োজন করেছে। সেগুলোর মধ্যে 1995 সালে কন্যাকুমারী থেকে দিল্লী পর্যন্ত 5000 কিমি. লম্বা পদযাত্রার আয়োজন করা হয়েছিল। এর পরে 1996 সালে কোলকাতা থেকে কাঠমাণ্ডু পর্যন্ত 'দক্ষিণ এশিয়ান মার্চ'-য়ের আয়োজন করা হয়েছিল। এর 02 বছরের মধ্যে 1998 সালে বিশ্বের 103 দেশের ওপর দিয়ে 80 হাজার কিমি. লম্বা 'গ্লোবাল মার্চ'-য়ের আয়োজন করা হয়... যাতে বিশ্বের বেশ কিছু রাষ্ট্রাধ্যক্ষ সমেত প্রায় 72 লক্ষেরও বেশী স্ত্রী-পুরুষ আর বাচ্চারা অংশ গ্রহণ করে শিশু-শ্রমের বিরুদ্ধে আন্তর্জাতিক আইন তৈরীর দাবী জানান।

এই সংস্থারই প্রথম বার শিশু-শ্রম মুক্ত উৎপাদনগুলোর সার্টিফিকেশন, 'রগমার্ক' শুরু করার কৃতিত্ব প্রাপ্ত হয়ে রয়েছে। আমি আগেই এমনটা জানিয়েছি যে, 'রগমার্ক'-য়ের নাম পাল্টে এখন 'গুডউইভ ইন্টারন্যাশনাল' হয়ে পড়েছে। দুনিয়ার বেশ কিছু দেশ এই সংস্থাকে ব্যবসায়িক নৈতিকতার মানকের রূপে গ্রহণ করেছে।

2012 সালে 'বচপন বঁচাও আন্দোলন' পূর্ণ শিশু-শ্রম মুক্ত ভারত নির্মাণ করার জন্য রাষ্ট্রীয় অভিযান আয়োজিত করে। এই অভিযানে গোটা দেশ জুড়ে বেশ কিছু অনুষ্ঠান এবং গতিবিধি সঞ্চালিত করা হয়। শিশু-তস্করী আর শিশু-দেহ ব্যবসার মত জঘন্য অপরাধের ওপরেও আন্দোলন ভারতে অত্যন্ত ভালো কাজ করেছে। সব থেকে প্রথম বার 18 এপ্রিল, 2011 'বচপন বঁচাও আন্দোলন' দ্বারা দায়ের করা মামলাতেই সুপ্রীম কোর্ট এর পরিভাষা প্রদান করেছিল। গৃহ বিভাগের মামলাগুলোর সাথে সম্বন্ধিত সংসদীয় কমিটিও শিশু-তস্করীর বিষয়ে 'ধারা 370' এবং 'ধারা

370 এ'-তে কঠোর শাস্তির ব্যবস্থা এবং এটাকে মানব-তস্করীর সমান হিসেবে মেনে নিয়ে 'বচপন বঁচাও আন্দোলন'-য়ের পরামর্শগুলোকে আংশিক সংশোধনের সাথে স্বীকার করে নিয়েছে। বন্ধুয়া মজদুরীর অপরাধের অনুসন্ধানের মানক নির্দ্ধারণে 'বচপন বঁচাও আন্দোলন' ভারত সরকারের সহায়তা করেছে। আন্দোলন এই অপরাধের শিকার হয়ে পড়া পরিবার আর বাচ্চাদের সকল প্রকারের আইনী সহায়তা করে... তাদের প্রশিক্ষণ দেয় আর তাদের পুনর্বাসিও সুনিশ্চিত করে।

বাচ্চাদের প্রাথমিক অধিকারগুলোর রক্ষা করার জন্য যতটা সম্ভব, 'বচপন বঁচাও আন্দোলন' বর্তমান সংবৈধানিক ব্যবস্থাগুলোর গণ্ডীর মধ্যে থেকেই কাজ করে। আবশ্যকতা হলে আন্দোলন গত দশকে ভারতীয় বিধি ব্যবস্থায় প্রাপ্ত ব্যবস্থার অধীন সমাধানের জন্য হাইকোর্ট এবং সুপ্রীম কোর্টে অনেক জনহিত পীটিশনও দায়ের করেছে। ভারতের নিরুদ্দেশ হয়ে যাওয়া বাচ্চা (মিসিং চিল্ড্রেন অফ্ ইণ্ডিয়া)-দের ব্যাপারে আন্দোলন দেশের সর্বপ্রথম বিস্তৃত অধ্যয়ণে এটা দেখতে পেয়েছে যে, প্রত্যেক ঘণ্টায় দেশে 08 বাচ্চা নিরুদ্দেশ হয়ে পড়ে। এই অধ্যয়ণের আধারে 'বচপন বঁচাও আন্দোলন' সুপ্রীম কোর্টে যে পীটিশন দায়ের করেছিল... তার ওপরে সুপ্রীম কোর্ট 10 মে, 2013 এক ঐতিহাসিক নির্ণয় শোনায়। 'সেভ দ্য চাইল্ডহুড ফাউণ্ডেশন' বনাম 'ইউনিয়ন অফ্ ইণ্ডিয়া'-য়ের এই মামলায় দিল্লী হাইকোর্ট 15 জুলাই, 2009 নিজের ফয়সালায় সরকারকে শিশু-শ্রমের ওপরে পূর্ণ আইনী নিষেধাজ্ঞা সুনিশ্চিত করার আদেশ দেয়। এর পরে 18 এপ্রিল, 2011 'বচপন বঁচাও আন্দোলন' সুপ্রীম কোর্টে আরও একটা পীটিশন দায়ের করে... যাতে সুপ্রীম কোর্ট শিশু-তস্করীর মামলায়

আন্দোলন দ্বারা জানানো পরিভাষাকে স্বীকার করে নেয়। আন্দোলন শিশু-অধিকার, শিশু-শ্রম, শিশু-অপরাধ, শিশু-দাসত্ব, শিশু-শোষণ আর শিশু-দেহ ব্যবসার মামলায় পুনর্বাসি, প্রশিক্ষণ, প্রচার-প্রসার অভিযানের সঞ্চালন এবং অধ্যয়ণে অধ্যয়ণকারীদের সহযোগ প্রদান করে।

দৃষ্টিকোণ আর কার্য-শৈলীর মামলায় 'গ্লোবাল মার্চ সংগঠন', 'বচপন বঁচাও আন্দোলন'-য়ের থেকে খুব একটা আলাদা নয়। 'গ্লোবাল মার্চ সংগঠন' শিশু-শ্রম, শিশু-দাসত্ব উন্মূলন এবং শিশু-অধিকারকে সুনিশ্চিত করার বিভিন্ন অভিযানে লেগে থাকা ব্যক্তি, সংগঠন এবং অভিযানগুলোর সাথে বিনা শর্তে সমন্বয় স্থাপন করে আর জরুরী হলে নিজেদেরই সংসাধন দ্বারা এমন সকল অভিযানের সঞ্চালনও করে। এই সংগঠন ক্ষেত্রীয় আর বৈশ্বিক – দুই স্তরেই শিশু-শ্রম, দারিদ্রতা উন্মূলন আর সবার জন্য শিক্ষার মত ব্যাপক বিষয়গুলোর ওপরেও বিভিন্ন প্রকারে নিজেদের সহযোগ প্রদান করে। 'গ্লোবাল মার্চ' এমনটা মনে করে যে, যতদিন পর্যন্ত শিশু-শ্রম অস্তিত্বমান হয়ে থাকবে... ততদিন পর্যন্ত পৃথিবীর কোন দেশই সবার জন্য শিক্ষা-র উদ্দেশ্যে সফল হতে পারবে না। অন্য দিকে, যতদিন পর্যন্ত না সকল বাচ্চাদের স্কুলে যাওয়া আর পড়াশোনা শেখা সুনিশ্চিত হচ্ছে... ততদিন পর্যন্ত শিশু-শ্রমের অস্তিত্ব মেটানো পৃথিবীর কোন দেশের পক্ষেই সম্ভবপর হবে না। 'গ্লোবাল মার্চ' এমনটাও মনে করে যে, শিশু-শ্রম উন্মূলন করার জন্য স্থানীয় থেকে আন্তজার্তিক স্তর পর্যন্ত ব্যাপক আর স্থায়ী সামাজিক পরিবর্তন নিয়ে আসাটা অত্যন্ত জরুরী আর এই কাজটা বিশ্বব্যাপী আন্দোলন ছাড়া হতে পারে না। আন্তজার্তিক শ্রম সংগঠন এই কাজে 'গ্লোবাল মার্চ'-কে অত্যন্ত বেশী গুরুত্ব দিচ্ছে। বৈশ্বিক মন্দার যুগে নিজেদের পরিবারের পেট চালাতে যোগদান দেওয়ার জন্য স্কুলে যাওয়া বন্ধ করে দেওয়া বাচ্চাদের অবস্থার ওপরেও গোটা দুনিয়া 'গ্লোবাল মার্চ'-য়ের দৃষ্টিভঙ্গীকে স্বীকার করে নিয়েছে।

বিশেষ ব্যাপার হচ্ছে এটা যে, 'গ্লোবাল মার্চ' গোটা দুনিয়ায় শিশু-অধিকার, সবার জন্য শিক্ষা আর শিশু-দাসত্ব মুক্তি আন্দোলনে নিজের নতুন চিন্তাধারা, কার্য প্রণালী এবং এই ক্ষেত্রে গত 35 বছরের ব্যাপক অভিজ্ঞতার সাথে সহযোগ প্রদান করে। যেহেতু এই সংগঠন বৈশ্বিক স্তরে কাজ করে... সেজন্য এই সংগঠন সরাসরি বিদেশী আদালতে মামলা দায়ের করে না... বরং এর সহযোগী সংগঠনগুলো জরুরী মনে করলে পৃথিবীর কম পক্ষে 103 দেশে আইনী ব্যবস্থা গ্রহণ করে। সংবাদপত্র, ম্যাগাজিন, টেলিভিশন, রেডিয়ো, সামুদায়িক রেডিয়ো, ইন্টারনেট প্রসারণ, সোশাল মীডিয়া এবং বাড়ী-বাড়ী গিয়ে নিজেদের অভিমত প্রচার-প্রসারের সকল প্রকারের পারস্পারিক পদ্ধতি এই সংগঠন গ্রহণ করে।

নিয়ন্ত্রণ ঃ

'বচপন বঁচাও আন্দোলন' আর 'গ্লোবাল মার্চ' – দুই সংগঠনের সঞ্চালন আইনতঃ অঙ্গীকৃত সংবিধানের অন্তর্গত বিভিন্ন স্তরীয় পরিষদ্, কমিটি এবং কার্যালয় স্টাফেদের মাধ্যমে হয়। 'বি.বি.এ.'-র কার্য-সঞ্চালনে অধ্যক্ষ, উপাধ্যক্ষ, মহামন্ত্রী এবং কোষাধ্যক্ষ ছাড়াও এক চার সদস্যীয় এক্জিকুটিভ কমিটি থাকে। বিভিন্ন রাজ্যে 'বি.বি.এ.'-র রাজ্য স্তরীয় প্রভারী থাকেন... যাঁর অধীনে 'বচপন বঁচাও আন্দোলন'-য়ের কর্মীদের দ্বারা গঠিত কমিটি থাকে। 'বি.বি.এ.'-র কার্য পরিষদের পদাধিকারীদের ব্যাপারে আপনাদের আগেই জানানো হয়েছে।

'গ্লোবাল মার্চ' সংগঠন যেহেতু বৈশ্বিক স্তরে কাজ করে... সেজন্য এর গঠন-প্রণালী আর নিয়ন্ত্রণও এই হিসেবে হয়। 'গ্লোবাল মার্চ'-য়ের সভাপতি হচ্ছে স্বয়ং কৈলাশ সত্যার্থী। 'গ্লোবাল মার্চ'-য়ের স্হাপনা করা সংস্হাপক সদস্য হচ্ছেন নেদারল্যাণ্ডের প্রখ্যাত শিশু-শ্রম বিরোধী বিশেষজ্ঞ এবং আন্তজার্ত্তিক শ্রম সংগঠন দ্বারা সঞ্চালিত আন্তজার্ত্তিক শিশু-শ্রম উম্মূলন প্রোগ্রামের প্রাক্তণ ডায়রেক্টর ফ্রান্স রোসেলিয়র্স। দ্বিতীয় সংস্হাপক সদস্য হচ্ছেন 'এডুকেশন ইন্টারন্যাশনাল বোর্ড'-য়ের প্রাক্তণ ডেপুটি সেক্রেটারী এলী জোয়। এছাড়া বিভিন্ন দেশের আন্তজার্ত্তিক ট্রেড ইউনিয়নগুলোর ফেডারেশন প্রতিনিধিদের ওপরে 'গ্লোবাল মার্চ'-য়ের কার্য পরিষদের নিয়ন্ত্রণ করার দায়িত্ব সঁপে দেওয়া হয়েছে।

অংশীদারী ঃ

'বচপন বঁচাও আন্দোলন' আর 'গ্লোবাল মার্চ' – দুই সংগঠন দ্বারা পথ প্রদর্শন হাসিল করার কোন অন্তিম তারিখ বা সময়-সীমা নেই। আপনারা যে কোন সময়, যে কোন মামলার ব্যাপারে তথ্য প্রদান করতে পারেন বা যে কোন সময়, যে কোন ব্যাপারে প্রশ্ন করতে পারেন। দুনিয়ার যে কোন ব্যক্তি এই দুটি সংগঠনের সাথে সম্বন্ধিত মামলার তথ্য আদান-প্রদান করতে পারেন... পরামর্শ দিতে পারেন... অভিযোগ জানাতে পারেন... সহায়তা চেয়ে পাঠাতে পারেন এবং যে কোন রূপে নিজের স্বৈচ্ছিক সহযোগও প্রদান করতে পারেন।

বিশ্বসনীয়তা ঃ

দুটি সংগঠনকে আন্তজার্ত্তিক এবং রাষ্ট্রীয় স্তরে পরম বিশ্বসনীয় মানা হয়ে থাকে। এই দুই সংগঠনের বিশ্বসনীয়তা এবং এদের দ্বারা করা কাজের কারণেই কৈলাশ সত্যার্থী-কে 03 বার 'নোবেল পুরস্কার'-য়ের জন্য বেছে নেওয়া হয়েছিল।

পারদর্শিতা ঃ

'বচপন বঁচাও আন্দোলন' আর 'গ্লোবাল মার্চ' – দুই সংগঠনের নিজস্ব ওয়েবসাইট, ফেসবুক এবং টুইটর এ্যাকাউন্ট রয়েছে এবং দুটি সংগঠনেরই

ওয়েবসাইটে বিগত বছরগুলোয় করা প্রতিটি কাজের ভৌতিক এবং আর্থিক রিপোর্ট কোন প্রকারের নিষেধাজ্ঞা ছাড়াই মজুদ রয়েছে। কোন প্রকারের মাশুল না দিয়েই, যে কেউ এই সব রিপোর্ট যে কোন সময় পড়তে পারেন, দেখতে পারেন আর জরুরী মনে হলে প্রিন্টও করতে পারেন। গুগল-তে পৃথিবীর প্রায় সকল ভাষায় সেই সব রিপোর্টের ভাষাগত রূপান্তরণ মজুদ রয়েছে।

উপলব্ধতা ঃ

জরুরী মনে হলে যে কোন ব্যক্তি কার্যালয়ে গিয়ে দুটি সংগঠনের পদাধিকারীদের সাথে সরাসরি যোগাযোগ করতে পারেন। দুটি সংগঠনের টেলিফোন, মেইল্ এবং ই-মেল এ্যাড্রেস ওয়েবসাইটগুলোয় সার্বজনিক রূপে দেওয়া হয়েছে... আপনারা যে কোন সময় সেই সব এ্যাড্রেসে চিঠি বা মেইল্ মাঠিয়ে বাঞ্ছিত উত্তর চেয়ে পাঠাতে পারেন।

দুটি সংগঠনের ওয়েবসাইটে সাংবাদিকদের জন্য সংগঠনে বিভিন্ন পদে নিযুক্তি এবং খালি স্হানের ব্যাপারে তথ্য, প্রকাশন, বার্ষিক প্রতিবেদন এবং অন্যান্য বিবরণের চিত্র সমেত নবীনতম তথ্য মজুদ রয়েছে।

❑❑❑

11

অদ্ভূত বৈচারিক শক্তি

মহাত্মা গান্ধীকে নিজের আদর্শ হিসেবে মানতে থাকা কৈলাশ সত্যার্থী সর্বদাই সোজাসুজি ভাবে কথা বলেন। তা উনি যে কোন দেশেই নিজের বক্তব্য রাখুন না কেন... উপলক্ষ যা-ই হোক্ না কেন আর শ্রোতা যাঁরাই হোন্ না কেন। ওনার বিচারধারায় অনেক সামনের চিন্তাধারা লুকিয়ে রয়েছে। আপনারা এটা জেনে বিস্মিত হয়ে উঠবেন যে, ওনার বিচারধারায় গোটা দুনিয়ায় শিশু-অধিকারের হননকে কেন্দ্র করে কতটা আগুন লুকিয়ে রয়েছে, কত কষ্ট রয়েছে আর এই সমস্যার ব্যাপারে ওনার কাছে কত নতুন আর বৈপ্লবিক বিচারধারা রয়েছে।

ভারতের বিভিন্ন প্রদেশে বেশ কিছু বড় জন-নায়কদের সাথে কাজ করার আর তাঁদের বিচারধারা শোনার সৌভাগ্য আমার হয়েছে... কিন্তু কৈলাশ সত্যার্থী-র মূল ভাষণের সারাংশ প্রস্তুত করার সময় অনেক বার আমার দু চোখে জল এসে গেছে। ওনার এই ভাষণ কেবল মুখের কথাই নয়... এতে মানবিকতার জঙ্গলের সেই সব মানুষখেকোদের কাহিনীও রয়েছে... যাদের মোকাবিলা হয়তো আপনাদের কখনো করতে হয়নি।

বস্তুতঃ শিশু-দাসত্ব সমাপ্ত করাটা পৃথিবীর উন্নতিশীল দেশগুলোর থেকে বিকশিত দেশগুলোয় অনেক বেশী জরুরী আর এমনটা এজন্য জরুরী... কারণ আন্তজার্তিক আতংকবাদ, অপরাধ আর পৃথিবীর প্রতিটি দেশের অর্থব্যবস্হার পক্ষে ঝুঁকির কারণ হয়ে ওঠা বেশ কিছু কারণের মধ্যে একটা কারণ হচেছ সরল বাচ্চাদের ভয় দেখিয়ে-ধমকিয়ে আর ফুসলিয়ে ব্যবহার করা। এই কারণে এই সমস্যা কেবলমাত্র একটি দেশের নয়... পুরো মানবতার সমস্যা হয়ে উঠেছে।

কৈলাশ সত্যার্থী-র প্রমুখ ভাষণগুলোর সংক্ষিপ্ত এবং সম্পাদিত সংকলন এখানে পেশ করা হচেছ। ভাষণগুলোর সম্পাদনায় এই ব্যাপারে পূর্ণ দৃষ্টি রাখা হয়েছে যে, আগের কোন ভাষণের কোন অংশের পুনরাবৃত্তি যেন পরের ভাষণে না হয়।

18 মার্চ, 2000 ইটালীর ফ্লরেন্স নগরে মনী টেসে ইন্টারন্যাশনাল কন্ফারেন্সে উনি বলেন – "আমরা কম্প্যুটারের পরিসংখ্যান আর তীব্র গতির এমন এক যুগে বাস করছি... যেটার ওপরে বাজার টিঁকে রয়েছে। এটা আমাদের নতুন সামাজিক-আর্থিক সংস্কৃতি আর লোকেদের ভাগ্য এখন মনে হচ্ছে কেবলমাত্র লাভ-ক্ষতির ওপরে নির্ভরশীল হয়ে পড়েছে। দামী মেশিন আর কম্প্যুটারের প্রভাব ক্রমশঃ বেড়ে চলেছে আর লোকেদের অন্তরাত্মা গায়েব হয়ে যেতে বসেছে। এই যুগের দুর্ভাগ্য হচ্ছে এটা যে, এটা সেই সব লোকেদের সম্পদ আর শক্তি বৃদ্ধি করছে... যাদের কাছে আগে থেকেই এই সব কিছুর কোন অভাব নেই। আধুনিক প্রযুক্তির উন্নতির সাথে সেই সব অসংখ্য ব্যক্তি আর বাচ্চাদের কোন সম্পর্কই দেখতে পাওয়া যায় না... যারা মানব নির্মিত ধ্বংসলীলা, সামাজিক অন্যায়, পরিবেশীয় পতন, লৈঙ্গিক অসমানতা, হিংসা আর শোষণের শিকার হচ্ছেন। আমাদের লক্ষ-লক্ষ বাচ্চাদের সস্তা মজদুরী, দাসত্ব আর দেহ ব্যবসার বাজারে জানোয়ারের মত কেনা-বেচা কারা হচ্ছে। স্বাধীনতা, আত্মসম্মান, বর্তমান আর ভবিষ্যত থেকে এদের বঞ্চিত করে তোলা হচ্ছে। 'গ্লোবাল মার্চ এগেন্সস্ট চাইল্ড লেবার'-য়ের আগে এই সব বাচ্চাদের কথা কেউ-ই চিন্তা করত না আর তাদের কোন কদরও ছিল না। এই মার্চ কেবলমাত্র এক আয়োজন ছিল না... বরং 1980 সাল থেকে সক্রিয় ভারতের এক সমাজসেবী সংগঠন 'সাউথ এশিয়ান কোয়ালিশন অন্ চাইল্ড সার্ভিটুড' দ্বারা শুরু করা এক ঐতিহাসিক প্রক্রিয়ার যুক্তিসঙ্গত সমাপন ছিল... যার অন্তর্গত এখনও পর্যন্ত 50-য়েরও বেশী বাড়ী থেকে বাচ্চাদের দাসত্ব থেকে মুক্তি প্রদান করা হয়েছে। 'গ্লোবাল মার্চ'-কে আন্তজার্ত্তিক স্তর পর্যন্ত নিয়ে আসার আগে, শিশু-দাসত্বকে সমূলে উপড়ে ফেলার জন্য, আমরা ভারত আর দক্ষিণ এশিয়ায় অনেক বার সফল পদযাত্রার আয়োজন করেছি। শিশু-শ্রমের সব থেকে খারাপ স্বরূপের ব্যাপারে আন্তজার্ত্তিক শ্রম সংগঠন দ্বারা 1999 সালের জুন মাসে মঞ্জুর করা সর্বসম্মত প্রস্তাবকে 'গ্লোবাল মার্চ অভিযান'-য়ের গুরুত্বপূর্ণ উপলব্ধির মধ্যে গন্য করা যেতে পারে। এই প্রস্তাবের জন্যই শেষ পর্যন্ত আন্তজার্ত্তিক সমুদায় শিশু-দাসত্বের সমস্যার মোকাবিলা করার জন্য কোমর বেঁধে নিয়েছে। এতে আমাদের নৈতিক মনোবল অনেকটাই বেড়ে উঠেছে।"

"এই 'গ্লোবাল মার্চ' অভূতপূর্ব পদ্ধতিতে বেশ কিছু মহাদ্বীপের লক্ষ-লক্ষ লোকেদের মধ্যে ব্যাপক জাগরুকতা সৃষ্টি করেছে। এতে সমাজের সব থেকে নীচের দিকের লোকেদের থেকে শুরু করে রাজা-রানী, রাষ্ট্রপতি আর প্রধানমন্ত্রীরা অংশ নিয়েছিলেন। এই মার্চ পৃথিবীর 140 দেশের ট্রেড ইউনিয়ন, সামাজিক সংগঠন, শিক্ষক এবং আরও অনেক নাগরিক

সংগঠনগুলোর মধ্যে এক নতুন জোটের জন্ম দিয়েছে। দুনিয়ার বিভিন্ন সরকারগুলোকে এক নতুন লক্ষ্য প্রদান করেছে। 'গ্লোবাল মার্চ' শিশু-শ্রমিকদের এক নতুন আওয়াজ প্রদান করেছে... এর কারণে বেশ কিছু দেশে অনেক সংগঠনের জন্ম হয়েছে। দুনিয়ার এমন বেশ কিছু অংশে শিশু-শ্রমকে এক সমস্যার রূপে স্বীকার করা হয়েছে... যেসব জায়গায় এর আগে এটা কোন বিষয়ই ছিল না। এই মার্চ সৈনিক শাসন আর সশস্ত্র সংঘর্ষের শিকার হওয়া বেশ কিছু দেশেও সুশাসন নিয়ে আসতে নতুন ভূমিকা পালন করার জন্য সামাজিক সংগঠনগুলোর মধ্যে পারস্পরিক সম্বন্ধ তৈরী করেছে আর নতুন ভাবে চেষ্টা করার এক নতুন পরিবেশেরও সৃষ্টি করেছে।"

"আমাদের চেষ্টা হচ্ছে এই যে, শিশু-শ্রমের মামলায় আন্তজার্তিক আইনের অঙ্গীকার করা হোক্। এই লক্ষ্যটা আমাদের প্রমুখ লক্ষ্য হলেও এটা আমাদের অন্তিম লক্ষ্য নয়। আমরা পৃথিবীর অন্যান্য দেশগুলোতেও শিশু-শ্রম বিরোধী আইনের সমর্থন আর সহযোগের ক্ষেত্রে কাজ করে চলেছি। যেসব দেশে এই সমস্যা বেশী করে রয়েছে... সেই সব দেশগুলোয় সক্রিয় অভিযান চালানো আর শিশু-শ্রম মুক্তির পক্ষে সরকার, ট্রেড ইউনিয়ন আর নিয়োগকর্তাদের সাথে আলাপ-আলোচনা করে আমরা ভালো আর সুবিধাজনক পরিবেশ তৈরী করার পক্ষে ওকালতী করছি। সারা পৃথিবীতে শিশু-অধিকারকে বাড়িয়ে তোলার প্রচেষ্টাকে এক জোট করার জন্য আমরা অক্লান্ত পরিশ্রম করে চলেছি।"

"এমনটা আমরা দৃঢ় বিশ্বাস যে, শিশু-শ্রম আর নিরক্ষরতাকে আলাদা-আলাদা ভাবে নেওয়া যেতে পারে না... কারণ এই দুটো জিনিষ একই মুদ্রার এপিঠ-ওপিঠ। এই মামলায় আমরা এ্যাকশন, অক্সফেম ইন্টারন্যাশনাল আর এডুকেশন ইন্টারন্যাশনালের সহযোগে, এই বছরে এক সংযুক্ত আন্তজার্তিক অভিযান শুরু করে দিয়েছি। গোটা পৃথিবীতে যদিও নিরক্ষরতার ঝুঁকিকে অনুভব করা গেছে... কিন্তু এর সাথে মোকাবিলা করার জন্য নিশ্চিত রূপে এক মজবুত সামাজিক জনান্দোলনের আবশ্যকতা রয়েছে। শিক্ষা থেকে বঞ্চিত কোন ব্যক্তি বা সমাজ সামনের দিকে এগিয়ে চলার সমস্ত সুযোগ হারিয়ে ফেলে। এটা বোঝার সাথে-সাথে এটাও বোঝা অত্যন্ত জরুরী হয় যে, যদি এমন লোকেরা সামনের দিকে এগিয়ে চলার সমান সুযোগ প্রাপ্ত করে... তাহলে শেষ পর্যন্ত সেটার লাভ গোটা পৃথিবীরই হবে।"

"ও.ই.সি.ডি. 2015 সাল পর্যন্ত দারিদ্রতা আর অশিক্ষা – দুটোকে এক সাথে দূর করার প্রতিশ্রুতি দিয়েছে। সংযুক্ত রাষ্ট্র আর বিশ্ব সমুদায়ও নিজেদের 50-তম বর্ষপূর্তি উপলক্ষে মানবাধিকারের চার্টর জারী করার ব্যাপারে

প্রতিশ্রুতি দিয়েছে। শিশু-অধিকারের ওপরে সংযুক্ত রাষ্ট্র সম্মেলনে অংশ গ্রহণ করা দেশগুলো কেবলমাত্র নৈতিক রূপেই নয়... বরং আইনী দৃষ্টিতেও বুনিয়াদী শিক্ষার অধিকার চালু করার জন্য বাধ্য। আই. এল.ও. কন্‌ভেনশন 138 এবং সম্প্রতি কন্‌ভেনশন 182-ও শিশু-শ্রম উম্মূলনের এক গুরুত্বপূর্ণ বিকল্পের রূপে শিক্ষার ওপরে জোর দেয়। তবুও সকল বাচ্চাদের জন্য ভালো গুণবত্তার শিক্ষাকে সুনিশ্চিত করা ছাড়া এই সব লক্ষ্যগুলোর মধ্যে কোনটাই হাসিল করা যেতে পারে না। এছাড়া গণতান্ত্রিক উন্নতির কোন রূপের কল্পনা করাও অসম্ভব। এমন অবস্থায় সাধারণ জনতা পর্যন্ত তথ্য-প্রযুক্তির লাভও পৌঁছতে পারে না। দারিদ্রতা, বেকারত্ব, অশিক্ষা আর শিশু-শ্রমের মধ্যে এমন এক দুশ্চক্র রয়েছে... যেটাকে ভাঙার জন্য গোটা পৃথিবীর সব দেশগুলোকে এক সাথে মিলে কাজ করতে হবে।"

"এই প্রচেষ্টায় 'সবার জন্য শিক্ষা'-র ব্যবস্থা করাটা নিশ্চিত রূপে অত্যন্ত গুরুত্বপূর্ণ। এমনটা করার জন্য প্রত্যেক স্তরে ব্যাপক ভাবে কাজ করা এবং গোটা দুনিয়ার বিভিন্ন রাষ্ট্রের সরকারগুলোর মধ্যে বেকারত্ব, অশিক্ষা আর শিশু-শ্রমের দুশ্চক্র ভাঙার রাজনৈতিক ইচ্ছা প্রস্তুত করাই 'গ্লোবাল মার্চ আন্দোলন'-য়ের লক্ষ্য। এক টাইম বাউণ্ড পরিকল্পনার সাথে সমুচিত সংবৈধানিক ব্যবস্থা সমেত কড়া আইনের আমরা দাবী জানাচ্ছি। এটা অত্যন্ত নিরাশাজনক যে, সর্বাধিক উন্নতিশীল দেশ এই ক্ষেত্রে নিজের সকল রাষ্ট্রীয় উৎপাদনের 02% শতাংশও খরচ করার জন্য প্রস্তুত নয়। অন্য দিকে সমৃদ্ধ রাষ্ট্রগুলোও গরীব দেশগুলোয় বাচ্চাদের শিক্ষার জন্য নিজেদের বাজেটে বিকাশ অনুদানের এক ছোট্ট অংশও নিদ্ধারিত করা এড়িয়ে চলে।"

"আমাদের প্রমুখ দাবীগুলোর মধ্যে অন্যতম হচ্ছে গরীব দেশগুলোকে প্রদান করা শিক্ষা-ঋণ মকুব করা। এমনটা দেখা গেছে যে, বেশ কিছু বিকাশশীল দেশকে নিজেদের প্রথামিক শিক্ষার বাজেটের 04 থেকে 05 গুণ বাজেট কেবল বিদেশী ঋণের সুদ মেটানোর জন্যই খরচ করতে হয়। যেমন আমাদের নিজেদের দেশ ভারত, ঋণের সুদ মেটানোর জন্য 12 হাজার মিলিয়ন আমেরিকান ডলার আর প্রাথমিক শিক্ষার ওপরে 03 হাজার মিলিয়ন আমেরিকান ডলার খরচ করে।"

"গ্লোবাল মার্চ-ও বিশ্ব ব্যাঙ্ক, আই.এম.এফ., ইন্টার-আমেরিকান ডেভেলপমেন্ট ব্যাঙ্ক, পৃথিবীর বিভিন্ন সমৃদ্ধ দেশ এবং অন্যান্য ক্ষেত্রীয় সংস্থান, যেমন – বহুপক্ষীয় আর্থিক সংস্থাগুলোর সহযোগ চায়। আমাদের সুপারিশ হচ্ছে এই যে, সামাজিক দায়িত্বের রূপে উন্নতিশীল দেশগুলোর জন্য অতিরিক্ত সংসাধন জোটাতে মাল্টিন্যাশনাল কোম্পানীগুলোর ওপরে কোন প্রকারের শিক্ষা-কর লাগানো হোক্। নিরক্ষরতার মোকাবিলা করার জন্য এক বৈশ্বিক শিক্ষা কোষ স্থাপিত করতে আমরা বিশ্ব সমুদায়ের প্রতি আহ্বাণ জানাচ্ছি। বিকাশের পুরোন সংকেতক, যেমন – প্রতি ব্যক্তি আয়, এনার্জী উপভোগ আর সকল রাষ্ট্রীয় উৎপাদনের বদলে এবার এটা নির্দিষ্ট করার আবশ্যকতা রয়েছে যে, শিক্ষা-স্বাস্থ্য আর শিশু-অধিকার সুনিশ্চিত করার কাজে কতটা অর্থ খরচ করা হচ্ছে এবং অন্যদের সহায়তা করার জন্য কোন দেশ দ্বারা কতটা অর্থ খরচ করা হচ্ছে। শেষে, 'গ্লোবাল মার্চ' এক বাচ্চার অনুকূল এমন এক বিশ্ব ব্যবস্থার আবাহন করে... যেখানে কোন বাচ্চাকে দাসত্বের জীবনের সাথে যুক্ত করা হবে না। সকল বাচ্চাদের শৈশবের আনন্দ, সম্মান আর মানব গরিমার অনুরূপ গুণবত্তা পূর্ণ শিক্ষা প্রাপ্ত করার স্বাধীনতা প্রাপ্ত হওয়া উচিত। এই ক্ষেত্রে নিজের বহু বছরের অভিজ্ঞতার ভিত্তিতে আমি গোটা দুনিয়ার বিভিন্ন সমাজের মধ্যে অত্যন্ত দ্রুত গড়ে ওঠা চেতনা আর চিন্তাকে অনুভব করতে পারি। আমার দৃঢ় বিশ্বাস যে, আমরা সবাই নিজেদের জীবনকালে সেই নতুন যুগ দেখতে পাব... যেটা প্রতিটি বঞ্চিত বাচ্চাদের তাদের অধিকার প্রদান করার জন্য এক জোট সমাজ, আইনের শক্তি আর সরকারের যুগ হবে। সেই যুগ আসতে আর বেশী দেরী নেই!"

হ্যানোভর ইউনিয়ন এক্সপো ঃ

হ্যানোভরে 'ইউনিয়ন এক্সপো - 2000' উপলক্ষে কৈলাশ সত্যার্থী বলেছিলেন – "বৈশ্বীকরণের উল্লেখ করাটা এখন এক ফ্যাশনের মত হয়ে উঠেছে। কিন্তু সেই এক হাজার মিলিয়নের থেকে বেশী লোকেদের কাছে বৈশ্বীকরণের অর্থ বাস্তবে ঠিক কি... যাঁরা এক দিনে এক ডলারও উপার্জন করতে পারেন না? যাঁরা নিজেদের জীবনে বই আর

পেন্সিল স্পর্শ করার কোন সুযোগ পান না? যাঁরা অনেক প্রকারের দাসত্বের শিকার আর যাঁদের মানবাধিকার, সম্মান এবং এমন কি কোন পরিচিতিও প্রাপ্ত হয় না? বিড়ম্বনা হচ্ছে এটা যে, এনাদের মধ্যে সব থেকে বেশী সংখ্যা আর সব থেকে খারাপ অবস্হা বাচ্চাদের হয়। আধুনিক বাজারের ওপরে আধারিত বর্তমান অর্থব্যবস্হায় বাচ্চারাই সব থেকে সস্তা আর সর্বাধিক দোহন যোগ্য শিকার হয়। গত শুক্রবারই এক গোপন হানার পরে আমি 05 বছর ধরে নিজের মায়ের থেকে দূরে থাকা 14 বছরের বাবলুকে তার মায়ের সাথে মিলিত করাতে সক্ষম হয়েছি। বাবলুকে এক কার্পেট শিল্পে আরও 08-জন বাচ্চার সাথে গোলাম বানিয়ে রাখা হয়েছিল।"

"সেটা এক হৃদয়স্পর্শী দৃশ্য ছিল। নিজের সন্তানকে বুকে জড়িয়ে ধরে বাবলুর মা কেঁদে ফেললেন। মা নিজের সন্তানকে প্রশ্ন করলেন যে, তিনি এতগুলো বছর ধরে নিজের সন্তানের জন্য চোখের জল ফেলে আসছিলেন... ওনার সন্তান নিজের বন্দীদশা থেকে পালিয়ে মায়ের কাছে চলে আসেনি কেন? বাবলু চোখের জল ফেলতে-ফেলতে জবাব দিল যে, কোন বাচ্চার পক্ষেই নিজের বন্দীদশা থেকে পালিয়ে আসা সম্ভব ছিল না... কারণ ঠেকেদার তাদের প্রত্যেকের পায়ের গোড়ালিতে লাগাতার প্রহার করত... যাতে তারা বন্দীদশা থেকে পালাতে না পারে। দাসত্বের দিনগুলোয় বাবলু আর ওর সাথী বাচ্চাদের দু বেলা পেট ভরে খাবারও দেওয়া হত না... যাতে তারা যন্ত্রণা আর ক্ষুধার জ্বালায় জেগে থাকে আর দিনের মধ্যে 16 থেকে 18 ঘন্টা পর্যন্ত কাজ করতে পারে। সেই সব কার্পেট জার্মানীতে রপ্তানী করার জন্য তৈরী করা হচ্ছিল আর এমনটাও হতে পারে যে, আপনারাও সেই সব কার্পেটের মধ্যে কোন একটা কার্পেট কিনে থাকবেন।"

"আমি পাশ্চাত্য গ্রাহকদের প্রতি... বিশেষ করে জার্মান গ্রাহকদের প্রতি আন্তরিক রূপে কৃতজ্ঞ... যাঁরা ভারতে 1980 সালে শুরু হওয়া কার্পেট শিল্পে শিশু-দাসত্ব মুক্তির আমাদের অভিযানে সহযোগ প্রদান করেছেন। যে কোন শিশু-শ্রম মুক্ত উৎপাদনের ওপরে পৃথিবীর প্রথম সামাজিক সার্টিফিকেশন (লেবেলিং) 'রগমার্ক'-য়ের সূত্রপাত, আসলে গ্রাহক দেশগুলোর লোকেদের মধ্যে মানবিক একজুটতার এক উদাহরণ... যেটা ভারত, নেপাল আর পাকিস্তানের সাথে-সাথে জার্মানী, আমেরিকা, কানাডা, ব্রিটেন, নেদারল্যাণ্ড আর বেলজিয়ামে সফলতা পূর্বক কাজ করে চলেছে। এখনও কার্পেট সমেত আরও অনেক উৎপাদন বিরাট মাত্রায় বিকাশশীল দেশগুলোয় প্রস্তুত করা হচ্ছে এবং বিকশিত দেশগুলোয় ব্যবহার করা হচ্ছে।"

"এক অপ্রত্যাশিত পদক্ষেপের রূপে 1998 সালে আমরা বৈশ্বিক স্তরে 80 হাজার কিমি. লম্বা 'গ্লোবাল মার্চ এগেন্সস্ট চাইল্ড লেবার'-য়ের আয়োজন করেছিলাম... যেটার পরিণাম আই.এল.ও. দ্বারা শিশু-শ্রমের সব থেকে খারাপ স্বরূপগুলোর বিরুদ্ধে সর্বসম্মত পদ্ধতিতে প্রস্তাব সংখ্যা 182-কে মঞ্জুরী প্রদান করার রূপে সামনে এসেছিল... যেটাকে আজ পর্যন্ত পৃথিবীর 35 দেশ অঙ্গীকারও করে নিয়েছে। কিন্তু স্থানীয় আইন, রাষ্ট্রীয় সংবিধান এবং আন্তজার্তিক সম্মেলন হচ্ছে সেই সব অস্ত্র... যেগুলোর ব্যবহার করার জন্য সমর্পণের ভাব আর মজবুত ইচ্ছার আবশ্যকতা রয়েছে। এই প্রস্তাবকে যদি সততার সাথে কাজে লাগানো হয়... তাহলে এতে কোন সন্দেহই নেই যে, আমরা মানব জাতির মাথা থেকে দাসত্বের কলঙ্ক মুছে ফেলতে পারব।"

"দুর্ভাগ্যবশতঃ গোটা দুনিয়ায় 85 কোটি প্রাপ্তবয়স্ক আর 12.5 কোটি বাচ্চা নিরক্ষর। 1990 সালে সংযুক্ত রাষ্ট্রের তত্ত্বাবধানে গোটা দুনিয়ার সরকারগুলো 2000 সালের আগে সবার জন্য শিক্ষার ব্যবস্থা করার প্রতিবদ্ধতা প্রদর্শিত করেছিল। তাদের সেই শ্লোগান 'ফাঁপা' প্রমাণিত হয়েছে। বন্ধুরা, শিক্ষা কেবল বিকাশের চাকিঠিই হয় না বা সেটা তথ্য আর জ্ঞানের ওপরে আধারিত অর্থব্যবস্থার প্রতিনিধিত্বই করে না। সেটাও এক বুনিয়াদী মানবাধিকার হয়।"

"এই বছর এপ্রিল মাসে, ডাকার, সেনেগালে দুনিয়ার বিভিন্ন সরকার আবার এক বার মীটিং করে 2015 সালের আগে সবার জন্য শিক্ষার নিদ্ধারিত লক্ষ্যের প্রতি নিজেদের প্রতিবদ্ধতা প্রদর্শিত করেছে। এই লক্ষ্য হাসিল করার সময় সীমা আবার এক 10 বছর বাড়িয়ে দেওয়া হয়েছে। আমার দৃষ্টিতে এটা লক্ষ-লক্ষ নীরব-অসহায় বাচ্চাদের প্রতি ক্রুরতম তামাশা! কিন্তু এবার আশার কিরণ দেখতে পাওয়া যাচ্ছে। 'গ্লোবাল ক্যাম্পেন ফর এডুকেশন'-য়ের ছত্রছায়ায় দুনিয়ার সমাজসেবী সংগঠনগুলো একত্রিত হচ্ছে। গোটা দুনিয়ায় এই আন্দোলনের প্রচেস্টা চালানো ব্যক্তিদের মধ্যে অন্যতম হতে পেরে আমি নিজেকে অত্যন্ত সৌভাগ্যশালী অনুভব করছি। আমি যথেস্ট আশান্বিত যে, জনতার ক্রমবর্দ্ধমান চাপ দুনিয়ার বিভিন্ন সরকার আর সংযুক্ত রাষ্ট্র এজেন্সীগুলোকে কেবলমাত্র ফাঁপা শ্লোগানের পরিবর্তে সত্যিকারের কিছু করে দেখাতে বাধ্য করে তুলবে।"

"গোটা দুনিয়াকে সাক্ষর কবরে তোলার জন্য কেবল 80 বিলিয়ন ডলারের আবশ্যকতা রয়েছে আর এই অর্থ গোটা দুনিয়ার চার দিনের সৈন্য খরচের সমান। আরও সরল শব্দে বলতে গেলে বলতে হয় যে, সম্পূর্ণ সংসারে শিশু-শ্রম আর নিরক্ষরতা – এই দুটি সমস্যার সমাধান করার জন্য কেবলমাত্র ততটা অর্থের আবশ্যকতা রয়েছে... যতটা অর্থ

ইউরোপীয়ান লোকেদের আইসক্রীম বা কস্‌মেটিক্সের ওপরে হতে থাকা মোট খরচের পাঁচ ভাগের এক ভাগ এবং আমেরিকানদের তামাক বা কস্‌মেটিক্সের ওপরে হতে থাকা মোট খরচের চার ভাগের এক ভাগ।"

"বন্ধুরা! পরিসংখ্যান আর বৈশ্বিক বাণিজ্যের জবরদস্ত গুরুত্ব থাকা সত্ত্বেও আমাদের প্রচেস্টা, সামাজিক সংগঠনগুলোর পারস্পরিক সহযোগ এবং অংশীদারীর নতুন সংস্কৃতির উদয়ে আশার কিরণ দেখা যেতে পারে। আমাদের সর্বদা এটা মনে রাখা উচিত যে, মানবতা-ভ্রাতৃত্ববোধ এবং একজুটতা দৈবীয়, অমর আর সর্বোচ্চ হয়। আমার দৃঢ় বিশ্বাস যে, এর দ্বারাই দুনিয়ার ভবিষ্যত নিদ্ধারিত হবে।"

সর্বদা সত্য বলুন ঃ

কেরী কেনেডী-র পুস্তক 'স্পীক ট্রুথ টু পাওয়ার'-য়ের বিমোচন উপলক্ষে 19 সেপ্টেম্বর, 2000 সংযুক্ত রাষ্ট্র আমেরিকায় সাংবাদিক সম্মেলনে কৈলাশ সত্যার্থী বলেন – "গত এক দশক ধরে আমি ভারতের বেশ কিছু অসুরক্ষিত কারখানা, ক্ষেত আর খনিতে বাচ্চা, মহিলা আর পুরুষদের দাসত্ব আর অমানবিক পরিস্থিতির হাত থেকে বাঁচানোর জন্য কাজ করেছি। এই সমস্যা কেবলমাত্র ভারতেরই সমস্যা নয়। গোটা দুনিয়ায় প্রায় 25 কোটি বাচ্চা বন্ধুয়া মজদুরী করছে... যাদের মধ্যে 2,46,000 বাচ্চা তো কেবল আমেরিকাতেই বিভিন্ন ক্ষেত আর বেকারীতে কাজ করে। আমার এমনটা মনে হয় যে, গোলামী আর বন্ধুয়া মজদুরী থেকে বাচ্চাদের মুক্ত করানোর কাজকে একটা সীমা পর্যন্ত বিশেষ কার্য হিসেবে মানা যেতে পারে। এর সমানই গুরুত্বপূর্ণ দ্বিতীয় পদক্ষেপ সব থেকে ধনী আর অত্যন্ত গরীব – দু প্রকারের বাচ্চাদের সাথেই সম্বন্ধিত আর সেটা হচ্ছে 'শিক্ষা'।"

"আমরা সবাই এটা জানি যে, পারস্পরিক সম্বদ্ধতা আর তথ্যের ব্যবহারের ওপরে আধারিত বর্তমান যুগে সকল বাচ্চাদের জন্য সাক্ষরতা আর বুনিয়াদী গণিতের জ্ঞান থাকাটা অত্যন্ত জরুরী। এই বুনিয়াদী ক্ষমতার থেকে বেশী শিক্ষার আরও একটা স্তর হাসিল করার আবশ্যকতা এই মুহূর্তে রয়েছে। এমন এক স্তর... যেটা বাচ্চাদের ভালো মানুষ করে তুলবে। তাদের মধ্যে এমন নৈতিক ক্ষমতার বিকাশ করবে, যাতে তারা সর্বদা ঠিক কাজ করে... সর্বদা সত্য কথা বলে! এটা এখন স্পষ্ট হয়ে উঠেছে যে, বিকশিত আখ্যা পাওয়া বিশ্বের শিক্ষা ব্যবস্থা ব্যক্তিগত আর সামাজিক স্তরে মানবিক আবশ্যকতা পূরণ করার ক্ষেত্রে অপর্যাপ্ত প্রমাণিত হচ্ছে। এমন শিক্ষা বাচ্চাদের যৌক্তিক চিন্তাধারার মধ্যে ভেদভাব বাড়িয়ে তুলছে আর তাদের পাগলামিকে উৎসাহ প্রদান করছে। বাচ্চারা যদি এমন চশমা চোখে লাগিয়ে নিজেদের দৃষ্টিভঙ্গীর বিকাশ করে... তাহলে আমাদের সমগ্র ভাবী প্রজন্মের ভবিষ্যত নিরাশা আর পাগলামির

শিকার হয়ে পড়বে। এমন অবস্থায় আমরা নিজেদের বাচ্চাদের দৈনন্দিন জীবনের মুশ্কিল বিষয় আর প্রশ্নগুলোর মোকাবিলা বুদ্ধিমত্তার সাথে কি ভাবে করতে শেখাব ?"

"আমি ক্লাসগুলোয় মানবাধিকার শিক্ষাকে শামিল করার আবশ্যকতার ব্যাপারে কথা বলছি। আমরা আজ বাচ্চাদের মানবাধিকারের সার্বভৌম সিদ্ধান্তগুলোর ওপরে আধারিত শিক্ষার এক গুরুত্বপূর্ণ গঠন প্রণালী প্রদান করতে পারি। আমি এখানে যে শিক্ষাপ্রদ প্যাকেজের কথা বলছি... সেটা হচ্ছে হাই স্কুল আর বিশ্ববিদ্যালীয় বয়সের যুবাদের মানবাধিকারের সিদ্ধান্তগুলোর ব্যাপারে জানানোর আর সেগুলো নিজেদের জীবনের পরিস্থিতিতে প্রয়োগ করার জন্য প্রেরণা প্রদানকারী এক সুবর্ণ সুযোগ। আপনারা যাঁরা-যাঁরা এই ব্যাপারে আরও বিস্তৃত তথ্য হাসিল করতে চান... আমি তাঁদেরকে এই প্যাকেজ প্রস্তুতকারী সংস্থা 'এ্যামনেস্টী ইন্টারন্যাশনাল'-য়ের শৈক্ষিক বিভাগের সাথে যোগাযোগ করে আরও বেশী তথ্য প্রাপ্ত করার পরামর্শ দেব।"

'রগমার্ক'-য়ের জন্ম ঃ

নেপালের কাঠমাণ্ডুতে আয়োজিত 'স্পীক ট্রুথ টু পাওয়ার' পুস্তকের বিমোচন উপলক্ষে কৈলাশ সত্যার্থী বলেন – "আমি এটা জানতে পেরেও রোমাঞ্চিত হয়ে উঠেছি যে, 'রগমার্ক, নেপাল'-তে কানাডার কুমারী তান্যা রবার্টস ডেভিস দ্বারা এক ব্যাপক রিপোর্ট প্রকাশিত করা হয়েছে।"

উনি আরও বলেন – "আজও আমার মির্জাপুর (পূর্বোত্তর ভারত)-য়ের কার্পেট বেল্টের রেলওয়ে প্ল্যাটফর্মে কাটানো সেই ঠাণ্ডা রাতটার কথা মনে আছে। এক কার্পেট কারখানার চঙ্গুল থেকে মুক্ত করানো এক ডজন গোলাম বাচ্চা নিজেদের মায়েদের সাথে মিলিত হয়ে ফিরে আসছিল। সেই সব মায়েরা নিজেদের বাচ্চাদের সাথে এই জীবনে আবার কখনো মিলিত হওয়ার সমস্ত আশাই ত্যাগ করে দিয়েছিল। আমি অভিভূত হয়ে উঠেছিলাম আর মাঝরাতে এক ট্রেন ধরে ফিরে আসার জন্য অপেক্ষা করছিলাম। সংযোগ বশতঃ, যে ট্রেনে চেপে আমার ফিরে আসার কথা ছিল... আমি সেই ট্রেনটা থেকে প্রচণ্ড ঠাণ্ডায় কাঁপতে থাকা আর ঘুমের অতলে তলিয়ে থাকা কম পক্ষে 04 ডজনেরও বেশী বাচ্চাদের নামতে দেখলাম। এটা স্পষ্ট ছিল যে, তাদের সবাইকে বন্ধুয়া মজদুরের রূপে কার্পেট কারখানাগুলোয় কাজে লাগানোর জন্য কোন ভাবে ফুসলিয়ে নিয়ে যাওয়া হচ্ছিল। আমি ওদের বাধা দিতে চাইলাম। এতে দুজন পুলিশ আমার ওপরে পাব্লিক প্লেসে আইন ব্যবস্থার সমস্যা সৃষ্টি করার আরোপ লাগাল। এই নিয়ে আমার সাথে যখন তাদের তর্ক-বিতর্ক শুরু হল... তখন তারা উল্টে আমাকেই সারা রাত লক-আপে বন্দী করে

রাখল। অনেক চেষ্টা করেও আমি সেই সব বাচ্চাদের শিশু-দাসত্বের হাত থেকে রক্ষা করতে পারলাম না। বাস্তবে কার্পেট শিল্পে প্রশাসনের সাথে জোট বেঁধে কার্পেট কারখানার মালিকদের দ্বারা ফুসলিয়ে নিয়ে আসা শিশু-মজদুরদের সংখ্যা আমাদের দ্বারা মুক্ত করানো বাচ্চাদের সংখ্যার থেকে অনেক বেশী। এই প্রকারে তো কার্পেট শিল্প থেকে শিশু-দাসত্ব সমাপ্ত করা এক প্রকারে অসম্ভব ছিল।"

"আমি চিন্তা করতে লাগলাম যে, সব কিছু জানা সত্ত্বেও এই সব সুন্দর কার্পেট ব্যবহার করতে থাকা গ্রাহকদের অন্তরাত্মাকে জাগ্রত করে তোলার জন্য কি এবার আমার চেষ্টা করা উচিত নয়? তাঁরাও তো নিজেদের অজান্তে হলেও, শিশু-দাসত্ব বজায় রাখার এক কারণ হয়ে উঠছেন। আমরা তো কেবলমাত্র শিশু-মজদুরদের মুক্ত করাচ্ছিলাম... যারা নিজেরা এই কারবারকে বাধা প্রদান করতে অসমর্থ ছিল। তখন আমি এমনটা চিন্তা করি যে, এমন কিছু করা যাক... যাতে এই সব কার্পেট কিনতে থাকা লোকেরাই শিশু-দাসত্বকে সমাপ্ত করতে সহায়তা প্রদান করেন। আমি এটাও জানতাম যে, এটা সত্যিই এক অত্যন্ত কঠিন কাজ ছিল। যদি এই সব লোকেরাই জীব-রক্ষার নামে জানোয়ারদের ছাল থেকে প্রস্তুত ফারের ব্যবসাকে বয়কট করতে পারেন... তাহলে কার্পেটের কারবারে তো মানুষের বাচ্চাদের দিয়ে দাসত্ব করানো হচ্ছিল। আমি জার্মানী এবং অন্যান্য পাশ্চাত্য দেশগুলোয় গ্রাহকদের থেকে নৈতিকতা আর বাচ্চাদের স্বাধীন করে তোলায় তাঁদের ইতিবাচক প্রতিক্রিয়ার কল্পনাও করিনি।"

"পরের দিন, আমি নূতন দিল্লী ফিরে আসার পরে জার্মানীর সেই সব বন্ধুদের এই চ্যালেঞ্জ জানাই... যাঁরা আমাদের বেশ কিছু প্রোগ্রামকে সমর্থন জানিয়েছিলেন। সবার প্রথমে আমি স্টুটগার্টে রেনর ক্রুসের সাথে যোগাযোগ করি। উনি অত্যন্ত উৎসাহিত... কিন্তু সতর্কও ছিলেন। শেষে 1990 সালে আমরা এই আহ্বাণের সাথে 'কার্পেট কনজ্যুমার্স ক্যাম্পেন' (রগমার্ক) শুরু করতে সফল হয়ে উঠি যে, লোকেরা সেই কার্পেটই কিনবেন... যেটার সাথে এমন গ্যারান্টী দেওয়া হবে যে, সেই কার্পেট তৈরী করার কাজে বাচ্চাদের ব্যবহার করা হয়নি। আশ্চর্যজনক রূপে আমাদের এই অভিযান জঙ্গলের দাবানলের মত চার দিকে ছড়িয়ে পড়তে লাগল। সবাই সমাধানের ব্যাপারে জানতে চাইছিলেন। আমি সেই অসংখ্য লোকেদের প্রতি আন্তরিক ভাবে কৃতজ্ঞ... যাঁরা 'রগমার্ক'-য়ের ডিজাইন বিকশিত করতে, কার্পেটগুলোর ওপরে সম্পূর্ণ দৃষ্টি রাখতে আর 'রগমার্ক' লেবেলিং প্রণালী চালু করতে আমাদের সহায়তা করেছিলেন আর শেষ পর্যন্ত ভারতে 'রগমার্ক'-য়ের জন্ম হল। পরে এটা নেপালেও গড়ে ওঠে আর এখন পাকিস্তানেও 'রগমার্ক'-য়ের অস্তিত্ব রয়েছে।"

"রগমার্ক' হচ্ছে এমন এক ব্যবস্থা আর এমন এক অদ্ভূত প্রচেষ্টা... যেটা শিশু-শ্রম মুক্ত কার্পেট ব্যবসাকে উৎসাহ প্রদান করে, সেটার ওপরে নিয়ন্ত্রণ আর নজর রাখে, ব্যবসা সংবর্দ্ধন করে। এই অদ্ভূত আন্দোলন কার্পেট ব্যবহারকারীদের জাগরুক করে তোলার সাথে-সাথে তাঁদের শিশু-শ্রম মুক্ত কার্পেটের বিকল্পের ব্যাপারেও পরামর্শ দেয় এবং শিশু-শ্রম থেকে মুক্ত করানো শৈশবের সংরক্ষণ আর শিশু-শিক্ষা সুনিশ্চিত করে তুলে হাজার-হাজার প্রাপ্তবয়স্কদের জন্য উপার্জনের সুযোগও সৃষ্টি করে।"

"কার্পেট শিল্পে শেকড় পর্যন্ত ছড়িয়ে থাকা সমস্যার একমাত্র সমাধান 'রগমার্ক' নয়। এটা নিশ্চিত রূপে এই শিল্পে শিশু-শ্রমের খারাপ পক্ষটাকে কমিয়ে নিয়ে আসার এখনও পর্যন্ত করা সব থেকে কার্যকরী প্রচেষ্টাগুলোর মধ্যে একটা... যেটা কার্পেট ব্যবসাকে উৎসাহ প্রদান করার সাথে-সাথে এই শিল্পে সফল পুনর্বাস মডেলকেও উৎসাহ প্রদান করেছে। এর মধ্যে এতটা ক্ষমতা রয়েছে যে, এই মডেলকে অন্য আরও বেশ কিছু শিল্প আর দেশে পুনরাবৃত্তি করা যেতে পারে।"

শিক্ষার ওপরে বিশ্ব সম্মেলন ঃ

নূতন দিল্লীতে আয়োজিত শিক্ষার ওপরে সম্মেলনের উদ্‌ঘাটন উপলক্ষে 13 ফেব্রুয়ারী, 2001 কৈলাশ সত্যার্থী বলেন – "আজ আমরা এখানে বিকাশের নতুন কোন মডেলের আবিস্কার, প্রস্তুতি বা দুনিয়ার দিকে মুখ বেঁকিয়ে এগিয়ে আসতে থাকা কোন প্রাকৃতিক বিপর্যয়ের ব্যাপারে আলোচনা করার জন্য একত্রিত হইনি। আমরা এখানে 50 বছর আগে আন্তজার্ত্তিক স্তরে স্বীকার্য এবং সুনিশ্চিত বুনিয়াদী মানবাধিকারের খোলাখুলি উল্লংঘনের ওপরে প্রশ্ন তোলার জন্য একত্রিত হয়েছি। বিনা পয়সায় অনিবার্য শিক্ষার অধিকারের গ্যারান্টী আমাদের সার্বভৌমিক মানবাধিকারের ঘোষণায় প্রদান করা হয়েছিল। সেই থেকে আজ পর্যন্ত এই অধিকারকে বার-বার মান্যতা প্রদান করা হয়েছে এবং সংযুক্ত রাষ্ট্র সঙ্ঘের বিভিন্ন সম্মেলন আর ঘোষণাপত্রে বার-বার সেই ব্যাপারে প্রতিশ্রুতিও দেওয়া হয়েছে! আমরা এই মামলায় কেবল নিজেদের নেতাদের মনোভাব আর দায়িত্বের পরীক্ষণই করব না... বরং এই অবস্থা থেকে বার হওয়ার এবং তাঁদের মনোভাবে পরিবর্তন নিয়ে আসার নতুন আর প্রভাবশালী রণনীতির ওপরেও বিচার-বিবেচনা করে দেখব। আমাদের সবার এখানে উপস্থিত থাকাটাই গোটা দুনিয়ার পক্ষে এই জিনিষটার প্রমাণ যে, এবার আমরা আর বেশী অপেক্ষা করব না।"

"যুগ-যুগ ধরে শিক্ষার বেশ কিছু স্বরূপের কল্পনা করা হয়েছে, যেমন – কোথাও একে ধার্মিক সংস্থানগুলো দ্বারা চালানো সেবা বলে মনে করা

হয়েছে... তো কোথাও ধনী ব্যক্তিদের দ্বারা করা মানবতার কাজ। সরকার শিক্ষাকে কেবল জন-কল্যাণের জন্য পরিস্কার-পরিচ্ছন্নতা, টীকাকরণ, সড়ক নির্মাণ বা জলাপূর্তির মত প্রকল্প হিসেবেই মনে করে এসেছে। সমাজসেবী সংগঠনগুলোর কাছে এটা এক প্রকল্প হয়েই ছিল। অর্থশাস্ত্রীদের কাছে এটা ছিল এক লাভজনক নিবেশ। প্রকল্প প্রস্ত্ততকারীরা একে জনসংখ্যা নিয়ন্ত্রণের ভালো মাধ্যম বলে মনে করেছেন। শিক্ষাবিদ আর অনুসন্ধানকারীরা এটাকে এক রোচক বিষয় হিসেবে দেখতে পেয়েছেন।"

"কিন্তু আপনারা কোন বাচ্চাকে প্রশ্ন করুন... যে সব কিছু থেকে শিখতে চায়। কোন ছবি থেকে... কোন বস্তু থেকে আর এমন কি কোন খেলনা থেকেও। শেখা আর শেষে শিক্ষা হাসিল করা সেই বাচ্চাটার জন্মগত অধিকার। তাকে তার সেই অধিকার থেকে বঞ্চিত করে রাখার দোষী যেই হোন্ না কেন – তা তিনি সেই বাচ্চাটার অভিভাবক হোন্, সমুদায় হোক্ বা সেই বাচ্চাটার দেশও যদি তাকে তার সেই অধিকার থেকে বঞ্চিত করে রাখার কাজ করে – যেই এই অপরাধের জন্য দায়ী হবে... সেই সেই বাচ্চাটার অধিকারের হনন করার অপরাধী হবে।"

"সুবে সিং আর ওর 14 বছরের মেয়ে গুলাবোর কাছে শিক্ষার অর্থ জীবন আর স্বাধীনতা ছিল। সুবে সিং বন্ধুয়া মজদুরের রূপে বহু বছর ধরে এক ইঁট ভাঁটায় কাজ করছিল আর তাকে ঠিক কোন জানোয়ারের মতই সপরিবারে কেনা-বেচা হত। গুলাবোর জন্ম আর পালন-পোষণও এক গোলামের মতই হয়েছিল এবং ভয়ানক অভাব আর জবরদস্ত কু-পোষণের কারণে ওর টি. বি. রোগ হয়ে পড়ে। ওদের সবাইকে শারীরিক-মানসিক যন্ত্রণা, গালাগালি আর মারপিট সহ্য করতে হত এবং প্রায়ই মহিলাদের যৌন উৎপীড়নও করা হত। ওদের কখনো পারিশ্রমিক দেওয়া হত না। ওদের অত্যন্ত নিম্ন শ্রেণীর আধসেদ্ধ খাবার খাইয়ে কেবল জীবিত রাখা হত।"

"আজ থেকে কয়েক বছর আগে সুপ্রীম কোর্টের সহায়তায় আমি এক গোপন হানার পরে সুবে সিং, ওর পরিবার এবং আরও 27-জন অন্য লোকেদের মুক্ত করাতে সফলতা প্রাপ্ত করি।"

"আমি যখন ওদের নিজের অফিসে নিয়ে আসি... তখন সুবে সিং-য়ের মেয়ের শারীরিক অবস্থা অত্যন্ত খারাপ হয়ে পড়ে আর ও আমার কোলেই শেষ নিঃশ্বাস ত্যাগ করে। ওর মুখ থেকে বেরিয়ে আসা শেষ বাক্য ছিল – "মা ! আমি বেঁচে থাকতে চাই।" পোস্টমর্টেম রুম থেকে সেই মেয়েটির লাশ নেওয়ার জন্য যখন আমার সাথে যাওয়া সুবে সিং-কে কাগজের ওপরে সই করতে বলা হল... তখন ও বলল – "আমি যদি লেখাপড়া জানতাম... তাহলে আমি আর আমার পরিবার কখনো

গোলামী করতাম না আর আমার মেয়েও মারা যেত না।" সুবে সিং বলেছিল যে, ওর মালিক না জানি কোন্-কোন্ কাগজে ওকে দিয়ে টিপ সই করিয়ে এসেছে... যেসব ব্যাপারে সুবে সিং বুঝতেও পারত না। এই কারণে ও আর ওর পরিবার গোলাম হয়েই থেকে গিয়েছিল। সুবে সিং আর গুলাবো এমন লক্ষ-লক্ষ পরিবারের অন্যতম... যারা এই একবিংশ শতাব্দীতেও কেবলমাত্র নিরক্ষরতার কারণে কারও-না-কারও গোলামী করতে বাধ্য হয়ে উঠেছে।"

"এটা এক তথ্য যে, শিক্ষার বিষয়কে সবার প্রথমে আন্তজার্তিক সমুদায় জোমতিয়ে সম্মেলনে, 1990 সালে ওঠানো হয়েছিল আর সেটা গরীবদের প্রতি আমাদের সমাজের সংবেদনহীনতার ব্যাপারে খোলাখুলি ভাবে অনেক কিছুই জানায়। যেমন এটা আমরা সবাই জানি যে, জোমতিয়ে-তে সংযুক্ত রাষ্ট্রের পদাধিকারী আর বিশ্ব স্তরের নীতি-নির্মাতারা একে-অপরের প্রশংসা করেছেন, পরস্পরের সাথে হাত মিলিয়েছেন, পরস্পরের প্রতি হাসি বিনিময় করেছেন আর এক নতুন শ্লোগানের নির্মাণ করেছেন – '2000 সাল পর্যন্ত সবার জন্য শিক্ষা'। ওনারা সংসাধন প্রদান করার, শিক্ষার ওপরে আরও বেশী অর্থ খরচ করার, প্রভাবশালী প্রোগ্রাম তৈরী করার আর সেগুলো চালু করার বড়-বড় প্রতিশ্রুতি দিয়েছিলেন। সেই সময়, 1990 সালে দুনিয়ায় প্রায় 75 কোটি প্রাপ্তবয়স্ক নিরক্ষর ছিলেন... আজ যাঁদের সংখ্যা বেড়ে উঠে 88 কোটি হয়ে পড়েছে। এর সাথে-সাথে স্কুলে যাওয়ার যোগ্য 13 কোটি বাচ্চা শিক্ষা থেকে পুরোপুরি বঞ্চিত... এদের সংখ্যা সেই সময় 10 কোটি ছিল। প্রায় 15 কোটি বাচ্চা, যাদের নাম তো স্কুলে শেখানো হয়েছিল... কিন্তু সাক্ষর হয়ে ওঠার আগেই বিভিন্ন কারণে তাদের পড়াশোনা বন্ধ হয়ে পড়েছিল। দুনিয়ার মোট নিরক্ষরদের মধ্যে দুই-তৃতীয়াংশ হচ্ছেন মহিলা। দুনিয়ায় শিশু-শ্রমিকদের সংখ্যাও বেড়ে উঠে 25 কোটি হয়ে পড়েছে। আমরা এটা জানি যে, এই সব সরকারী পরিসংখ্যান বাস্তব পরিসংখ্যানের থেকে যতটা সম্ভব কম করেই প্রস্তুত করা হয়েছে। এই পরিসংখ্যান শিক্ষা হাসিল করতে না পারা সেই সব লোকেদের কেবল কষ্ট আর যন্ত্রণাই ব্যক্ত করে... এই পরিসংখ্যান মানুষের মূল্য আর তার ক্ষমতার অপব্যয়, তার শোষণের অন্তহীণ কাহিনী এবং তার সাথে হওয়া অন্যায় আর দাসত্বের দম বন্ধ করা পরিবেশকে কখনো ব্যক্ত করতে পারে না। জোমতিয়ে-তে ধনী আর দরিদ্র – দু প্রকারের দেশই নিজেদের দ্বারা করা প্রতিশ্রুতি পালন করতে ব্যর্থ হয়েছে।"

"বন্ধুরা! কোল্ড ওয়ারের পরের দিনগুলোয় আজ গোটা বিশ্ব তিনটি গুরুত্বপূর্ণ পরিবর্তন অনুভব করছে। প্রথম পরিবর্তন – বৈশ্বিক

বাজার আর অর্থব্যবস্হার... যেটা অনুন্নত আর গরীব লোকেদেরকে ধনী লোকেদের হিসেব মত ওঠা-বসা করার জন্য বাধ্য করে তোলে। দ্বিতীয় পরিবর্তন – তথ্য-প্রযুক্তির... যেটা পরিসংখ্যানের আদান-প্রদানের গতি তো বৃদ্ধি করেছে, কিন্তু দুর্ভাগ্যবশতঃ ব্যক্তিদের আর তাঁদের আওয়াজকেও পরিসংখ্যানে বদলে মানবিক অন্তরাত্মাকে এক প্রকারে গায়েবই করে দিয়েছে। এই সব পরিবর্তনের কারণে স্হায়ী বিকাশের অবধারণা, মানবাধিকার এবং গরিমার সংরক্ষণ করাটাও কঠিন হয়ে পড়েছে।"

"তৃতীয় পরিবর্তন হচেছ এক আশার কিরণ... যেটা সামাজিক সংস্হাগুলোর উদয় আর তাদের প্রচেস্টা, বিভিন্ন সংগঠনের জোট, যেমন – 'জুবিলি - 2000', 'গ্লোবাল মার্চ এগেন্সস্ট চাইল্ড লেবার', 'ল্যাণ্ডমাইন মুভমেন্ট' আর 'গ্লোবাল ক্যাম্পেন ফর এডুকেশন'-য়ের গতিবিধিতে দেখতে পাওয়া যাচেছ। আমি এমনটা বলতে বিন্দুমাত্র সংকোচ করব না যে, এখনও পর্যন্ত য়ুনেস্কো-র ভূমিকা সামাজিক সংগঠনগুলোকে যে কোন প্রক্রিয়াকে, বৈশ্বিক প্রচেস্টাকে গতি প্রদান করতে আর বৈঠকগুলোয় গণতান্ত্রিক অংশীদারী সুনিশ্চিত করার মামলায় সন্তুষ্টিজনক নয়। আমি এটাও ঠিক বুঝে উঠতে পারি না যে, যখন তারা অংশ গ্রহণকারীদের কোন বৈঠকের আয়োজন করে... তখন তারা সমাজসেবী সংগঠনগুলোকে সেটার থেকে আলাদা কেন করে রাখে ? !"

"য়ুনেস্কো-র নবীনতম আর্থিক প্রস্তাব অত্যন্ত ভ্রামক এবং অস্পষ্ট। যদিও সেটার উদ্দেশ্য সঠিক আর সংসাধনের বিকাশের ব্যাপারে তাতে অনেক ভালো-ভালো শব্দও রয়েছে... কিন্তু তথ্য-প্রযুক্তি, ঋণ মকুব, বাজেট আর সহায়তায় বৃদ্ধি, পাব্লিক সেক্টর আর সামাজিক সংগঠনগুলোর যোগদান দ্বারা ঠিক কি ভাবে এর ওপরে কাজ করা হবে – সেটা স্পষ্ট নয়।"

"সরকার সর্বদাই সংসাধনের অভাবের অজুহাত দেখাতে থাকে। কুলীন শাসকেরা দারিদ্রতাকে সব জায়গায় এক ভালো অজুহাতের মত ব্যবহার করতে শিখে নিয়েছে। আসলে দারিদ্রতার কারণে অশিক্ষার সৃষ্টি হয় না... বরং দারিদ্রতা অশিক্ষা থেকেই সৃষ্টি হয়। আমাদের নিজেদের বর্তমান মানসিকতার পরিবর্তন করতে হবে। আমি এটা ঠিক বুঝে উঠতে পারি না যে, এত বেশী অর্থ খরচ করার পরেও শিক্ষাকে কেন সবার নাগালের বাইরের জিনিষ বলা হয়... যখন কি শিক্ষা সকলের মূলভূত অধিকারগুলোর অন্যতম হয়। এমনটা অন্য আরও সব মূলভূত অধিকারগুলোর ক্ষেত্রে হয় না, যেমন – বেঁচে থাকার অধিকার, স্বাধীনতার অধিকার এবং সমানতার অধিকারের ক্ষেত্রে এমনটা কখনো

হয় না। শিক্ষা জ্ঞানের ওপরে আধারিত অর্থব্যবস্থায় সম্পন্নতার আধার হয়... শিক্ষা বিকেন্দ্রীকরণ আর গণতন্ত্রীকরণ দ্বারা সুশাসনে পারদর্শিতা আর সহভাগীতা নিয়ে আসে... প্রাকৃতিক বিপর্যয়ের মোকাবিলা করে, আর্থিক শোষণকে বাধা প্রদান করে, কর্মচারীদের মধ্যে সৌদাবাজীর ক্ষমতা, লৈঙ্গিক সমানতা আর সামাজিক ন্যায়ের সুযোগের বৃদ্ধি করে। শিক্ষা শিশু-শ্রম সমাপ্ত করার আর শিশু-অধিকার সুনিশ্চিত করার সব থেকে প্রভাবশালী সাধন। শিক্ষা লোকেদের ভেতরকার ক্ষমতাকে ফুটিয়ে তুলে তাঁদের দারিদ্রতা থেকে মুক্ত করতে সহায়তা করে। অশিক্ষিত লোকেদের পেরু আর ভিয়েতনামের মত দেশগুলোয় দারিদ্রতা সীমার নীচে বসবাস করার দ্বিগুণ সম্ভাবনা রয়েছে। শিক্ষিত মজদুরদের বেশী পারিশ্রমিক আর কৃষকদের ফসলের সঠিক মূল্য পাওয়াটা সহজ হয়ে ওঠে। মহিলাদের শিক্ষা প্রতি বছর 05 বছরের কম বয়সের 12 কোটি বাচ্চাদের মৃত্যুর সংখ্যাকে দ্রুত নিয়ন্ত্রণে নিয়ে আসতে পারে। শিক্ষা থেকে বঞ্চিত বাচ্চারা ভবিষ্যত সমাজের পক্ষে গুরুতর ঝুঁকি হয়ে উঠতে পারে। এই প্রকারে যেসব দেশে অশিক্ষা আর দারিদ্রতা থাকবে... সেই সব দেশ বিশ্ব-শান্তির পক্ষে সব থেকে বড় ঝুঁকি হয়ে উঠতে পারে।"

"যখন পড়াশোনা করার সুযোগ এল... তখন কালু নিজের যোগ্যতার প্রদর্শন করল আর প্রতি বছর ক্লাসে প্রথম স্থান অধিকার করল। শেষে ও যখন তৎকালীন আমেরিকান রাষ্ট্রপতি বিল ক্লিন্টনের সাথে দেখা করার সুযোগ পেল... তখন কালু বড়ই সহজতার সাথে বিল ক্লিন্টনকে বলল – "আপনি দয়া করে আমার মত বাচ্চাদের বাঁচান।" এই শুনে বিল ক্লিন্টন দুঃখ প্রকাশ করে বললেন – "আমি তো আর মাত্র কয়েক মাসের জন্য রাষ্ট্রপতি থাকব।" চতুর কালু তৎক্ষনাত জবাব দিল – "স্যার! শিক্ষার জন্য কাজ করতে হলে এটা মোটেই জরুরী নয় যে, আপনাকে আমেরিকার রাষ্ট্রপতিই হতে হবে। যে কোন পদমর্যাদার যে কোন ব্যক্তি এই কাজ করতে পারেন।"

বাচ্চাদের সাথে সম্বন্ধিত যন্ত্রণা আর হিংসার বিভিন্ন রূপের ওপরে, 28 নভেম্বর, 2001 ফিনল্যাণ্ডে আয়োজিত আন্তর্জার্তিক সম্মেলনে কৈলাশ সত্যার্থী বলেন – "এখনও পর্যন্ত শিশু-দাসত্বের ব্যাপারে অনেক কিছু বলা হয়েছে এবং সাহিত্য আর আইনের পুস্তকগুলোয় অনেক কিছু লেখাও হয়েছে। রাষ্ট্রীয় এবং আন্তর্জার্তিক মঞ্চে রাজনৈতিক নেতারা অনেক প্রতিশ্রুতিও দিয়েছেন। কিন্তু এমনটা কি কেউ বলতে পারেন যে, শিশু-দাসত্ব সমাপ্ত হয়ে পড়েছে! মালিকদের লোভ এবং আইন তৈরী করা আর সেগুলো পালন করা লোকেদের বেপরোয়া মনোভাবের কারণে শিশু-দাসত্ব আজও অস্তিত্বমান হয়ে রয়েছে আর শিশু-বিরোধী অনেক

স্বরূপে সেটাকে সংরক্ষণ আর উৎসাহও প্রদান করা হচ্ছে। কোন বাচ্চা যখন দাসত্বের দুনিয়ায় প্রবেশ করে... তখন মানবতার মাথায় আরও একটা দাগ লেগে যায় – আসলে মানবতার ভবিষ্যতের বিরুদ্ধে আরও একটা অপরাধ সহ্য করে নেওয়া হয়।"

উনি বলেন – "আমার কাছে শিশু-যন্ত্রণার অর্থ হচ্ছে কোন বাচ্চার মুখের হাসি আর তার শৈশবের সাথে হতে থাকা কোন প্রকারের অত্যাচার এবং কখনো-কখনো এটা অদৃশ্য রূপে কোন বাচ্চার ক্ষমতা, সম্মান আর তার অধিকার সমাপ্ত করার কারণ হয়ে ওঠে। এটা কোন ছোটখাটো চ্যালেঞ্জ নয়। লোভের কারণেই গোলামীর কারবার ফুলে-ফেঁপে ওঠে। আপনারা এটা জেনে অবাক হয়ে উঠবেন যে, মানব-তস্করীর কারবার গোটা দুনিয়ায় 05 থেকে 07 বিলিয়ন ডলারের। প্রায়ই যেসব অফিসারদের ওপরে মহিলা আর বাচ্চাদের সুরক্ষা প্রদান করার দায়িত্ব থাকে... তাঁরাই এই ধান্ধা থেকে মুনাফা কামাতে থাকেন। সংগঠিত অপরাধও এই ক্ষেত্রে বিরাট বড় ভূমিকা পালন করে। যদিও মাদক পদার্থ আর হাতিয়ারের তস্করীকে এই ধান্ধার কারণে বিরাট বড় চ্যালেঞ্জের মখোমুখি হতে হয়।"

উনি আরও বলেন – "এই তো কিছুদিন আগের কথা! আমি এক দল বাচ্চাদের সাথে ছিলাম... যাদের মধ্যে কেউ-কেউ দাসত্বের জীবন কাটিয়েছে। যারা এই নিষ্ঠুর দিল্লীতে 18 বছর পর্যন্ত বয়সের বাচ্চাদের বুনিয়াদী অধিকারের রূপে গুণবত্তাপূর্ণ শিক্ষাকে প্রদান করার জন্য দেশের সংবিধানে সংশোধন করানোর জন্য একের-পর-এক সকল সাংসদদের দরজায় কড়া নেড়েছিল। আশরফ আর শৈলও বাচ্চাদের এই দলের মধ্যে ছিল। 10 বছরের আশরফকে, আজ থেকে 04 বছর আগে, যখন ওর বয়স মাত্র 06 বছর ছিল... সেই সময় আমাদের সংগঠন 'সাউথ এশিয়ান কোয়ালিশন অন্ চাইল্ড সর্ভিটুড' এক সরকারী অফিসারের বাড়ী থেকে মুক্ত করিয়েছিল। ওকে এক দালালের মাধ্যমে ঘরোয়া চাকরের রূপে বাড়ীর ছোট-ছোট বাচ্চাদের দেখাশোনা করার জন্য কাজে রাখা হয়েছিল। কাজে রাখার সময় ওর মা-বাবাকে এমনটা বলা হয়েছিল যে, গৃহকর্তার বাচ্চাদের সাথে আশরফকেও স্কুলে পাঠানো হবে আর পড়াশোনা শেষ করার পরে ওকে কোন ভালো সরকারী চাকরীও প্রদান করা হবে। কিন্তু এত কিছু সত্ত্বেও আশরফকে দিয়ে সকল প্রকারের ঘরোয়া কাজ, যেমন – এঁটো বাসন মাজা, জামা-কাপড় কাচার মত মুশ্কিল কাজগুলো করানো হত। ওকে মাসের-পর-মাস বাড়ীর বাইরে আসা-যাওয়া করতে দেওয়া হত না আর বাড়ীর লোকেরা কখনো বাড়ীর বাইরে গেলে ওকে বাড়ীর মধ্যে তালা মেরে রাখা হত।"

"এক দিন বেচারী গরীব আশরফ অসুস্থ হয়ে পড়ল আর নিজের কাজ করতে পারল না। শাস্তি স্বরূপ ওকে পুরো দিন ক্ষুধার্ত অবস্থায় রাখা হল। রাতে ওর হাতে এক গ্লাস দুধ তুলে দেওয়া হল। পান করার জন্য নয়... বরং মালিকের ছোট ছেলেকে দিয়ে আসার জন্য। মালিকের ছোট ছেলে দুধ পান করে নেওয়ার পরে গ্লাসের তলায় পড়ে থাকা কয়েক ফোঁটা দুধ আশরফ এই ভেবে শেষ করে দিল যে, কেউ হয়তো দেখতে পাচ্ছে না... কিন্তু ও এতটা সৌভাগ্যবান ছিল না। মালিকের কানে খবরটা ঠিক পৌঁছে গেল। রেগে উঠে ওর মালিক আর মালিকের পত্নী ওকে শাস্তি দেওয়ার জন্য ওর দুটো হাত বেঁধে ওকে টানতে-টানতে রান্নাঘরে নিয়ে গেল... যেখানে গ্যাস জ্বলছিল। ওরা দুজন জ্বলন্ত গ্যাসের ওপরে আশরফের হাত ঝলসিয়ে দিল। এতেও ওদের মন ভরল না... যেন এতটা শাস্তি পর্যাপ্ত ছিল না – তাই ওরা একটা লোহার রড আগুনে পুড়িয়ে গরম করে সেটা দিয়ে আশরফের মুখ আর পিঠ পুড়িয়ে দিল। বেচারা আশরফ চিৎকার করতে লাগা, তারস্বরে কাঁদতে লাগল... শেষে চিৎকার করে-করে ও বোবা হয়ে গেল... কিন্তু কেউ ওর সহায়তায় এগিয়ে এল না।"

"আমি যখন এই ব্যাপারে জানতে পারলাম... তখন আমি ওকে সেই সরকারী অফিসারের বন্দীদশা থেকে মুক্ত করিয়ে পুলিশের কাছে নিয়ে আসি... কিন্তু পুলিশ কোন বড় সরকারী অফিসারের বিরুদ্ধে আমাদের অভিযোগ শুনতে যাবে কেন ? শেষে আমরা রাষ্ট্রীয় মানবাধিকার কমিশনে এই মামলার ব্যাপারে অভিযোগ দায়ের করি আর সেই সরকারী অফিসারের বিরুদ্ধে আইনী ব্যবস্থা নেওয়া শুরু করাই। এই প্রকার শৈল 14 বছরের এক মেয়ে ছিল আর ও স্বাধীনতার অর্থ সেই সময় বুঝতে পেরেছিল... যখন আদালত আদেশ দেওয়ার পরে আমরা ওকে এক পাথর খনি থেকে মুক্ত করিয়েছিলাম।"

"শৈলের জন্ম হওয়ার আগে অর্থাৎ আজ থেকে 14 বছর আগে ওর মাতা-পিতাকে মধ্য প্রদেশ থেকে হরিয়াণায় স্মাগল করে দেওয়া হয়েছিল। ওনারা দুজনেই বন্ধুয়া মজদুর ছিলেন আর নামমাত্র মজদুরীর বিনিময়ে ওনারা সেখানে বছরের-পর-বছর কাজ করে চলেছিলেন। ওনাদেরও কোথাও যাওয়া-আসা করার অনুমতি ছিল না। 07 - 08 বছর বয়স থেকে শৈল-ও বিনা মজদুরীতে পাথর ভাঙার কাজ শুরু করে। 13 বছর বয়স হওয়া পর্যন্ত বাইরের দুনিয়ার সাথে শৈলের কোন সম্পর্কই ছিল না। হঠাৎই একদিন ওর মালিক ওকে নিজের আত্মীয়দের হাতে সঁপে দেয়... যারা সেই ছোট্ট-সরল-অসহায় মেয়েটির যৌন শোষণ করে। সরল শৈল এতটা মানসিক আঘাত পেয়েছিল যে, এই দুনিয়ার প্রতিটি পুরুষের

প্রতি ওর ভেতরে ঘৃণার সৃষ্টি হয়ে পড়েছিল। আমার সাথীদের আর আমার ওপরে বিশ্বাস করে আমাদের নিজের করুণ কাহিনী শোনাতেও ওর বেশ কয়েক মাস সময় লেগেছিল। সেই মুহূর্তটা আমার কাছে এক মহান মুহূর্ত ছিল... যখন সেই বাচ্চাটা আমাকে এমন প্রশ্ন করেছিল – "আমি কি এখনও বাচ্চা আছি, কাকু ?" আমি যখন ওকে এমনটা বলি – "হ্যাঁ... তুমি এখনও বাচ্চাই আছো।" তখন আমার কথা শুনে যেন ওর হারানো খুশী ফিরে এল। ও আমাকে জড়িয়ে ধরল আর অনেকক্ষন পর্যন্ত আনন্দে হাসতে লাগল... এদিক-ওদিক লাফাতে লাগল।" কৈলাশ সত্যার্থী আরও বলেন – "শিশু-দাসত্ব বেশ কয়েক প্রকারের হয় এবং কেবল ভারত আর এশিয়ার দেশগুলোই নয়... পৃথিবীর আরও অনেক অংশে, যেমন – আফ্রিকা আর ল্যাটিন আমেরিকাতেও এর বেশ কিছু রূপ দেখতে পাওয়া যায়।"

উনি বলেন – "বন্ধুয়া মজদুর কেবল দক্ষিণ এশিয়াই নয়... বরং সমগ্র দুনিয়ার দক্ষিণ অংশে এক অত্যন্ত সাধারণ ব্যাপার। বন্ধুয়া মজদুরী দু প্রকারের হয়। একটা হচেছ সেটা, যেটায় জমিদার আর মালিকদের থেকে অভিভাবক বা পরিবারের পুরুষদের দ্বারা নেওয়া ঋণ মেটা পর্যন্ত তারা অনির্দিষ্ট সময়ের জন্য বন্ধুয়া মজদুরের রূপে কোন প্রকারের মজদুরী ছাড়াই কাজ করার জন্য রাজী হয়ে পড়ে। এই ব্যবস্হায় যদি ঋণ না মেটে... তাহলে সেই পরিবারে জন্ম নেওয়া বাচ্চারাও ঋণ দেওয়া ব্যক্তির ইচ্ছানুসার বন্ধুয়া মজদুরী করে। কিছু-কিছু মামলায় কোন পরিবার ঋণ নেওয়ার সময় ঋণ না মেটা পর্যন্ত নিজেদের বাচ্চাদের বন্ধক রেখে দেয়। বেশীর ভাগ মামলায় এই সব মজদুরদের আমদানী এতটাই কম হয় যে, তারা ঋণ হিসেবে নেওয়া অর্থের সুদই নিজেদের সারাটা জীবন ধরে মেটাতে পারে না আর তার বদলে তাদের বা তাদের বাচ্চাদের প্রজন্মের-পর-প্রজন্ম ধরে বন্ধুয়া মজদুরের রূপে কাজ করে চলতে হয়।"

"দ্বিতীয় প্রকারের বন্ধুয়া মজদুরী হচেছ পারম্পরিক বন্ধুয়া মজদুরী। এই মামলায় যদি কোন জনজাতি, জাতি অথবা সমুদায়ে কোন বাচ্চা, বিশেষ করে কোন মেয়ের জন্ম হয়... তাহলে তাকে নিজের মালিকের কাছে বিনা পারিশ্রমিকে বন্ধুয়া মজদুরের রূপে কাজ করতেই হয়।" উনি আরও বলেছেন – "এই বন্ধুয়া মজদুরী ব্যবস্হা বিশেষ করে দক্ষিণ এশিয়ার কৃষক শ্রেণীর মধ্যে দেখতে পাওয়া যায়। যেখানে ভূমিহীন মজদুরেরা জমিদারের থেকে টাকা-পয়সা ধার নিয়ে জীবন যাপন করে আর তাদের ওপরে সুদের বোঝা এতটা বেড়ে ওঠে যে, তারা সারাটা জীবন ধরেও সেই ঋণ মেটাতে পারে না। এই সব লোকেদের ন্যুনতম মজদুরীও প্রাপ্ত হয় না আর কখনো-কখনো তাদের কিছুটা শস্য ছাড়া

আর কোন মজদুরী দেওয়া হয় না। এর থেকে এটা অত্যন্ত স্পষ্ট হয়ে ওঠে যে, তারা বন্ধুয়া মজদুরী থেকে কোনদিনও মুক্ত হতে পারে না। নিজেদের পরিবারে অসুস্থতা, জন্ম-মৃত্যু আর বিবাহ উপলক্ষে এই সব লোকেরা আরও বেশী অর্থ, ঋণের রূপে নেয় আর এর ফলে তাদের সমস্যা ক্রমশঃ বেড়েই চলে।"

"বেশীর ভাগ মামলায় এমনটা দেখতে পাওয়া গেছে যে, বন্ধুয়া মজদুরীতে লেগে থাকা নিরক্ষর পরিবারগুলো দ্বারা মালিকদের থেকে ঋণ নেওয়ার সময় তাদের দিয়ে সাদা কাগজে টিপসই করিয়ে নেওয়া হয়... যেটার উপযোগ মালিকেরা যে কোন সময় যে কোন প্রকারে করে নেয়। বন্ধুয়া মজদুরীর অন্ধকার সুড়ঙ্গে জীবন কাটাতে থাকা অভাগা পরিবারগুলো অত্যন্ত অসহায় হয়। তাদের নিজস্ব কোন পরিচিতি থাকে না। আইনী ব্যবস্থা গ্রহণ করার সময় বন্ধুয়া মজদুর হিসেবে সেই পরিবারের প্রধানকেই মানা হয় আর আইন এটা কখনোই বুঝে উঠতে পারে না যে, সেই পরিবারের বাচ্চাদেরও বন্ধুয়া মজদুরের মতই ব্যবহার করা হচ্ছিল।"

উনি বলেন – "শিশু বেশ্যাবৃত্তি শিশু-শ্রমেরই এক বিগড়ে ওঠা স্বরূপ হয়... যেটা বেশ কিছু দেশ, যেমন – দক্ষিণ-পূর্ব এশিয়া, পশ্চিম এশিয়া, পূর্ব ইউরোপ আর মধ্য আমেরিকায় ব্যাপক স্তরে ব্যাপ্ত হয়ে রয়েছে। এই মামলায় বেশীর ভাগ মেয়েদের আর অনেক বার কম বয়সের ছেলেদেরও অপহরণ করে তাদেরকে দালালদের মাধ্যমে বেচে দেওয়া হয়। মানব তস্করীতে লেগে থাকা লোকেদের এই প্রকার লাভ আর অফিসারদের সহযোগ প্রাপ্ত হয় যে, বাচ্চাদের পক্ষে এই ব্যবসা থেকে বেরিয়ে পালানো প্রায় অসম্ভব হয়ে ওঠে।" কৈলাশ সত্যার্থী দেহ ব্যবসার ধান্ধায় ফেঁসে থাকা বাচ্চাদের করুণ কাহিনী শুনিয়ে বলেছেন – "যৌন ব্যবসায় মালিক আর গ্রাহকদের সাথে সহযোগ না করলে এই সব বাচ্চাদের অনেক প্রকারের প্রতাড়না, সকল প্রকারের শারীরিক যাতনা আর অন্য আরও কয়েক প্রকারে কষ্ট দেওয়া হয়। বাচ্চাদের জানোয়ারের মত খাঁচায় আটকে রাখা হয়। তারা অসুস্থ হলেও, তাদের এক দিনে একাধিক গ্রাহকদের সন্তুষ্ট করে তোলার জন্য বাধ্য করা হয়। তাদের প্রচণ্ড মারধোর করা হয়, আগুনে পোড়ানো হয়, গরম লোহার রড দিয়ে তাদের শরীরে মালিকদের পরিচিতি-চিহ্ন এঁকে দেওয়া হয় আর অনেক বার তো জ্বলন্ত সিগারেট দিয়ে তাদের গুপ্তাঙ্গে ছ্যাঁকাও দেওয়া হয়। তাদেরও ক্ষুধার্ত অবস্থায় ফেলে রাখা হয় আর এক জায়গা থেকে অন্য জায়গায় নিয়ে গিয়ে জন্তু-জানোয়ারের মত বিক্রী করে দেওয়া হয়।"

ভারতের মতই সমগ্র দক্ষিণ গোলার্দ্ধে সংগঠিত ভিক্ষাবৃত্তি শিল্পের ব্যাপারে চমকে দেওয়ার মত তথ্য প্রদান করে উনি বলেন –"বন্ধুয়া শিশু

ভিক্ষাবৃত্তিতে লাগানো বাচ্চাদের শরীরের অঙ্গগুলোকে অকল্পনীয় যন্ত্রণা দিয়ে এতটা বিকৃত করে দেওয়া হয় যে, কঠোর থেকে কঠোরতম হৃদয়ের ব্যক্তিও সেই সব ছোট বাচ্চাদের ওপরে দয়ায় ভরে ওঠেন আর তাদেরকে ভিক্ষা না দিয়ে থাকতে পারেন না। এই সব বাচ্চাদেরও সমস্ত প্রকারের যন্ত্রণা সহ্য করতে হয়। আমরা পশ্চিম বাংলা আর পূর্ব ভারতের বেশ কিছু সদূর রাজ্যগুলো থেকে সৌদী আরবে পাঠানো বাচ্চাদের মামলা উঠিয়েছি। এদের হাত আর পা বিকৃত করে দেওয়া হয়েছিল এবং তাদেরকে সকাল থেকে সন্ধ্যা পর্যন্ত রাস্তায় ভিক্ষাবৃত্তি করার জন্য বাধ্য করে তোলা হত। এই সব বাচ্চাদের দৈনন্দিন আমদানী তাদের নিয়ন্ত্রণ করতে থাকা চক্রের লোকেদের পকেটে যেত। যদি কোন বাচ্চা সারা দিনে নির্দিষ্ট অর্থ জমা করাতে না পারত... তাহলে তাকে ক্ষুধার্ত অবস্থায় রেখে আর শারীরিক শোষণ করে শাস্তি দেওয়া হত। বাচ্চারা যখন নিজেদের অভিভাবকদের কাছে যাওয়ার জন্য কান্নাকাটি করত... তখন তাদের দড়ি দিয়ে বেঁধে ঘরের সিলিং থেকে উল্টো ঝুলিয়ে দেওয়া হত। ভিক্ষা দেওয়া ব্যক্তির সহানুভূতি অর্জন করার জন্য এই সব বাচ্চাদের প্রচণ্ড শীতের রাতেও অর্দ্ধনগ্ন করে রাখা হত। কেউ যদি এই সব বাচ্চাদের দেখে তাদের কোন কাপড় বা কম্বল দিত... তাহলে চক্রের লোকেরা সেটা তৎক্ষনাত ছিনিয়ে নিত। মামুলী অপরাধ আর মাদক পদার্থের তস্করীতে বাচ্চাদের ব্যবহার এখনও করা হচেছ। বাচ্চারা যদি ঠিক ভাবে কাজ না করে... তাহলে মালিক তাদের কঠোর শাস্তি দেয়। পুলিশের হাতে ধরা পড়লেও বাচ্চাদের অবস্থা অত্যন্ত খারাপ হয়ে ওঠে। পুলিশ দ্বারা গ্রেপ্তার হওয়ার পরেও এমন বাচ্চারা মুক্তি পায় না... কারণ পুলিশ লক্ আপে বা জেলে তাদেরকে পুরোন দাগী কয়েদী আর অপরাধীদের দ্বারা যৌন শোষণের হাত থেকে বাঁচানো সম্ভব হয় না।"

"মাদক পদার্থের তস্করীতে তো এই সব বাচ্চাদের নিজেদের দল, পুলিশ আর প্রশাসনের হাতেই নয়... বরং বিরোধী দলের লোকেদের হাতে ধরা পড়লেও জীবিত অবস্থাতেই নরক যন্ত্রণা ভোগ করতে হয়। মধ্য-পূর্বে উটের দৌড় খেলায় ছোট-ছোট বাচ্চাদের উটেদের পিঠে বসানো হয়। আজ থেকে কয়েক বছর আগেই আমাদের সংগঠন বাংলাদেশের বাচ্চাদের এক সমূহের মামলা উঠিয়েছিল... যারা মধ্য-পূর্ব থেকে ফিরছিল। 07 বা 08 বছরের মেয়ে সিরী-কে বাড়ীতে দাসত্ব করার জন্য স্মাগল করা হয়েছিল। ও আমাকে এমনটা জানিয়েছিল যে, ও উটের দৌড়ের সময় উটের পিঠে বাঁধা নিজের ভাই-য়ের মৃত্যু হতে নিজের চোখে দেখেছিল। সেই অত্যন্ত দুঃখকর দৃশ্যটার কথা স্মরণ করে ও আমাকে জানিয়েছিল যে, কি ভাবে উটেদের জোরে ছোটানোর জন্য ছোট-ছোট বাচ্চাদের ব্যবহার

করা হত। উট যখন তীব্র গতিতে ছুটত... তখন উটের পিঠে বসে থাকা ছোট-ছোট বাচ্চারা ভয় পেয়ে চেঁচাতে থাকত আর বাচ্চাদের চিৎকারে ভয় পেয়ে উট আরও জোরে ছুটত... এতে উটের মালিক অত্যন্ত খুশী হয়ে উঠত। যেসব বাচ্চা এই উটের দৌড়ের সময় জ্ঞান হারিয়ে ফেলত... উট দৌড়ের শৌখীন লোকেরা সেই সব বাচ্চাদের মা-বাবাকে দোষারোপ করত।"

ধর্মের নামে ছোট-ছোট বাচ্চাদের দুরূপযোগের বুকের ভেতরটা কাঁপিয়ে তোলা বাস্তবিকতার ব্যাখ্যা করে উনি বলেন – "কট্টরপন্থী সংস্থানগুলো দ্বারা ধর্মের নামে বাচ্চাদের আতংকবাদের প্রশিক্ষণ আর এই কাজে লেগে থাকা লোকেদের যৌন মনোরঞ্জন ইত্যাদি প্রদান করার প্রচলনও বেশ কিছু দেশে চলছে।"

উনি তালিবানের উল্লেখ করে বলেন – "ছোট-ছোট বাচ্চাদের আতংকবাদীদের গোলামী করার জন্য বাধ্য করে তোলা হচ্ছে আর আতংকবাদী সংগঠনগুলো নিজেদের লক্ষ্যের প্রাপ্তির জন্য এই সব বাচ্চাদের ছোট্ট-ছোট্ট হাতগুলোয় বন্দুক ধরিয়ে তাদের নিষ্ঠুরতার সাথে ব্যবহার করছে। কিছু-কিছু বাচ্চাদের তো সুনিয়োজিত পদ্ধতিতে ব্রেন ওয়াশ করে অত্যন্ত কম বয়সেই তাদের দুর্দান্ত আতংকবাদী বানিয়ে তোলা হয়। এই প্রকারের আরও একটা উদাহরণ হচ্ছে ভারতের দক্ষিণ এবং পশ্চিমের কিছু অংশে প্রচলিত 'দেবদাসী প্রথা'... যাতে ছোট-ছোট বাচ্চা মেয়েদের তাদের ইচ্ছার বিরুদ্ধে বিভিন্ন মন্দিরে দেবতাদের দাসত্ব করার জন্য নিযুক্ত করে দেওয়া হয়। বাস্তবিকতায় সেই সব বাচ্চা মেয়েদের গুরু আর মহন্তদের দ্বারা সেই সব মেয়েদের সারা জীবন যৌন শোষণ করা হয় আর তাদের এক প্রকারে 'শিশু-বেশ্যা'-র রূপে ব্যবহার করা হয়।"

কৈলাশ সত্যার্থী বলেছেন – "এই সব দেবদাসীদেরও সমস্ত প্রকারের যাতনা, মারপিট, শারীরিক আর মানসিক শোষণ এবং ক্ষুধার কারণে প্রায় মৃত্যুর ভেতর দিয়ে যেতে হয়। যদি এই সময় কোন বাচ্চা মেয়ে গর্ভবতী হয়ে পড়ে... তাহলে তার গর্ভপাত করিয়ে তাকে তার বাড়ী ফেরত পাঠিয়ে দেওয়া হয়... যেখানে তাকে সামাজিক বহিস্কার, পারিবারিক তিরস্কার আর পরে বেশ্যা বা ভিখারীর রূপে জীবন কাটাতে এক প্রকারে বাধ্য হতে হয়।"

উনি আরও বলেছেন – "বৈশ্বীকরণের এই যুগে মধ্যবিত্ত শ্রেণীর অত্যন্ত দ্রুত গতিতে উন্নতি করাটা সত্যিই এক বিরাট বড় ঘটনা... যাতে পরিবারের বেশীর ভাগ প্রাপ্তবয়স্ক সদস্যরা উপার্জন করেন আর নিজেদের ঘরোয়া আবশ্যকতার পূর্তি করার জন্য কোন-না-কোন প্রকারে ঘরোয়া সেবকের সন্ধান করতে থাকেন। প্রায়ই বাড়ীতে কাজ করার জন্য

ছোট বাচ্চাদের সব থেকে সস্তা, আজ্ঞাকারী, শারীরিক আর মানসিক রূপে যোগ্য মানা হয়ে থাকে। তাদের শোষণ করা আর তাদের যাতনা দেওয়াটা সহজ হয়। আশরফ সেই সব লক্ষ-লক্ষ বাচ্চাদের অন্যতম... যাদের স্বাভাবিক শৈশব কেড়ে নেওয়া হয়েছে।"

"শিশু-দাসত্বের এই সব বিভিন্ন স্বরূপের মূলে বাচ্চাদের তস্করীর মতও এক ভয়াবহ অপরাধ লুকিয়ে রয়েছে... যেটার ব্যাপারে হয়তো অনেকে কল্পনাও করতে পারেন না। সংযুক্ত রাষ্ট্র সঙ্ঘ 23 আগস্ট দাসত্ব ব্যবসা আর সেটার উম্মূলনের স্মৃতিতে পালন করার ফয়সালা করেছে... কিন্তু এর দ্বারা সেই সব বাচ্চাদের জীবনে কোন পার্থক্যই আসেনি... যারা আজও দেহ ব্যবসা, ঘরোয়া দাসত্ব, জবরদস্তি ভিক্ষাবৃত্তি এবং শোষণের অন্যান্য স্বরূপগুলোর মোকাবিলা করে চলেছে। প্রতি বছর সারা পৃথিবীতে প্রায় 07 লক্ষ লোকেদের তস্করী করা হয়ে থাকে... যাঁদের মধ্যে ছোট বাচ্চাদের সংখ্যা অত্যন্ত বেশী থাকে। আজ এ্যাটলান্টিক মহাসাগরের ওপারে দাসত্বের ব্যবসা প্রাপ্ত পরিসংখ্যান থেকে 10 গুণ বেশী। আমেরিকান সরকারের পরিসংখ্যান অনুসারে যদি মানব-তস্করীর এই হার বজায় থাকে... তাহলে আগামী 10 বছরে আমেরিকায় এত সংখ্যক লোক অবৈধ রূপে প্রবেশ করে যাবে... যতটা গত 400 বছরে প্রবেশ করেনি।"

য়ুনেস্কো প্রমুখ ইরীনা বোকোভা-র সাথে কৈলাশ সত্যার্থী

"বাচ্চারা তস্করদের কাছে সব থেকে সহজ শিকার হয়। গত এপ্রিল মাসে পুরো দুনিয়া সেই সময় বিস্ময়ে হতবাক হয়ে উঠেছিল, যখন পশ্চিম আফ্রিকান সমুদ্রতটে 43 ছোট্ট গোলাম সমেত এক জাহাজকে সুরক্ষা এজেন্সী ধরে ফেলে। দুনিয়ার অনেক দেশে ছোট বাচ্চাদের শরীরের মূল্য সর্বাধিক হয়... কারণ সেটার শোষণ অনেক প্রকারে এবং সহজে করা যেতে পারে। আল্‌বানিয়ার 3,000-য়েরও বেশী বাচ্চাদের কিছুদিন আগে ইটালী আর গ্রীসে স্মাগল করা হয়েছিল... যেখানে তাদের দিয়ে জবরদস্তি ভিক্ষা চাওয়া আর গাড়ী সাফ করার কাজ করানো হয়। প্রতি বছর 05 থেকে 07 হাজার নেপালী মেয়েদের (যাদের মধ্যে কারও-কারও বয়স 09 থেকে 10 বছরও হয়) স্মাগল করে ভারতে দেহ ব্যবসার মণ্ডীতে বেচে দেওয়া হয়। বেনিনের বেশ কিছু অংশে প্রতি 06-জনের মধ্যে 01-জন বাচ্চাকে ঘরোয়া দাসত্ব করে জীবন কাটানোর জন্য বিদেশে পাঠানো হয়। বরাবরের মত লোভ দ্বারাই দাসত্বের এই ব্যবসা চলে।"

উনি বাচ্চাদের শোষণ, তাদের কষ্টদায়ক জীবন আর যাতনার ব্যাপারে বিশ্ব স্তরে আজ পর্যন্ত কোন কার্যকরী পদক্ষেপ না নেওয়ার জন্য দুঃখ প্রকাশ করে বলেছেন – "এই সব কিছু এজন্য চলছে... কারণ আমরা আলোচনা করি, প্রস্তাব পাশ করাই, আমরা সেটাকে মীডিয়ায় ওঠাই আর তারপর আমরা নিজেদের দৈনন্দিন কাজে লেগে পড়ি। গোটা দুনিয়ায় এই ধরণের লজ্জাজনক পরিস্থিতির ওপরে নিয়ন্ত্রণ প্রাপ্ত করার জন্য আমরা কোন কার্যকরী পদক্ষেপ কেন নিই না ? সেটা কি কেবল এজন্য যে, আমাদের কোন তাড়াহুড়ো নেই... কারণ সমস্যার শিকার হয়ে পড়া এই সব বাচ্চারা আমাদের জৈবিক সন্তান নয় ?"

নিজের মার্মিক ভাষণের সমাপন উনি 11 বছরের এক প্রতিভাবান আর স্কুলে যেতে থাকা বাচ্চা প্রদীপের উদাহরণ দিয়ে করে যখন তার কাহিনী শোনান... তখন উপস্থিত সবাই অবাক হয়ে ওঠেন। প্রদীপ ওনারই সংগঠন দ্বারা সঞ্চালিত পুনর্বাস কেন্দ্রগুলোর মধ্যে একটায় থাকে। গত বছর ওকে সেই সময় মুক্ত করানো হয়েছিল... যখন ওকে এক দেবী মন্দিরে বলি দেওয়ার জন্য নিয়ে যাওয়া হয়েছিল। ওর পরিবার আর গ্রামের লোকেদের ওর জন্মের পর থেকেই নানা প্রকারের রোগ আর খরার মোকাবিলা করতে হচ্ছিল। সবাই এমনটা বিশ্বাস করে নিয়েছিল যে, সেই বাচ্চাটা এক খারাপ আত্মা আর সবার ভালোর জন্য বাচ্চাটাকে বলি দেওয়াটা অত্যন্ত জরুরী। যেদিন গভীর রাতে ওকে বলি দেওয়ার কথা ছিল... সেদিন ও হঠাৎ করে ঘুম ভেঙে জেগে ওঠে আর ও এটা দেখার জন্য মাথা তোলে যে, হচ্ছেটা কি ? এক দীর্ঘ মুহূর্ত ওর প্রাণ রক্ষা করে নিল... কারণ জল্লাদের তলোয়ার প্রদীপের ঘাড়ে আঘাত

করার বদলে ওর মাথায় পরানো মুকুটে গিয়ে লেগেছিল। এর পরে লোকেরা ওকে মৃত ধরে নিয়ে রাস্তার এক ধারে ফেলে রেখে চলে যায়। সেই বাচ্চাটাকে পরে সংগঠনের পুনর্বাস কেন্দ্রে নিয়ে আসা হয়। ভয়ংকর আঘাত সহ্য করেও বেঁচে থাকা সেই বাচ্চাটার কারও ওপরেই ঠিক বিশ্বাস হতে চাইছিল না।

বেশ কয়েক মাসের চিকিৎসা আর দেখাশোনার পরে ওর মধ্যে অন্যদের প্রতি বিশ্বাস জেগে উঠল। প্রদীপ এক দিন শ্রী কৈলাশ সত্যার্থী-কে একটা কবিতার কয়েকটা লাইন শোনায়... যে লাইনগুলোর ভাব ছিল – "আপনি যদি আমাদের মত বাচ্চাদের জন্ম না-ও দিয়ে থাকেন... আপনি যদি ভগবানকে আমাদের সবার পিতা হিসেবে মানেন, তাহলেও আমরা সবাই আপনারই সন্তান! আমরা এজন্যও আপনার সন্তান... কারণ চাঁদ-সূর্য এবং আমরা যেখানে থাকি, সেই পৃথিবী মাতা আমাদের সকলের। আমাদের ঘরের ভেতর দিয়ে প্রবাহিত হতে থাকা সেই বাতাসকে কেউ বাধা দিতে পারে না... যেটা আমাদের চোখের জল, আমাদের হাসি, আমাদের রাগ আর আমাদের ভালবাসায় পরিপূর্ণ। কোন ব্যক্তি এই বাতাসের প্রভাব থেকে নিজেকে মুক্ত করতে পারে না।"

ভাষণের শেষে কৈলাশ সত্যার্থী বলেন – "অর্থশাস্ত্র, বাজার, তথ্য-প্রযুক্তি আর আতংকবাদের বৈশ্বীকরণের বর্তমান যুগেও সেই ছোট্ট বাচ্চাটার বলা কবিতার মধ্যে লুকিয়ে থাকা সতর্কবার্তা আর মানব জাতির ভবিষ্যতকে রক্ষা করার দৃষ্টিভঙ্গীকে মোটেই উপেক্ষা করা চলে না। আসুন... আমরা সবাই মিলে কেবলমাত্র মুখের কথাতেই নয়... বরং নিজেদের কাজের মাধ্যমেও শিশু-দাসত্বকে বরাবরের জন্য কবরের নীচে ঘুম পাড়িয়ে দিই।"

বাচ্চাদের ওপরে সংযুক্ত রাষ্ট্র সঙ্ঘের বিশেষ অধিবেশন ঃ

বিশ্বের সর্বোচ্চ সংগঠন সংযুক্ত রাষ্ট্র সঙ্ঘ ন্যু ইয়র্কে 10 মে, 2002 আয়োজিত বিশেষ অধিবেশনে শিশু-অধিকারের ওপরে বলার জন্য কৈলাশ সত্যার্থী-কে আমন্ত্রণ জানিয়েছিল। ওনার ভাষণের প্রথম 05 মিনিটেই সেখানে উপস্থিত প্রায় সকল শ্রোতাদের চোখে জল এসে গিয়েছিল। উনি এমন কি বলেছিলেন?

কৈলাশ সত্যার্থী বলেছিলেন – "এই দুনিয়া রাজা-রানী আর যে কোন প্রকারে শক্তিশালী বা ধনী সেই সব লোকেদের বাচ্চাদের জন্য কখনোই খারাপ নয়... যাঁদের হাতে যে ভাবেই হোক্ না কেন, শক্তি আর ধন-দৌলতের নিয়ন্ত্রণ রয়েছে।" উনি বিস্ময় প্রকাশ করে বলেন – "এমনটা সেই সময় হচ্ছে... যখন প্রতিটি ধর্ম আর সম্প্রদায় নিজেদের শিক্ষায় বাচ্চাদের সর্বোপরি স্থান দেয়। যীশুখ্রীস্ট বলে গেছেন – "আমার দৃষ্টিতে

দুনিয়ায় বাচ্চারাই সর্বোপরি।" আমাদের বেদে এমনটা ঘোষণা করা হয়েছে যে, বাচ্চাদের আত্মা সব থেকে বেশী পবিত্র হয়... তারা ঈশ্বরের সব থেকে নিকটে থাকে। ইসলাম আমাদের বাচ্চাদের মুখে আল্লাহ-র নূর (প্রকাশ) দেখার শিক্ষা দেয়। আমার এমনটা মনে হয় না যে, আমরা যারা আজ এখানে মজুদ রয়েছি... আমাদের সবার পক্ষে এই দুনিয়া অত্যন্ত খারাপ। আমাদের বাচ্চাদের কেউ স্পর্শ করে তো দেখাক... তাদের দিকে আঙুল তুলে তো কেউ দেখাক।"

"এই দুনিয়া কেবলমাত্র সেই সব বাচ্চাদের জন্য খারাপ... যাদের জানোয়ারের মত কেনা-বেচা আর ব্যবহার করা হয়। যারা পাথরের খনি আর ইঁট ভাঁটাগুলোয় গোলামের মত কাজ করে... যাদেরকে ফ্যাক্টরীতে ফুটবল সেলাই করার কাজে, জহরত পালিশ করার কাজে, কার্পেট তৈরীর কাজে লাগানো হয় – যাদের ঘরোয়া মজদুর আর দয়নীয় শিশু-ভিখারী বানানোর জন্য অঙ্গ ভঙ্গ করে ভিক্ষাবৃত্তিতে ঠেলে দেওয়া হয়... বিকাশের নামে যাদের নিজেদের ঘর-বাড়ী থেকে তাড়িয়ে দেওয়া হয় আর সশস্ত্র সংঘর্ষের আগুনে ইন্ধনের মত আহুতি দেওয়া হয়। এই দুনিয়া সেই সব বাচ্চাদের জন্য মোটেই ভালো নয়... যাদেরকে দেহ ব্যবসায় কীট-পতঙ্গের মত কুচলে দেওয়া হয় আর মেরে ফেলা হয়। আরব দেশগুলোয় উটের দৌড়ে বাচ্চাদের উটের পিঠে বেঁধে দেওয়া হয়। ভয়ভীত বাচ্চাদের চিৎকারে ঘাবড়ে উঠে উটেরা আরও জোরে ছুটতে থাকে... যার ফলে বাচ্চারা আরও বেশী ভয় পেয়ে আরও জোরে চেঁচাতে থাকে। এতে উটেরা আরও জোরে ছুটতে লাগলে লোকেরা খুশী হয়ে ওঠে, তাদের মজা আসতে লাগে। এই দুনিয়া সেই সব বাচ্চাদের জন্য অত্যন্ত খারাপ... যাদের এই দুনিয়া অত্যাচার, কষ্ট, ক্ষুধা আর অসুস্থতা ছাড়া আর কিছুই দেয় না। হাঁ... এই দুনিয়া যদি খারাপ হয়, তাহলে আমরাও সকলে সেই সব বাচ্চাদের কাছে দোষী। আমরা, সকল সামর্থ্যবান লোকেরা শিশু-দাসত্বের এই নরকের জন্য দায়ী – আমরা সবাই!"

ইউ.এন.-য়ের কোন বৈঠকে এর আগে আর কেউ কখনো এতটা সত্য আর এতটা ভাবময় ভাষণ দেননি... যেমনটা সেদিন কৈলাশ সত্যার্থী দিয়েছিলেন। উনি বলেন – "আমরা এটা দেখতে পাচ্ছি যে, এখানে আজ উত্তরের নেতারা মজুদ রয়েছে। আমরা এটা জানি যে, আগামী মাসে এনারা সবাই সেই সময় কানাডায় উপস্থিত থাকবেন... যখন হ্যালীফ্যাক্সে জি - 07 অর্থমন্ত্রীদের বৈঠক অনুষ্ঠিত হবে এবং যখন কনানস্কিসে জি - 08 দেশগুলোর প্রমুখেরা উপস্থিত থাকবেন। আমরা সবাই ওনাদের দেখতে থাকব। দক্ষিণের বাচ্চারা ওনাদের দেখতে থাকবে।" উনি আরও বলেন – "এই দুনিয়া তাদের জন্য খারাপ এজন্য নয় যে,

তারা পাপী... বরং এজন্য, কারণ দুনিয়ার ওপরে শাসন চালানো ব্যক্তিরা জেনে-শুনে কব্জা করে রেখেছে আর তারা এই দুনিয়ায় গরীব বাচ্চাদের জন্য কোন জায়গাই ছাড়েনি। স্বাধীনতা আর শেখা – এই দুটো হচ্ছে প্রতিটি মানুষের জন্মসিদ্ধ অধিকার। তাদের থেকে এই অধিকার ছিনিয়ে নেওয়া যে কোন গতিবিধি প্রকৃতি আর মানবতার বিরুদ্ধে অপরাধ হয়। কারণ যা-ই হোক্ না কেন... যদি কোন বাচ্চাকে যদি নিজের স্বাধীনতা আর তালিমের মূল্যের বিনিময়ে কাজ করার জন্য বাধ্য করে তোলা হয়... তাহলে সেটা তার শোষণ করতে থাকা ব্যক্তির পক্ষে তো লজ্জার ব্যাপার হয়-ই... কিন্তু সেটার থেকেও বেশী লজ্জার বিষয় সেই ব্যক্তির জন্য হয়, যিনি এর জন্য সহানুভূতি তো দেখান... কিন্তু তাঁর উদ্দেশ্য 'ফাঁপা' হয়। নেলসন ম্যাণ্ডেলা এই জিনিষটার উদ্দেশ্যে চ্যালেঞ্জ ছুঁড়ে দিয়ে ঠিকই বলেছিলেন – "আমাদের উত্তরাধিকার কি কখনো 'ফাঁপা প্রতিশ্রুতি' ছাড়া অন্য কিছু হবে?"

"2002 সালটা আমাদের বাচ্চাদের জন্য ঐতিহাসিক বছর প্রমাণিত হবে... যদি বাচ্চাদের প্রতি এখনও পর্যন্ত করা প্রতিশ্রুতিগুলোর প্রতি আমরা সম্মান দেখাতে পারি। এটা হচ্ছে সেই বছর... যখন দুনিয়ার 100-রও বেশী সরকারকে শিশু-দাসত্ব, শিশু-দেহ ব্যবসার কলঙ্ক, সশস্ত্র সংঘর্ষ আর ঝুঁকিপূর্ণ বিপজ্জনক কাজে বাচ্চাদের ব্যবহার বন্ধ করার ব্যাপারে কিছু একটা করে দেখাতে হবে। এটা হচ্ছে সেই বছর.. যখন বিশ্ব সমুদায় সবার জন্য শিক্ষার লক্ষ্য হাসিল করার জন্য সময়বদ্ধ পরিকল্পনা তৈরী করার জন্য প্রতিশ্রুতিবদ্ধ হয়ে উঠেছে। এটা হচ্ছে সেই বছর... যখন শিল্প ক্ষেত্রে বিকশিত দেশগুলোকে বিকাশশীল দেশগুলোর সকল বাচ্চা, বিশেষ করে মেয়েদের জন্য ফ্রী আর গুণবত্তাপূর্ণ শিক্ষা সুনিশ্চিত করতে অতিরিক্ত সংসাধন জোটানোর নিজেদের প্রতিশ্রুতি পূরণ করে দেখাতে হবে।"

উনি আরও বলেন – "দুনিয়ার সকল বাচ্চাদের জন্য এই দুনিয়াকে সত্যিকারের অনুকূল করে তুলতে আমি 4-টি উপায়ের ওপরে জোর দিতে চাইব। সবার প্রথমে সামাজিক ন্যায়, সমানতা আর দারিদ্রতা উন্মূলনের চাবিকাঠির রূপে সবার জন্য গুণবত্তাপূর্ণ ফ্রী শিক্ষা। দ্বিতীয়, বিশ্ব আয়ে গরীবদের জন্য বেশী অংশ সুনিশ্চিত করা। তৃতীয়, বৈশ্বিক ব্যবসা সততার সাথে করা হোক্। চতুর্থ, প্রাকৃতিক সংসাধনগুলোর সুরক্ষার প্রচেষ্টা চালিয়ে সেগুলোর ওপরে নির্ভরশীল গরীব লোকেদের আজীবিকা আর গরিমাকে ক্রমবর্দ্ধমান লোকসানের হাত থেকে রক্ষা করা হোক্।"

উনি বলেন – "সমৃদ্ধ দেশগুলোর আমদানীর কম পক্ষে 0.1% শতাংশ অন্যান্য দেশগুলোর বাচ্চাদের ওপরে ডেভেলপমেন্ট গ্রান্টের রূপে

খরচ করা হোক্। আমাদের সংগঠন 'গ্লোবাল মার্চ' গোটা দুনিয়ায় এই অভিযান চালাচ্ছে। এটা হচ্ছে সর্বনিম্ন যোগদান... যেটা গোটা দুনিয়া এই সব বাচ্চাদের জন্য করতে পারে।" উনি আরও বলেন – "25 থেকে 30 বিলিয়ন ডলারের এই অর্থ বিশ্ব আয়ের তুলনায় অত্যন্ত মামুলী... কিন্তু দুনিয়ার সকল বাচ্চাদের স্বাধীনতা, স্বাস্থ্য আর শিক্ষা সুনিশ্চিত করতে এই অর্থ পর্যাপ্ত হবে। বিশ্ব ব্যবসার আধুনিক প্রচলন গরীবদের অবস্থা আরও খারাপ করে তুলছে এবং তাদের জমি, আজীবিকা, স্বাধীনতা আর গরিমা তাদের থেকে ছিনিয়ে নিচ্ছে। এই অন্যায়পূর্ণ প্রক্রিয়ার সব থেকে খারাপ শিকার বাচ্চারাই হচ্ছে। শুধু তাই নয়, অসংখ্য বাচ্চা আন্তর্জাতিক বাজারের জন্য জিনিষ তৈরী করতে গিয়ে বর্বাদ হচ্ছে। শিক্ষার মামলায় আমরা বিশ্বের বিকাশশীল রাষ্ট্রগুলোর কাছে এমন দাবী রাখছি যে, সিভিল সোসাইটিকে শামিল করে 2002 সাল শেষ হওয়ার আগে এক বিশ্বসনীয়, সময়বদ্ধ রাষ্ট্রীয় পরিকল্পনা তৈরী করে নাগরিকদের প্রতি নিজেদের দায়িত্ব পালন করুক... যেমন প্রতিশ্রুতি তারা 02 বছর আগে ডাকারে 'বিশ্ব শিক্ষা ফোরাম'-তে দিয়েছিল। শেখার ওপরে কোন প্রকারের কর থাকা উচিত নয়। শিক্ষণ মাশুল, পুস্তক, স্টেশনারী আর স্কুলের সাথে সম্বন্ধিত অন্য প্রকারের খরচকে প্রাথমিক শিক্ষার ওপর থেকে একেবারে সমাপ্ত করে দেওয়া উচিত। শিক্ষা পর্যাপ্ত, প্রাসঙ্গিক এবং উচ্চ গুণবত্তা সম্পন্ন হওয়া উচিত। সব থেকে গরীব বাচ্চা, বঞ্চিত সমুদায় আর মেয়েদের সাথে-সাথেই শিশু-শ্রমের মত বিশেষ পরিস্থিতির শিকার হয়ে পড়া অন্যান্য বাচ্চারা যাতে পাব্লিক স্কুলগুলোর মত উচ্চ গুণবত্তার শিক্ষা প্রাপ্ত করতে পারে... তার জন্য আরও বেশী সংসাধন খরচ করা উচিত।"

বড় কারবারগুলোর সামাজিক দায়িত্ব ঃ

ইটালীর নেপল্স-তে 24 অক্টোবর, 2002 আয়োজিত এক সেমিনারে কৈলাশ সত্যার্থী 'কর্পোরেট সোশাল রেস্‌পোন্সিবিলিটি' (সি.এস.আর.) অর্থাৎ বড় কারবারগুলোর সামাজিক দায়িত্বের বিষয়টা অত্যন্ত সহজ-সরল আর ভালো ভাবে উত্থাপন করেন। উনি বেশীর ভাগ মুনাফা কামানোর ভাবনা-চিন্তার ওপরে আধারিত কর্পোরেট দুনিয়ার কারণে ক্রমশঃ বেড়ে চলা সমস্যার ওপরে বেশ কয়েকটা প্রশ্ন ওঠান আর সেগুলোর সমাধানও জানান। উনি 'কোল্ড ওয়ার'-য়ের পরে বর্তমান দুনিয়ায় সৃষ্টি হওয়া 03 নতুন প্রচলন (ট্রেণ্ডস্)-য়ের উদয়ের উল্লেখ করে বলেন – "প্রথম স্থানে, বাজারের জবরদস্ত প্রভাব আর শক্তি রয়েছে... যেটা পৃথিবীর অনেক দেশে আইনের শাসন আর এমন কি সুশাসনকেও প্রভাবিত করছে। দ্বিতীয় স্থানে রয়েছে শাসন ক্ষমতার শক্তির সংকুচিত হয়ে আসা...

যেটার কারণে হতে থাকা সৌদাবাজীতে কিছু দেশে তো রাষ্ট্রীয় কল্যাণের সন্তুলনও বিগড়ে গেছে। তৃতীয় স্হানে রয়েছে এক আলোর কিরণের মত নাগরিক সংগঠনগুলোর শক্তির উদয় আর গ্রাহক, সমাজসেবী সংগঠন, ট্রেড ইউনিয়ন, যুবা সমূহ এবং মীডিয়ায় সামাজিক, পারিবেশিক আর মানবাধিকারের বিষয়ের সাথে যুক্ত এবং নিরন্তর বেড়ে চলা চিন্তা।"

কৈলাশ সত্যার্থী এই সেমিনারে ব্যবসায়িক ঘরানার দায়িত্বের সাথে যুক্ত বেশ কিছু পয়েন্টের ওপরে সারগর্ভিত মতামত রাখতে গিয়ে বলেন যে, গত বেশ কয়েক বছরে 'রগমার্ক' দ্বারা নিজেদের ব্যবসায়িক আর সামাজিক দায়িত্ব সঠিক ভাবে পালন করে আসার জন্য ওনার সংগঠনের অভূতপূর্ব ইমেজ, অনুকূল জনমত, কারবার আর নির্মাতাদের মধ্যে উপলব্ধি হাসিল করার সন্তুষ্টির ভাবনা বৃদ্ধি পেয়েছে। এর সাথে-সাথেই চাহিদা বেড়ে ওঠা আর গ্রাহকদের দ্বারা সুবিচারিত কেনা-কাটা করার কারণে 05 বছরেরও কম সময়ে কেবলমাত্র ভারত থেকেই 'রগমার্ক' লেবেল লাগানো 25 লক্ষ কার্পেট বিদেশে রপ্তানী করা হয়েছে।

এই ক্রমশঃ ফুটে উঠতে থাকা পরিদৃশ্যে সর্বশক্তিমান বাজার প্রভাবিত না হয়ে থাকতেই পারে না। জাগরুকতা বেড়ে ওঠায় ব্যবসায়িক ব্যবহারেও অত্যন্ত দ্রুত পরিবর্তন আসছে। এছাড়া গ্রাহক দ্বারা জিনিষ বয়কট করার এবং মীডিয়া দ্বারা বদনাম করার ঝুঁকি কঠিন ব্যবসায়িক প্রতিদ্বন্দ্বিতার যুগে উৎপাদন আর মার্কেটিং-য়ে মানবাধিকারের প্রতি সম্মান প্রদর্শনের জন্য চাপের সৃষ্টি করে। এই সব কিছু এক সাথে মিলে গত 02 দশকে এক নতুন বিতর্কের জন্ম দিয়েছে। এই পরিস্হিতির পরিণামের রূপে ব্যবসায়িক নৈতিকতার সাথে সম্বন্ধিত ব্যবসায়িক সমঝোতা, আভ্যন্তরীণ আর বাহ্যিক আচার সংহিতা, সামাজিক অনুশ্রবণ আর লেবেলিং, দ্বি-পাক্ষিক আর বহু-পাক্ষিক ব্যবসায়িক শিষ্টাচারণ এবং সেটার সাথে মিল খাওয়া অন্যান্য উপায় আজ 'কর্পোরেট সোশাল রেস্‌পোন্সিবিলিটি' (সি. এস.আর.)-য়ের অংশ হয়ে উঠেছে।

'সি.এস.আর.'-য়ের পেছনে বুনিয়াদী বিচারধারা হচেছ এটা যে, কারবার আর সমাজ একই মুদ্রার দু পিঠ হয় বা এমনটা বলতে পারেন যে, এই দুটো পরস্পর অবিভাজ্য। জনতা আর প্রকৃতির সম্মান সি. এস.আর.'-য়ের বুনিয়াদী সিদ্ধান্তগুলোর আধার। এর সরাসরি সম্পর্ক সার্বভৌমিক মানবাধিকারের সংরক্ষণ, সংবর্দ্ধন আর টেঁকসই বিকাশের মানকের ওপরে প্রাকৃতিক সংসাধনগুলোর উপভোগের সাথেও রয়েছে। উনি ভারতের উদাহরণ দিয়ে বলেন – "আজ থেকে এক সপ্তাহ পরেই আমরা আলোর উৎসব 'দীপাবলী' পালন করতে চলেছি। সেদিন পুরো দেশ আলো, প্রদীপ আর রঙ্গীন আতশবাজীতে জগমগিয়ে উঠবে। যদিও

আমাদের মধ্যে অনেকেরই এটা জানা আছে যে, এই সব বাজী-পটকা তৈরীতে ছোট-ছোট বাচ্চাদের কাজে লাগানো হয় আর এই কাজে প্রায়ই সেই সব বাচ্চাদের মৃত্যু পর্যন্ত হয়ে পড়ে। আতশবাজী শিল্পে দুর্ঘটনা ঘটাটা এক অত্যন্ত সাধারণ ব্যাপার আর আজ পর্যন্ত অসংখ্য বাচ্চা এই কাজে নিজেদের প্রাণও হারিয়েছে। তাদের কষ্টে উতলা হয়ে উঠে আমাদের সংগঠন 'সাউথ এশিয়ান কোয়ালিশন অন্ চাইল্ড সর্ভিট্যুড' (সাক্স) আজ থেকে এক দশক আগে স্কুলে যেতে থাকা অসংখ্য বাচ্চাদের শিশু-শ্রমের ঝুঁকির ব্যাপারে জাগরুক করে তোলার জন্য এবং আতশবাজী শিল্পে বাচ্চাদের ব্যবহার বন্ধ করার জন্য বাজী-পটকা বয়কট করার আন্দোলন শুরু করেছে।"

"সেই আন্দোলন জঙ্গলের দাবানলের মত ছড়িয়ে পড়েছিল আর শীঘ্রই অনেক পরিবেশ প্রেমিক আমাদের এই প্রচেষ্টার সাথে যুক্ত হয়ে পড়েছিলেন। আজ এখানে মজুদ আপনাদের প্রত্যেককে এটা জানাতে পেরে আমি নিজেকে অত্যন্ত আনন্দিত অনুভব করছি যে, আমাদের এই অভিযান অভূতপূর্ব সফলতা অর্জন করেছে। আতশবাজী নির্মাতারা গ্রাহকদের পক্ষ থেকে লাগাতার বেড়ে উঠতে থাকা চাপের কারণে নিজেদের সুরক্ষার উপায় খুঁজে বার করেছেন। তাঁরা নিজেদের ব্যবসার পদ্ধতিতে পরিবর্তন নিয়ে এসেছেন আর যতটা সম্ভব শিশু-শ্রমিকদের কাজে লাগানো বন্ধ করে দিয়েছেন। আজকের যুগে 'ব্যবসায়িক সামাজিক দায়িত্ব'-য়ের পালন সমাজ সেবা, বৈধানিক দায়িত্বগুলোর পূর্তি, গ্রাহকদের চিন্তা আর আমদানীর ওপরে নিষেধাজ্ঞা সমেত ব্যবসায়িক মামলাগুলোর ওপরে সতর্ক দৃষ্টি রাখা দ্বারা প্রেরিত। যুগ-যুগ ধরে ব্যবসা সততার সিদ্ধান্তের ওপরে টিকে রয়েছে।"

"আমি এই জিনিষটার ওপরে বেশী করে জোর দিতে চাই যে, 'ব্যবসায়িক সামাজিক দায়িত্ব' মানব-প্রেমের থেকেও বড় হয়। যদিও স্থানীয় সমাজ, সমুদায় অথবা বিভিন্ন কাজের জন্য দান দেওয়াটাও কম গুরুত্বপূর্ণ হয় না। কিন্তু 'ব্যবসায়িক সামাজিক দায়িত্ব'-য়ের পালন করাটা তার থেকেও অনেক বড় ব্যাপার হয়। সামাজিক আশা আমাদের সর্বদা ব্যবসায়িক দুনিয়ায় ভালো হয়ে থাকার প্রেরণা জোগায় এবং এই দায়িত্ব পালন করা ব্যক্তির ব্যবসাকে ভরসার যোগ্য হিসেবে মানা হয়ে থাকে আর তাঁর ব্রাণ্ডের কদর করা হয়।"

কৈলাশ সত্যার্থী অত্যন্ত সহজ পদ্ধতিতে 'ব্যবসায়িক সামাজিক দায়িত্ব' আর সেটার নামে হতে থাকা নাটকের ব্যাপারে উল্লেখ করে বলেন – "আজ পারম্পরিক পরিভাষা, গণ্ডী আর ব্যবসায়িক ব্যবহারের সীমা পার করে ব্যাপক সামাজিক আর পারিবেশিক দায়িত্বগুলোর ক্ষেত্রেও নিজের ভূমিকা পালন করার স্তরে এসে গেছে। এই পরিস্থিতিকে কোন ব্যবসায়িক ঘরানাই

অস্বীকার করতে পারে না। এটা ভালো কথা যে, আমরা এই পরিবর্তন দেখছি... যদিও এটা কিছু বড় কোম্পানী পর্যন্তই সীমিত।"

"এর একটা ইতিবাচক পক্ষ হচ্ছে এটা যে, কোম্পানীগুলো নিজেদের আভ্যন্তরীণ আচার-বিচারের সাথেই মানবতা আর পরিবেশ পর্যন্ত চিন্তাধারা নিয়ে কাজ করতে শুরু করে দিয়েছে আর মানবতা সম্বন্ধে তাদের চিন্তাধারা কেবলমাত্র দান দেওয়া, জনাধিকারের চিন্তা করা আর পরিবেশকে উন্নত করে তোলা পর্যন্তই সীমিত নয়। এখন কারবারের চরিত্র বদলাচেছ... যদিও এর এক অন্ধকারপূর্ণ পক্ষও আছে। বেশ কিছু কোম্পানী সামাজিক দায়িত্বের নাটক করে আসলে মুনাফার মার-কাট করতে লাগে। লোক দেখানোর জন্য ওপরে-ওপরে তাদের যতই পারদর্শী আর স্বাধীন রূপে মানবতার পক্ষধর দেখতে লাগুক না কেন... বাস্তবে তাদের উদ্দেশ্য কেবল নিজেদের কোম্পানীর ভালো করাই হয়।"

"সামাজিক দায়িত্বের নাটক তারা নিজেদের জন-সম্পর্ক অভিযানের অংশের রূপে করে, নিজেদের ইমেজে সংশোধন নিয়ে আসার জন্য করে আর নিজেদের উৎপাদনের বিক্রী বাড়ানোর জন্য করে। কর্পোরেশনগুলো যদি সামাজিক দায়িত্বের থেকে বেশী আর কোন দায়িত্ব পালনের প্রতি আগ্রহী হয়... তাহলে সেটা হচেছ তাদের বৈধানিক আর আইনী দায়িত্ব... যেটার ব্যাপারে তারা দিন্য-রাত চিন্তা করে চলে। তারা যে দেশে ব্যবসা করে... সেই দেশের আইন, অধিকার আর প্রক্রিয়ার সাথে-সাথে আন্তজার্তিক শ্রম সংগঠন দ্বারা নির্দ্ধারিত মানকেরও তারা পালন করতে থাকে। এমনটা তাদের কাজ করার পদ্ধতি আর ভাবনা-চিন্তার মধ্যেও প্রবেশ করে যায়... কিন্তু 'ব্যবসায়িক সামাজিক দায়িত্ব' পালন করাটা অনেক কর্পোরেটসের আগ্রহের বিষয় হয় না... কারণ তাতে টাকা-পয়সা খরচ করতে হয়, সময় অনেক লাগে... কিন্তু প্রত্যক্ষ রূপে সেটার কোন লাভ দেখতে পাওয়া যায় না। আইনী প্রক্রিয়ার পালন করা তাদের পক্ষে এজন্যও জরুরী হয়... কারণ এমনটা না করা হলে 'ইন্সপেক্টর-রাজ' তাদেরকে স্বস্তির নিঃশ্বাস ফেলতে দেবে না। তাই এই আইনী আর বৈধানিক দায়িত্ব পালন করাটা তাদের পক্ষে বাধ্যতামূলক হয়ে ওঠে।"

"সরকার দ্বারা ব্যবসায়িক ঘরানাগুলোর ওপরে দুর্বল আইনী নজরদারী আর নিয়ন্ত্রণের কারণে গত কয়েক বছরে, বিশেষ করে অ-সংগঠিত ক্ষেত্রগুলোয় বেশ কিছু সমস্যা সৃষ্টি হয়েছে। ঠেকা-মজদুরীর প্রচলন এতটাই বেড়ে উঠেছে যে, মাল্টি-ন্যাশনাল কোম্পানী আর কর্পোরেটস্‌গুলোও নিজেদের উৎপাদনের কাজ ছোট কোম্পানীগুলোকে ঠেকায় দিয়ে দেয় আর এর ফলে তারা যে কোন দেশের শ্রম আইনের থেকে রক্ষা পেয়ে যায়। শ্রম সংগঠন অর্থাৎ মজদুর ইউনিয়নগুলো সংখ্যায় কম আর দুর্বল হওয়ার

কারণেও পরিস্থিতি আরও বেশী খারাপ হয়ে পড়েছে আর ব্যবসায়ীদের লাভ হচ্ছে। কাটা ঘায়ে নুনের ছিটের মত অপর্যাপ্ত, অপ্রশিক্ষিত, অদক্ষ আর ভ্রষ্ট লেবার ইন্সপেক্টর রাজের কারণে কারবারে নিয়ম-কানুনের পালনের ওপরে কঠোর নিয়ন্ত্রণ বা নজরদারী রাখাও প্রায় অসম্ভব হয়ে উঠেছে। আন্তজার্তিক ব্যবস্থা থাকা সত্ত্বেও ব্যাপক স্তরে শিশু-শ্রম বেড়ে ওঠাটা এমন ব্যবস্থারই পরিণাম।"

উনি এক প্রকারে কার্পেট শিল্প, খেলনা নির্মাণ শিল্প এবং বস্ত্র শিল্পে শিশু-শ্রমের খোলাখুলি ব্যবহারকে বিশ্বব্যাপী 'ব্যবসায়িক সামাজিক দায়িত্ব'-য়ের উল্লংঘনের আখ্যা প্রদান করে বলেছেন – "সম্প্রতি আইভরী কোস্টে কোকো উৎপাদন শিল্পে শিশু-দাসত্বের নির্লজ্জ ব্যবহারের খবর গোটা দুনিয়াকে নাড়া দিয়েছে।"

কৈলাশ সত্যার্থী-র ওপরে বিদেশী কোম্পানীগুলোর দালাল হওয়ার আরোপ এবং আমেরিকার ইশারায় কাজ করার আরোপ লাগানো লোকেরা এটা জেনে বিস্মিত হয়ে উঠবেন যে, আজ থেকে প্রায় 12 বছর আগে দেওয়া ভাষণে উনি খোলাখুলি ভাবে আমেরিকান কোম্পানীগুলোর কাজ করার পদ্ধতির কড়া সমালোচনা করে বলেছিলেন যে, ওনার কাছে এমন রিপোর্টও আছে যে, আমেরিকান তেল কোম্পানীগুলো বেশী অর্থ উপার্জন করার জন্য মায়ানমারে নিজেদের পাইপ লাইন বেছানোর কাজে খোলাখুলি ভাবে বন্ধুয়া মজদুরদের ব্যবহার করছে।

এমন না জানি আরও কত মামলা রয়েছে... যেগুলো মীডিয়াকে চাপের মধ্যে ফেলে চাপা দিয়ে দেওয়া হয়েছে। উনি বলেছেন – "বর্তমান সময়ে যত পরিবর্তন হয়েছে... সেসবের সম্পূর্ণ কৃতিত্ব গ্রাহকদের সামাজিক চিন্তা আর জাগরুকতাকে প্রদান করার সাথে-সাথে 'ব্যবসায়িক সামাজিক দায়িত্ব'-য়ের পালন করতে থাকা বাস্তবিক চিন্তাধারার কোম্পানীগুলোর প্রচেষ্টাকেও দেওয়া উচিত... যাদের জন্য পরিবেশ-শিশু-জীব-জন্তু হিতৈষী উৎপাদন তৈরী হতে লেগেছে। কিন্তু এটা তো 'ব্যবসায়িক সামাজিক দায়িত্ব'-য়ের সূত্রপাত মাত্র।" উনি আরও বলেছেন – "গ্রাহকেরা কেবল ভালো আর সুরক্ষিত উৎপাদনই চান না... বরং তাঁরা এটাও জানতে চান যে, সেই সব উৎপাদনের নির্মাণ প্রক্রিয়াতেও সামাজিক দায়িত্বের পালন করা হয়েছে কি না? বর্তমান যুগে গ্রাহকেরা তো এমন উৎপাদনের ওপরে বেশী অর্থ খরচ করার জন্যও প্রস্তুত! যেসব বিষয়ের ওপরে গ্রাহকদের সব থেকে বেশী চিন্তা রয়েছে... সেগুলো কোন কোম্পানীর কার্য-প্রণালী এবং মার্কেটিং-তে শ্রমিকদের স্বাস্থ্য, সুরক্ষা আর মানবাধিকারের প্রতি সম্মান প্রদর্শন করার সাথে যুক্ত হয়ে রয়েছে।"

“আমরা বিভিন্ন অভিযানে গ্রাহকদের এই শক্তির প্রভাবশালী ব্যবহার দ্বারা এনার্জী প্রাপ্ত করেছি। শিশু-শ্রম বিরোধী গ্রাহক অভিযান আর স্বচ্ছ বস্ত্র অভিযানের সফলতার কারণে কর্পোরেট দুনিয়ায় আসা বড় পরিবর্তন আসলে গ্রাহকদের সহানুভূতির এই এনার্জীরই ফল। আমরা চোখ বন্ধ করে কার্পেটের ব্যবহার বহিস্কার করার আহ্বাণ জানাই না... কারণ আমরা এমনটা মনে করি যে, কার্পেট শিল্পে শিশু-শ্রম থেকে মুক্তি পাওয়ার ক্ষমতা রয়েছে। এই মামলায় পারদর্শী, প্রভাবশালী আর প্রমাণিত প্রক্রিয়া গ্রহণ করার ক্ষমতা রয়েছে। আমাদের মুখ্য চিন্তা কার্পেট শিল্পে কাজে লেগে থাকা বাচ্চাদের স্থানে মজদুরদের শ্রেষ্ঠ বিকল্প প্রদান করা আর তাদের সদুপযোগকে কেন্দ্র করে রয়েছে।”

“এজন্য আমাদের অভিযানগুলোয় শিশু-মজদুরদের পুনর্বাস, শিক্ষা আর ব্যবসায়িক প্রশিক্ষণকেও শামিল করে নেওয়া হয়েছে... যাতে সুস্থ শৈশব কাটিয়ে এই সব বাচ্চারা যতদিনে বড় হয়ে উঠবে আর কাজ করার যোগ্য হয়ে উঠবে... ততদিনে তাদের ভেতরে লুকিয়ে থাকা প্রাকৃতিক প্রতিভাকে এতটা ফুটিয়ে তোলা সম্ভব হবে... যাতে তারা যে শিল্পেই যাক না কেন, সেখানে তারা ভালো মান-সম্মান আর উপার্জন প্রাপ্ত করার সাথে-সাথে শিশু-শ্রমের প্রভাবশালী বিরোধিতাও করতে পারে। এটা সুনিশ্চিত করাও এক প্রকারের দূরগামী সামাজিক দায়িত্ব হয়। ‘রগমার্ক’ পুনর্বাস, ব্যবসায়িক প্রশিক্ষণ এবং ফর্মাল শিক্ষার এমন অসংখ্য কেন্দ্রের সঞ্চালন করে... যেখানে শিশু-শ্রম থেকে মুক্ত করানো আর ক্ষমতাবান হাজার-হাজার বাচ্চা ভারত, নেপাল আর পাকিস্তানে স্বাধীন আর আত্মনির্ভর জীবন কাটানোর পদ্ধতি শেখে।”

শিশু-দাসত্ব থেকে মুক্তির সফর এখনও চলছে

এই সব প্রচেষ্টায় হওয়া খরচ মেটানোর জন্য 'রগমার্ক' এক ছোট লাইসেন্সিং ফীস্-ও নেওয়া শুরু করেছে। কৈলাশ সত্যার্থী নিজের ভাষণে আরও অনেক বিষয় ওঠান। উনি বলেন – "বৈশ্বীকরণ আর তথ্য আদান-প্রদানের এই দুনিয়ায় সতর্ক আর জাগরুক গ্রাহকদের এমনটা অনুভব করা অত্যন্ত জরুরী হয় যে, তাঁরাই যে কোন কারবারের আসল মালিক আর রাজা হন। জাগরুক গ্রাহকেরা এটা খুব ভালো ভাবে জানেন যে, নিজেদের স্বরূপ ধারণ করলে তাঁরা যে কোন উৎপাদনের প্রতিষ্ঠা বাড়াতে, কমাতে বা সেটাকে একেবারে বর্বাদ করে তুলতে কেমন ভূমিকা পালন করতে পারেন। ব্যবসায়িক দুনিয়াও এটা জানে যে, গ্রাহকদের ভাবনায় আঘাত দেওয়ার পরিণাম কি হতে পারে?"

অনেক মামলায় তো অনেক জেদী কর্পোরেটস্-রাও মন থেকে না চাওয়া সত্ত্বেও, এই ভয়ে অনেক প্রকারের 'ব্যবসায়িক সামাজিক দায়িত্ব' পালন করতে বাধ্য হয়ে ওঠেন। উনি আরও বলেছেন – "অন্য দিকে সরকার ভোট দ্বারা চলে আর সরকারের নীতি জনমত দ্বারা প্রভাবিত হয়। এই প্রকারে সামাজিক আন্দোলন গ্রাহকদের মেজাজ বানায় আর পরিবর্তন করে এবং সেটার আন্দাজ করেই সরকার আইন আর নিষেধাজ্ঞা জারী করে। অন্য দিকে বিশ্বব্যাপী ব্যবসায়িক নিষেধাজ্ঞার শক্তিও যে কোন কারবার, কর্পোরেট বা শিল্পের কোমর ভেঙে দিতে পারে। এটা জানার পরে কোন কর্পোরেট বর্বাদ হওয়ার ঝুঁকি নিতে চাইবে না।"

অনেক মামলায় বেশ কয়েক প্রকারের শিল্প তো এই দৃষ্টিভঙ্গীতে নিজের ফয়সালা গ্রহণ করেছে। শিয়ালকোট প্রোগ্রামের উল্লেখ করে উনি বলেছেন – "90-য়ের দশকে যখন মীডিয়া খেলাধূলার সামগ্রী তৈরী করা শিল্পে শিশু-শ্রমের বিষয় ওঠাল... তখন দুনিয়ার সব থেকে বড় রপ্তানীকারকদের মধ্যে অন্যতম, শিয়ালকোটে খেলাধূলার সামগ্রী তৈরী করা শিল্পের সামনে পশ্চিমের দেশগুলোয় নিজেদের উৎপাদন বিক্রী করার সব থেকে বড় ঝুঁকি সৃষ্টি হয়ে পড়ল। ফলস্বরূপ, শিল্পের সামনে নিজেদের পদ্ধতিতে পরিবর্তন নিয়ে আসা ছাড়া আর কোন পথই খোলা রইল না। এটাই শিয়ালকোট সমঝোতার জন্ম দিল... যার ফলে পাকিস্তানের ফুটবল নির্মাণ শিল্পে শিশু-শ্রম সমাপ্ত হয়ে পড়ল। 1997 সালে শিয়ালকোট চেম্বার অফ্ কমার্স এ্যাণ্ড ইণ্ডাস্ট্রি-কে শিশু-শ্রম সমাপ্ত করার জন্য আন্তজার্তিক শ্রম সংগঠন এবং আরও বেশ কয়েকটি সংগঠনের সাথে অংশীদারী করতে হল। এই সমঝোতা প্রথম বার মাল্টি-ন্যাশনাল কোম্পানী আর তাদের স্থানীয় জোগানকর্তাদের আন্তজার্তিক সংগঠনগুলোর সাথে সহযোগ করার সুযোগ প্রদান করল। শিশু-শ্রম থেকে মুক্তি আর সেটার ওপরে নজরদারী রাখার এই প্রোগ্রামের দুটি ভাগ

ছিল। এক হচেছ শিশু-শ্রমিকদের পরিচিতি আর তাদের পুনর্বাস এবং দ্বিতীয় ভাগ হচেছ কোন শিল্পের সাথে যুক্ত উৎপাদন প্রক্রিয়ায় বাচ্চাদের দিয়ে যেন কোন কাজ না করানো হয়।"

"আন্তজার্ত্তিক শ্রম সংগঠনের দায়িত্ব ছিল এই প্রোগ্রামের ওপরে নজর রাখা। এজন্য এক প্রকারে এর ওপরে শ্রম বিভাগের ভ্রষ্ট ইন্সপেক্টরদের কোন নিয়ন্ত্রণই ছিল না। এই কারণে শেষ পর্যন্ত পাকিস্তানের ফুটবল নির্মাণ শিল্পে শিশু-শ্রমিকদের ভর্তি বন্ধ হয়ে পড়ল এবং তাদের পুনর্বাস আর শিক্ষা প্রোগ্রামে গতি এল। যদিও বেশ কিছু দূর-দরাজ আর দুর্গম ক্ষেত্রে আজও এই প্রোগ্রাম প্রভাবশালী ভাবে চালু করা যায়নি। এক অত্যন্ত তাজা উদাহরণ আমি আপনাদের সাথে ভাগ করে নিতে চাই – সেটা হচেছ চকোলেট শিল্পে 'ব্যবসায়িক সামাজিক দায়িত্ব'। যেমনটা আমি এই কিছুক্ষন আগেই জানিয়েছি যে, গত বছরে কোকো শিল্পে শিশু-শ্রমিকদের দিয়ে কাজ করানোর খবর পুরো দুনিয়াকে নাড়া দিয়েছিল। এই সব শিশু-শ্রমিকদের প্রতিবেশী গরীব দেশগুলো থেকে দুনিয়ার সব থেকে বড় কোকো নির্মাতা দেশ আইভরী কোস্টে কোকোর ক্ষেতে কাজ করার জন্য নিয়ে আসা হত।"

"সেই খবরটা কোকো উৎপাদন আর মার্কেটিং-য়ের দুনিয়াকে নাড়া দেওয়ার সাথে-সাথেই আমেরিকান সংসদেও প্রচণ্ড হৈ-চৈ ফেলে দিয়েছিল। চাপ আর কোকো শিল্পের মাথার ওপরে ঘুরে বেড়াতে থাকা আন্তজার্ত্তিক নিষেধাজ্ঞার ঝুঁকির আন্দাজ করে 'চকোলেট ম্যানুফাকচারার্স এ্যাসোসিয়েশন' (সি.এম.এ.)... যার সদস্যদের মধ্যে বিশ্বের সব থেকে বেশী কোকো ব্যবহারকারী কোম্পানী, যেমন – নেস্‌লে, ক্যাডবেরী, এম. এ্যাণ্ড এম. আর হর্শে শামিল রয়েছে – গত মে মাসে এক সংকল্প-পত্রে হস্তাক্ষর করেছে... যাতে কোকো উৎপাদনে শিশু-শ্রম সমাপ্ত করার সংকল্প প্রদর্শিত হয়েছিল। এই সংকল্প-পত্রে হস্তাক্ষর করা ব্যক্তিদের মধ্যে চকোলেট শিল্পের দিগ্গজ ব্যক্তিরা, আমেরিকান সাংসদ আর কংগ্রেসের নেতা, আন্তজার্ত্তিক শ্রম সংগঠন, মজদুর ইউনিয়ন এবং সমাজ সেবী সংগঠনগুলোর পদাধিকারীরা শামিল ছিলেন। এই প্রচেস্টার ফলে শেষ পর্যন্ত 'আন্তজার্ত্তিক কোকো ফাউণ্ডেশন'-য়ের জন্ম হয় আর সেটা শিশু-শ্রমের উম্মূলন এবং শিশু-শ্রমিকদের পুনর্বাস আর শিক্ষার ওপরে কাজ করা শুরুও করে দিয়েছে। স্বচছ প্রতিযোগিতা আর ব্যবসাকে উৎসাহ প্রদান করার জন্য আমাদের সংগঠন 'সাক্স' দ্বারা গ্রাহকদের প্রেরণা আর সহযোগে প্রস্তুত অভিযান 'ট্রুডওয়াচ'-য়ের সম্পূর্ণ বিবরণ আমি আপনাদের সাথে ভাগ করে নিতে চাই।"

"এই প্রচেষ্টার উদ্দেশ্য হচ্ছে ভারত আর বিদেশে গ্রাহকদের শক্তির ব্যবহার দ্বারা শিল্পগুলো থেকে সকল প্রকারের শোষণ সমাপ্ত করা। আমাদের এই প্রচেষ্টা ঘরোয়া আর আন্তজার্তিক বাজারের জন্য জিনিষের উৎপাদন এবং পৃথিবীর অন্যান্য দেশ থেকে সেগুলো আমদানী করার প্রতি দৃষ্টি রাখবে। আমরা বিভিন্ন প্রকারের পদ্ধতি গ্রহণ করে সামাজিক ন্যায়ের লক্ষ্য প্রাপ্ত করতে সহায়তা করব।" শ্রী সত্যার্থী 'ট্রেডওয়াচ'-য়ের কার্য-প্রণালীর বিবরণ দিয়ে বলেন – "শিশু-শ্রমের উপযোগ করতে থাকা আর শ্রম-আইন ব্যবস্থা এবং আন্তজার্তিক মানকগুলোর উল্লংঘন করে উৎপাদন করতে থাকা কোম্পানী আর কর্পোরেটস্‌গুলোর ওপরে 'ট্রেডওয়াচ' নজর রাখবে এবং শিশু-শ্রম থেকে মুক্ত করানো শিশু-শ্রমিকদের পুনর্বাসের ব্যবস্থাও করবে।"

য়ুনেস্কোয় ভাষণ ঃ

19 জুলাই, 2006 উনি য়ুনেস্কো মুখ্যালয়ে মুখ্য বক্তার রূপে বিশ্ব স্তরের সংগঠন আর প্রমুখদের সম্বোধিত করে 'সবার জন্য শিক্ষা' বিষয়ের ওপরে নিজের মতামত ব্যক্ত করেন। কৈলাশ সত্যার্থী বলেন – "সমাজে উপেক্ষিত লোকেদের মধ্যে সর্বাধিক সংখ্যা হচেছ তাঁদের.... যাঁরা গ্রামে থাকেন আর যাঁদের সামনে ভালো শিক্ষা প্রাপ্ত করার সব থেকে কম বিকল্প রয়েছে।" উনি আরও বলেন – "সবার জন্য শিক্ষার প্রোগ্রাম তৈরী করা লোকেরা তাতে শিশু-শ্রমে ফেঁসে থাকা বাচ্চাদের শিক্ষা প্রদান করার ব্যাপারটা মাথাতেই রাখেননি।"

"স্কুলে না যাওয়া এই সব বাচ্চাদের সংখ্যা আজ 10:30 কোটি... যেটা গোটা দুনিয়ায় প্রাথমিক স্কুল যেতে থাকা বাচ্চাদের মোট সংখ্যার 18% শতাংশ। কিন্তু এই পরিসংখ্যান আসে কোথা থেকে ? এটা অত্যন্ত স্পষ্ট যে, এই পরিসংখ্যান সরকার দেয়। এবার পরিসংখ্যান যখন সরকার দিচেছ... তখন তারা নিজেদের পরিসংখ্যান বাড়িয়ে তো জানাবে না। আপনারা এটা সহজেই বুঝতে পারছেন যে, এই পরিসংখ্যান স্কুলে না যেতে থাকা বাচ্চাদের মোট সংখ্যার থেকে অনেকটাই কম হবে আর প্রতি বছর বেড়ে চলবে। স্কুল না যাওয়া এই সব বাচ্চারা ছোট বাচ্চা নয় যে, তারা বাড়ীতে চুপচাপ বসে থাকবে – তারা মস্তি করছে বা জীবনের মজা ওঠাচেছ – এজন্যই তারা স্কুলে যাচেছ না। এই পরিসংখ্যান হচেছ সেই সব বাচ্চাদের... যারা দাসত্বের চোরাবালিতে ফেঁসে রয়েছে, যাদের দিয়ে জোর-জবরদস্তি মজদুরী করানো হচেছ, যারা দেহ ব্যবসার চোরাবালিতে ফেঁসে রয়েছে, যারা ক্ষেত-কারখানা আর খনিগুলোয় নিজেদের প্রাণের ঝুঁকি উঠিয়েও কাজ করতে বাধ্য হয়ে উঠেছে। এরা হচেছ সেই সব বাচ্চা... যারা সত্যিকারের অর্থে অভাগা।"

কৈলাশ সত্যার্থী অত্যন্ত মার্মিক কণ্ঠস্বরে এমনটা বলেন – "আমাদের এটা ভুলে গেলে চলবে না যে, স্কুলে না যাওয়া এই সব বাচ্চাদের মধ্যে 94% শতাংশ বাচ্চা পৃথিবীর বিকাশশীল দেশগুলোয় বাস করে আর তাদের মধ্যেও 35% শতাংশ বাচ্চা দক্ষিণ এশিয়ায়, 40% শতাংশ আফ্রিকার সাহারা এলাকার আশপাশে এবং চমকে দেওয়ার মত তথ্য হচেছ এটা যে, এরা বাকী দুনিয়ার বিভিন্ন বিকশিত দেশগুলোর উপেক্ষিত এলাকাগুলোয় বসবাস করে। এই পরিসংখ্যান এই সব বাচ্চাদের জীবনের দুঃখ, কস্ট, দম বন্ধ হয়ে আসা পরিবেশ আর অপমানের ব্যাখ্যা করার পক্ষে যথেষ্ট নয়। এই পরিসংখ্যান এই সব বাচ্চাদের জীবনের মূল্য আর বর্বাদ হয়ে পড়তে থাকা ক্ষমতার পরিসংখ্যান নয়।"

"এই পরিসংখ্যান শিক্ষা থেকে বঞ্চিত থেকে যাওয়া এই সব বাচ্চাদের সাথে প্রতি দিন হতে থাকা শোষণ, অন্যায় আর দাসত্বের যন্ত্রণাদায়ক কাহিনী কখনোই তুলে ধরে না। শিক্ষা কোন একজন ব্যক্তির সাথে নয়... বরং পুরো সমাজের সাথে সম্বন্ধিত হয়। 'সবার জন্য শিক্ষা' মানবতার সামনে মজুদ চারটি অত্যন্ত গুরুত্বপূর্ণ প্রক্রিয়াগুলোর অন্যতম হয়... যেগুলো দ্বারা বিশ্ব আর বিশেষ করে বাচ্চাদের ভবিষ্যত বদলে ফেলা যেতে পারে।"

"শিক্ষা, দারিদ্রতা, শিশু-শ্রম আর অসুরক্ষা – এই চারটি জিনিষের ওপরে দৃষ্টি দিয়ে কোন সমাজ নিজের ভবিষ্যত গড়ে তুলতে পারে, এগিয়ে চলতে পারে, সম্পন্নতা প্রাপ্ত করতে পারে, আত্মনির্ভর হয়ে উঠতে পারে। শিক্ষা মুষ্টিমেয় কিছু লোকেদের হাতের হাতিয়ার হয় না... বরং স্বাধীনতা, উন্নতির সুযোগ, সম্মানজনক জীবন আর সুরক্ষিত ভবিষ্যতের মাধ্যম হয় শিক্ষা! শিক্ষা লক্ষ-লক্ষ লোকেদের দাসত্ব, কেনা-বেচা, জবরদস্তি ভিক্ষাবৃত্তি-বেশ্যাবৃত্তি আর শিশু-সৈনিকের রূপে মারা যাওয়ার হাত থেকে রক্ষা করতে পারে। ফ্রী আর উচ্চ গুণবত্তাপূর্ণ 'সবার জন্য শিক্ষা'-ই সামাজিক ন্যায়ের আসল চাবিকাঠি হয়... সমানতা, সুরক্ষা আর সমাজের দারিদ্রতা থেকে স্হায়ী রূপে মুক্তির মন্ত্র হয়। গত 25 বছর ধরে তৃণমূল স্তরে শিশু-শ্রম মুক্তির লড়াই করার সময় অর্জিত নিজের অভিজ্ঞতার ভিত্তিতে আমি এইটুকু বলতে পারি যে, শিক্ষা আর শিশু-শ্রম থেকে মুক্তি একই মুদ্রার দুটি পিঠ হয়।"

উনি আরও বলেন – "শিশু-শ্রম শিক্ষার লক্ষ্য হাসিল করার পথে সব থেকে বড় বাধা হয়। দারিদ্রতা উম্মূলন, সার্বভৌমিক প্রাথমিক শিক্ষার লক্ষ্য হাসিল করা, লৈঙ্গিক সমানতা আর এইডস্ থেকে মুক্তির কাজে লেগে থাকা লোকেদের এটা জানা উচিত যে, তাঁদের জন্যও শিশু-শ্রমের উম্মূলন আসলে এক অদৃশ্য লক্ষ্য হয়... যেটাকে হাসিল না করে

কোন কিছুই সম্ভব হয় না। কখনো-কখনো আমরা এটা স্বীকার করে নিতে ভুলে যাই যে, যদি গোটা বিশ্বে 20 কোটি বাচ্চা কোন-না-কোন প্রকারের মজদুরী করে জীবন কাটাচ্ছে... তাহলে তারা শিক্ষা প্রাপ্ত করবে কি ভাবে আর যদি এই সব বাচ্চাদের শিক্ষা প্রদান না করা যায়... তাহলে কি আমরা কখনো 'সবার জন্য শিক্ষা'-র লক্ষ্য হাসিল করতে পারব ? কারণ এই পরিসংখ্যান তো লাগাতার বাড়তেই থাকবে !"

"যদি কোন চাপের কারণে এই সব বাচ্চাদের স্কুলে ঢুকিয়েও দেওয়া হয়... তারা কি নিজেদের তালিম পুরো করতে পারবে ? এটা অত্যন্ত স্পষ্ট যে, শিশু-শ্রমের চোরাবালিতে ফেঁসে থাকা বাচ্চাদের সেখান থেকে বার করে আনার সাথে-সাথে আমাদের এই চেষ্টাও করতে হবে যে, তারা যেন আবার এক বার শিশু-শ্রমের নরকে ফেঁসে না যায়।" উনি আমেরিকান কংগ্রেস দ্বারা গত এপ্রিল মাসে শিক্ষার ওপরে আয়োজিত এক সম্মেলনে এক শিশু-শ্রমিক দ্বারা করা প্রশ্নের উল্লেখ করে বলেন – "সেই ছেলেটি আমেরিকান সাংসদদের এক অত্যন্ত সহজ-সরল প্রশ্ন করেছিল – "আপনারা এমনটা কি করে মেনে নিতে পারেন যে, আমি একই সময়ে এক সাথে দুটি জায়গায় মজুদ থাকতে পারব... স্কুলেও আর কাজ করার জায়গাতেও ?" শ্রী সত্যার্থী বলেন – "আন্তর্জার্তিক এবং রাষ্ট্রীয় যোজনাগুলোর নির্মাণে আমাদের এটা মাথায় রাখতে হবে যে, যদি শিক্ষার কার্য-নীতির নির্মাণের ওপরে এখনও দৃষ্টি না দেওয়া হয়... তাহলে গোটা দুনিয়ায় যেসব লক্ষ-লক্ষ শিশু-শ্রমিকেরা আজ পর্যন্ত কখনো স্কুলের মুখ দেখেনি... তারা হয়তো ভবিষ্যতেও কোনদিন স্কুলের মুখ দেখতে পারবে না।"

কৈলাশ সত্যার্থী কখনো অযৌক্তিক কথা বলেন না। ওনার মতে পরিসংখ্যান আর তথ্যের সাথে-সাথেই শিশু-শ্রম শিশু-দেহ ব্যবসা, শিশু-তস্করী আর শিশু-দাসত্বের অবিশ্বসনীয় স্বরূপগুলোর সত্যিকারের দৃষ্টান্ত অনিবার্য রূপে মজুদ থাকে। ওনার বিচার-শৈলী গোটা দুনিয়ার বাচ্চাদের প্রতি বন্ধুত্বপূর্ণ ভাবনা পোষণকারী, এক সংবেদনশীল ব্যক্তি দ্বারা অনুভব করা যন্ত্রণা থেকে তৈরী হয়েছে। নিজের ভাষণে উনি বলেছেন – "শিশু-শ্রমের মামলায় শিক্ষার দ্বৈত ভূমিকা থাকে।"

"এক দিকে তো এটা তাদের পুনর্বাস আর সামাজিক একরূপতায় সহায়তা করে আর অন্য দিকে নতুন করে শিশু-শ্রমের চোরাবালিতে ফেঁসে যাওয়া থেকে তাদের রক্ষাও করে।" উনি পরিসংখ্যানগত রূপে গোটা বিশ্ব জুড়ে শিশু-শ্রম কমে আসার কৃতিত্ব চীন, থাইল্যাণ্ড আর ব্রাজিলের সরকারগুলোর রাজনৈতিক ইচ্ছাশক্তিকে প্রদান করে বলেছেন – "এই সব দেশে দারিদ্রতা উন্মূলন আর শিক্ষার প্রচার-প্রসারকে অত্যন্ত বেশী

গুরুত্ব প্রদান করা হয়েছে। চীনে নভেম্বর, 2005-তে আয়োজিত রাউণ্ড টেবল মীটিং-কে য়ুনেস্কো ব্যাপক সমর্থন জানিয়েছিল।"

"বিভিন্ন সরকার আর দেশের সামাজিক সংগঠনগুলো অশিক্ষা আর শিশু-শ্রমের বিরুদ্ধে সংঘর্ষে 'আন্তজার্তিক শ্রম সংগঠন', 'য়ুনেস্কো', 'বিশ্ব ব্যাঙ্ক' আর 'গ্লোবাল মার্চ এগেন্সস্ট চাইল্ড লেবার'-য়ের মত সংগঠনগুলোর সহায়তায় এক কার্যশক্তির গঠন করেছে... যেটা রাজনৈতিক শক্তি এবং বিভিন্ন অভিযানের মাধ্যমে এই খারাপ জিনিষটা সাফাই-য়ের কাজে লেগে রয়েছে। এই টাস্ক ফোর্সের রণনীতি অত্যন্ত নমনীয় এবং প্রভাবশালীও বটে।" শ্রী সত্যার্থী বলেন – "প্রারম্ভিক রূপে এই টাস্ক ফোর্স সংযুক্ত রূপে দুটি গতিবিধি শুরু করে। ঘরোয়া শিশু-শ্রম আর শিক্ষার ক্ষেত্রে টাস্ক ফোর্স প্রায় 01 কোটি বাচ্চা (যাদের মধ্যে বেশীর ভাগ মেয়েরা ছিল)-দের বন্ধ বাড়ীতে ঘরোয়া মজদুরী করার সময় শোষণ, স্বাস্থ্য ঝুঁকি আর হিংসার হাত থেকে বাঁচানোর জন্য ব্যাপক প্রচেস্টা শুরু করে। অন্য দিকে, শিশু-শ্রম, দারিদ্রতা উম্মূলন আর শিক্ষার সাথে যুক্ত নীতি তৈরী করে স্কুলে না যাওয়া সেই সব বাচ্চাদের বাঁচানোর চেস্টা করে... যারা দারিদ্রতার কারণে শিশু-শ্রমিক হয়ে উঠতে বাধ্য হত।"

"শিশু-শ্রমের এক কু-প্রভাব বড়দের বেকারত্বের ওপরেও পড়ে। বাচ্চাদের দিয়ে কাজ করানো সস্তা আর সহজ হয় এবং এজন্য কর্পোরেটস্‌গুলো যে কোন ভাবে বাচ্চাদের ওপরেই নির্ভরশীল হয়ে থাকতে চায়। দারিদ্রতার কারণে বাচ্চারা মজদুরী করতে বাধ্য হয়ে ওঠে আর এই প্রকারে তারা বড়দের বেকারত্বের কারণ হয়ে ওঠে এবং বড়দের বেকারত্ব দারিদ্রতাকে আরও বেশী বাড়িয়ে তোলে। এই ভাবে এই চক্র শেষই হতে চায় না। এজন্য এই টাস্ক ফোর্স সরকারকে শিক্ষার সাথে-সাথে দারিদ্রতা উম্মূলন আর বড়দের উপার্জন প্রদান করার প্রোগ্রামের ওপরেও কাজ করার জন্য প্রেরিত করে তোলে। এখানে চমকে দেওয়ার মত তথ্য হচ্ছে এটা যে, দারিদ্রতা নিয়ন্ত্রণ করার কার্য-নীতিতে আন্তজার্তিক শ্রম সংগঠনও শিশু-শ্রমের কোন উল্লেখ পায়নি। বিশ্ব ব্যাঙ্ক আগস্ট-সেপ্টেম্বর, 2005-য়ের সমীক্ষা রিপোর্টে এমনটা জানিয়েছে যে, এই প্রকারের 70 দেশের রিপোর্টে কেবলমাত্র 12-টিতে শিশু-শ্রমের উল্লেখ ছিল।"

"গ্লোবাল টাস্ক ফোর্স শিশু-শ্রমের ক্ষেত্রে যে কাজ করছে... তাতে 'গ্লোবাল সিভিল সোসাইটি (বৈশ্বিক নাগরিক সংগঠন)-গুলোরও ভরপুর সহযোগ প্রাপ্ত হচ্ছে।" উনি সব শেষে এমনটা বলেন – "সরকার, বিভিন্ন সরকারী সংস্হা এবং সিভিল সোসাইটি নিজেদের স্তরে ভালো কাজ করা আর ফয়সালা নেওয়ার কাজে কোন অভাব রাখছে না। কেবল শিশু-শ্রমের উম্মূলন আর শিক্ষা-ক্ষেত্রকে সেই প্রকার আর্থিক

সহায়তা প্রদান করার আবশ্যকতা রয়েছে... যে প্রকারে দারিদ্রতা উন্মূলন প্রোগ্রামগুলোকে প্রদান করা হয়।"

বিশ্ব ব্যাঙ্ক এবং আন্তজার্তিক মুদ্রা কোষ

বিশ্ব ব্যাঙ্ক আর আই.এম.এফ.-য়ের 04 অক্টোবর, 2099 আয়োজিত বৈঠকে আফ্রিকান দেশগুলো দ্বারা গরীব দেশ, গরীব ব্যক্তি আর শিক্ষার ব্যাপারে গ্রহণ করা ফয়সালা আর প্রচেস্টার প্রশংসা করে উনি বলেন – "গত 09 বছরে শিক্ষার ক্ষেত্রে যে মামুলী সফলতা অর্জন করা গেছে... প্রথম দৃষ্টিতে সেটার কারণ হিসেবে রাজনৈতিক ইচ্ছাশক্তি আর এই সব কাজের জন্য প্রদান করা বেশী অনুদানকেই দেখতে পাওয়া যায়। আফ্রিকা, এশিয়া আর ল্যাটিন আমেরিকা শিক্ষার ক্ষেত্রে নিবেশ বৃদ্ধি করেছে... যার ফলে বেশী সংখ্যক বাচ্চা স্কুলে যাওয়ার আর শেখার সুযোগ প্রাপ্ত করেছে।" শ্রী কৈলাশ সত্যার্থী এই সব প্রচেস্টা জারী করার সুপারিশ করে বলেছেন – "এই বৃদ্ধির হার যে মুহূর্তে ধীর হয়ে আসবে, শিক্ষা ক্ষেত্রের বাজেট কমে আসবে, শিক্ষা ক্ষেত্রে হতে থাকা প্রচেস্টাগুলো ধাক্কা খাবে... যেটা অত্যন্ত লজ্জার বিষয় হবে – কারণ শিক্ষা কেবল এক অধিকারই হয় না, এটা এক সমাধানও হয়।"

"গুণবত্তাপূর্ণ শিক্ষা দারিদ্রতার সাথে লড়াই করতে সহায়তা করে... লোকেদের আর রাষ্ট্রের আমদানী বৃদ্ধি করে। গুণবত্তাপূর্ণ শিক্ষা জীবন বাঁচায়... কারণ শিক্ষিত ছেলে-মেয়েদের এইডস্-য়ের মত রোগের থেকে বাঁচার আর নিজেদের পরিবার তৈরী করার বেশী সম্ভাবনা থাকে। শিক্ষা লোকেদের আর রাষ্ট্রীয় আমদানীও বাড়িয়ে তোলে। গুণবত্তাপূর্ণ শিক্ষা জীবনের রূপান্তরণ করে আর সমাজকে উন্নত করে তোলে... এজন্য 'সবার জন্য শিক্ষা' মানবতার ভবিষ্যতকে সুরক্ষিত রাখার সব থেকে ভালো উপায় হয়। এই সময় হচ্ছে প্রতিটি বাচ্চাকে তার ক্ষমতা ফুটিয়ে তোলার, স্কুলে যাওয়ার আর শেখার সুযোগ প্রদান করার সময়।"

"আন্তজার্তিক মুদ্রা কোষ এমনটা জানিয়েছে যে, তারা এমন বেশ কিছু উপায় গ্রহণ করছে... যার দ্বারা বিভিন্ন দেশে বাণিজ্যিক গতিরোধ সমাপ্ত হওয়ায় পাব্লিক সেক্টরে নিবেশ বৃদ্ধি পাবে। এর প্রভাব মজবুত আর স্থায়ী শিক্ষা ব্যবস্থার সিস্টেম গড়ে তোলার কাজে দেখতে পাওয়া যাবে।" উনি আরও জানিয়েছেন – "দুনিয়ায় 'সবার জন্য শিক্ষা'-র সকল লক্ষ্য হাসিল করার জন্য 16 বিলিয়ন ডলার অর্থের আবশ্যকতা রয়েছে। এই মামলায় এখনও পর্যন্ত জার্মানী, জাপান আর আমেরিকা নিজেদের প্রতিশ্রুতি পূরণের কাছাকাছি জায়গা পর্যন্তও এসে পৌঁছতে পারেনি।" উনি এমন আশা ব্যক্ত করেন – "এত চ্যালেঞ্জ থাকা সত্ত্বেও সকল আন্তজার্তিক প্রচেস্টার শক্তি দ্বারা 2010 সালে 'সবার জন্য শিক্ষা' বিকাশের এজেণ্ডায় সর্বোচ্চ স্থান প্রাপ্ত করতে পারবে।"

'গণতন্ত্রের রক্ষক' সম্মান

কৈলাশ সত্যার্থী নিজের যে কোন উপলব্ধি বা কাজের কৃতিত্ব একা কখনো গ্রহণ করেন না। উনি কখনোই নিজের সাথীদের কথা ভুলে যান না। এই জিনিষটাই ওনাকে এই দুনিয়ায় সকল প্রকারের আন্দোলন চালাতে থাকা ব্যক্তির অহংকার থেকে আলাদা করে তুলে এক মহানায়কের রূপে স্থাপিত করে। গত 20 অক্টোবর, 2009 যখন ওনাকে আমেরিকায় 'গণতন্ত্রের রক্ষক' সম্মান প্রদান করা হয়... সেই সময় উনি নিজের ভাষণে বলেছিলেন – "আজ থেকে কয়েক দিন আগে যখন আমি এই খবরটা পাই যে, 'পার্লিয়ামেন্টেরিয়ন্স ফর গ্লোবাল এ্যাকশন' আমাকে আমেরিকার প্রতিষ্ঠিত 'ডিফেণ্ডার অফ্ ডেমোক্রাসী' সম্মান প্রদান করার সিদ্ধান্ত গ্রহণ করেছে... সেই সময় গণতন্ত্রের দুনিয়ার মহানায়কদের সূচীতে আমার নিজের নাম দেখতে পেয়ে বাস্তবে আমি প্রচণ্ড আশ্চর্য হয়ে উঠেছিলাম। কিন্তু এক গোলাম বালকের রূপে পাথরের খনিতে জন্ম গ্রহণ করা এবং শিশু-দাসত্বে ফেঁসে থাকা 11 বছরের অমর লালের থেকে আমি নিজের প্রশ্নের জবাব পেয়ে গিয়েছিলাম। আজ অমর লাল স্কুলে যায় আর ভারতে কার্যরত আমাদের সংগঠন 'বচপন বঁচাও আন্দোলন'-য়ের শিশু-আশ্রমের পুনর্বাস কেন্দ্রে থাকে।"

"আজ থেকে কয়েক মাস আগে গোটা দেশের 160 শিশু-সাংসদদের নিয়ে আমাদের বার্ষিক শিশু-সংসদের আয়োজন করা হয়েছিল। সেই সব সাংসদদের নির্বাচন গ্রামের বাচ্চাদের শিশু-পঞ্চায়েত করেছিল। অমর লাল-কেও এই সব শিশু সাংসদেরা গোপন ভোটদান দ্বারা নিজেদের রাষ্ট্রীয় অধ্যক্ষ হিসেবে বেছে নিয়েছিল। ও বলেছিল যে, ও 'ডিফেণ্ডার অফ্ ডেমোক্রাসী এ্যাওয়ার্ড' হাসিল করবে... কারণ ওরা, বাচ্চারা 'শিশু মিত্র গ্রাম'-য়ের মাধ্যমে গণতন্ত্রকে মজবুত করে তোলার কাজ করে চলেছে।"

"শিশু মিত্র গ্রাম হচ্ছে এমন এক সমুদায়... যেখানে শিশু-শ্রম থেকে মুক্ত করানো বাচ্চাদের স্কুলে ভর্তি করানো হয় আর এই সব ছেলে-মেয়েরা সমাজের ছোট-বড়, উঁচু-নীচু, হিন্দু-মুসলিম-শিখ-খ্রীষ্টান ইত্যাদি সমুদায়ের প্রতিনিধিত্ব করে। ও গণতান্ত্রিক নির্বাচন পদ্ধতি দ্বারা নিজের শিশু-সংসদের গঠন করে আর শেষে ওর শিশু গ্রাম পঞ্চায়েত বাচ্চাদের সংসদের মাধ্যমে গ্রামে শিশু-বিকাশের বিভিন্ন প্রোগ্রাম চালায়। এজন্য আমার এমনটা মনে হয় যে, এই সম্মান এই ধরণের সকল বাচ্চাদের সম্মান।"

"আমি এমনটা মানি যে, এই সম্মান এই বুনিয়াদী সত্যের প্রতীক যে, গণতন্ত্র, শান্তি আর স্থায়িত্ব সকল বাচ্চাদের উচ্চ গুণবত্তার ফ্রী

শিক্ষা আর সমানতার সুযোগ প্রদান করা ছাড়া কখনো সম্ভব নয়। এই সম্মান 09 বছরের মোহম্মদের সম্মান.. যাকে গত মাসে আরও 95 বাচ্চার সাথে মুক্ত করানো হয়েছিল। আমি যখন এমনটা বলে এই সব বাচ্চাদের মধ্যে স্বাধীনতা আর আত্মবিশ্বাসের ভাবনা জাগ্রত করার চেষ্টা করছিলাম যে, এবার তারা সবাই স্বাধীন আর এবার থেকে তারা সবাই স্কুলে যাবে... সেই সময় বালক মোহম্মদ ঠিক কোন প্রাপ্তবয়স্কের মত জবাব দিয়েছিল – "আমি এক হ্যাণ্ডিক্র্যাফ্ট মজদুর আর আমি এখন আর বাচ্চা নই। আমি কি করে স্কুলে যেতে পারি ?" এর কয়েক সপ্তাহ পরে আমরা সেই বাচ্চাটাকে তার মায়ের হাতে সঁপে দিই... যিনি নিজের সন্তানকে ফিরে পাওয়ার সকল আশাই ত্যাগ করে দিয়েছিলেন। উনি মোহম্মদকে নিজের বুকে জড়িয়ে ধরে আনন্দে চোখের জল ফেলতে লাগলেন। পরে উনি বলেছিলেন – "আমি তো নিজের বাচ্চাকে ফিরে পাওয়ার ব্যাপারে আল্লাহ-র ওপরেও ভরসা হারিয়ে ফেলেছিলাম। আমার চোখের জল এই জিনিষটার প্রমাণ যে, জীবনের ওপরে আমার বিশ্বাস আর আল্লাহ-র ওপরে আমার ভরসা আবার এক বার ফিরে এসেছে।" সেই সময় বালক মোহম্মদ মুচকি হেসে উঠে বলেছিল – "হ্যাঁ... আমি স্কুলে যেতে চাই!"

"এই সম্মান মোহম্মদ আর সেই 78,000 অন্য বাচ্চাদের সম্মান... যাদেরকে আমাদের সংগঠন বন্ধুয়া মজদুরী থেকে মুক্ত করিয়েছিল। এই সম্মান সেই সব মাতা-পিতাদের সম্মান... যাঁরা নিজেদের বাচ্চাদের আবার এক বার ফিরে পেয়েছেন। এই সম্মান সেই 21.8 কোটি শিশু-শ্রমিক আর 7.50 কোটি ছেলে-মেয়েদেরও সম্মান... যারা জীবনে কখনো স্কুলের চৌকাঠ পার করেনি। এই সম্মান 'বচপন বঁচাও আন্দোলন'-য়ের আমার সকল সাথী আর নিজেদের প্রাণ হারানো আমাদের দুই নায়কেরও সম্মান... যাঁরা ভারতে বাচ্চাদের শিশু-শ্রম থেকে মুক্ত করানোর জন্য নিজেদের প্রাণ পর্যন্ত বাজী ধরেছিলেন। যে দুজন শহীদ এই মহান কাজে নিজেদের প্রাণ বিসর্জন দিয়েছিলেন... তাঁরা ছিলেন – ধূমদাস আর আদর্শ কিশোর এবং এই সম্মান তাঁদেরও... যাঁরা গোটা দুনিয়ার বাচ্চাদের মুক্তি আর শিক্ষার জন্য 'গ্লোবাল মার্চ এগেন্সস্ট চাইল্ড লেবার', 'গ্লোবাল ক্যাম্পেন ফর এডুকেশন', 'রগমার্ক' এবং 'আই.সি.সি.এল.ই.'-র লক্ষ্য হাসিল করার কাজে দিন-রাত আমাদের সহায়তা করে এসেছেন। কিন্তু আমি সম্পূর্ণ সততার সাথে এমনটাও বলতে চাই যে, এই সব কাজ এক ব্যক্তির অতুলনীয় সমর্থন ছাড়া করা সম্ভবই ছিল না... যিনি গত 20 বছরে আমার জীবনে কোন বিপদ এসে সেটাকে দূর করার জন্য যে কোন প্রকারের প্রচেষ্টা করতে বাদ রাখেননি।"

"ওনার ব্যক্তিগত আর রাজনৈতিক সমর্পণ আর নেতৃত্ব ছাড়া কৃষি, কার্পেট, বস্ত্র শিল্প, ফুটবল, কোকো, তুলো এবং অন্যান্য প্রকারের ঝুঁকিপূর্ণ শিল্পে কাজে লেগে থাকা বাচ্চাদের কখনোই শোষণ আর দাসত্বের হাত থেকে মুক্ত করানো যেতে পারত না। আমার জীবনে এই ব্যক্তি সকল প্রকারের আশা আর দুনিয়ার লক্ষ-লক্ষ বাচ্চাদের আশার প্রতীক! সেই ব্যক্তি আর কেউ নন... তিনি হচেছন স্বয়ং আমার বড় ভাই সাংসদ টম হার্কিন। এবং টমের সাথেই সর্বদা পর্দার পেছনে থেকে কাজ আর সহায়তা করে গেছেন রোজমেরী গুটিরেজ। আপনারা দয়া করে এই দুজনকে জোরদার তালির সাথে স্বাগত জানান!"

"আমি যদি নিজের সাথীদের জীবন আর উপলব্ধির মধ্যে, এই কক্ষে উপস্থিত দুই বাহাদুর মহিলার উল্লেখ না করি... তাহলে সেটা তাঁদের প্রতি অত্যন্ত অন্যায় করা হবে। এনাদের মধ্যে প্রথম হচেছন আমার পত্নী সুমেধা... যিনি এক সত্যিকারের সাথীর রূপে সকল প্রকারের কঠিনতা আর উপলব্ধিতে আমার পাশে থেকেছেন এবং দ্বিতীয় হচেছ আমার কন্যা অস্মিতা... যে নিজের জীবনে সর্বদাই ঝুঁকির মধ্যে বড় হয়ে উঠেছে। আজকের দিনে আমি নিজের বচনবদ্ধতা আর বাচ্চাদের সকল প্রকারের শোষণের হাত থেকে বাঁচানোর আর তাদের শিক্ষা প্রদান করার নিজের প্রতিবদ্ধতার পুনরাবৃত্তি করছি।"

বাচ্চাদের প্রতি শ্রী সত্যার্থীর প্রেম ঠিক কতটা হতে পারে... সেই ব্যাপারে অনুমান এই ব্যাপারটা থেকে করা যেতে পারে যে, দুনিয়ার সব থেকে শক্তিশালী দেশের ভাগ্য আর বিধান নির্মাতা সাংসদদের দ্বারা আন্তজার্তিক স্তরের সম্মান প্রাপ্ত করার মুহূর্তেও ওনার চোখে জল ছিল এবং উনি সেই মুহূর্তেও বিভিন্ন প্রকারের বিপরীত পরিস্থিতি আর ঝুঁকির মধ্যে জীবন কাটাতে থাকা সারা দুনিয়ার বাচ্চাদের কথা স্মরণ করতে ভোলেননি।

নিজের ভাষণের সমাপনে উনি বলেন – "আমি আপনাদের এটা মনে করিয়ে দিতে চাই যে, বাচ্চাদের পারম্পরিক আর্থিক শোষণ ছাড়াও তাদেরকে বিভিন্ন প্রকারের হিংসার মুখোমুখিও হতে হয়। 1990 সাল থেকে আজ পর্যন্ত দুনিয়ায় সশস্ত্র সংঘর্ষে 20 লক্ষ বাচ্চা নিজেদের প্রাণ হারিয়েছে।"

"সারা দুনিয়ায় প্রায় 10 লক্ষ বাচ্চাকে বে-আইনী কাজে ছোটখাটো ভূমিকা পালন করার জন্য বন্দী করে রাখা হয়েছে। 20 লক্ষ বাচ্চাকে দেহ ব্যবসা অথবা পোর্নোগ্রাফীর শিকার হতে হয়েছে এবং 07 কোটি বাচ্চা মেয়েদের লৈঙ্গিক বিষমতার শিকার বানিয়ে ব্যবহার করা হচেছ। প্রায় 10.20 লক্ষ বাচ্চাদের প্রতি বছর তস্কর দুনিয়ার বিভিন্ন কোনায়

গরু-ছাগলের থেকেও কম দামে মনের মত খরিদ্দারদের সাথে কেনা-বেচা করা হয়ে থাকে। 15 বছরের কম বয়সের প্রায় 04 কোটি বাচ্চাদের প্রতি বছর শারীরিক, মানসিক এবং যৌন দুর্ব্যবহার আর উপেক্ষার মুখোমুখি হতে হয়। স্কুলে না যাওয়া অর্দ্ধেক বাচ্চাদের বিদ্রোহের মোকাবিলা করতে থাকা ক্ষেত্রগুলোয় প্রাণের ঝুঁকির মধ্যে, খেলাধূলো থেকে দূরে বিভিন্ন বাড়ীতে বন্দী অবস্হায় জীবন কাটাতে হচেছ।" উনি অত্যন্ত ভাবপূর্ণ শব্দে বলেন – "সারা দুনিয়ার বাচ্চাদের হিংসা, শোষণ আর দুর্ব্যবহার থেকে রক্ষা করা উচিত। তাদের মৃত্যু, খারাপ শারীরিক-মানসিক অবস্হা, প্রাণঘাতী রোগ, অশিক্ষা, নিরাশ্রয় হয়ে পড়া, ক্ষুধা আর উপেক্ষার হাত থেকে রক্ষা করা উচিত। তাদের খুশী-খুশী সামনের দিকে এগিয়ে চলার সুযোগ আর এক আনন্দপূর্ণ জীবন কাটানোর সুযোগ প্রদান করা উচিত। দুনিয়ার বেশ কিছু দেশে প্রতি দিনই শুনতে পাওয়া বেশ কিছু হৃদয় কাঁপিয়ে দেওয়া সত্য কাহিনী থেকে এটা জানতে পারা যায় যে, এই দুনিয়ায় বাচ্চাদের ওপরে কি-কি অত্যাচার করা হচেছ!"

"এই সব কাহিনী শুনে অনেক বার এমনটা মনে হয় যে, মানবতা মারা যাচেছ। আফগানিস্তান, পাকিস্তান, গাজা, হায়তী, সুডান, ইরাক আর আরও অনেক দেশে পরিস্হিতি নিরন্তর খারাপ হয়ে পড়ছে এবং বৈশ্বিক মূল্যবৃদ্ধির কারণে পরিস্হিতি আরও খারাপ হয়ে পড়ছে। এমন পরিস্হিতিতে মানবতার ভবিষ্যত এই সব বাচ্চারা যাতে সুরক্ষিত থাকে, বড় হয়ে ওঠে আর নিজেদের স্বপ্ন সাকার করতে পারে... তার দায়িত্ব বিশ্ব সমুদায়ের।" উনি আরও বলেন – "পরিস্হিতি যতই খারাপ আর জটিল হোক্ না কেন এবং সমস্যা যতই অনন্ত মনে হোক্ না কেন... সেটার সমাধান নিশ্চিত রূপে সম্ভব, সেই সমাধান হাসিল করা যেতে পারে।"

বাচ্চাদের দেবদূত নিজের সম্মানে একত্রিত হওয়া সাংসদদের সম্বোধিত করে বলেন – "গত এক দশকে এই পরিস্হিতি উন্নত হয়ে উঠতে শুরু করেছে। শিশু-মজদুরদের সংখ্যা 24.6 কোটি থেকে কমে 21.8 হয়ে পড়েছে। কম পক্ষে 04 কোটি বাচ্চাকে স্কুলে ভর্তি করানো হয়েছে। দুনিয়ার 173 দেশ আন্তর্জাতিক শ্রম সংগঠনের 182-তম অধিবেশনের অনুপালনে শিশু-শ্রমের সব থেকে জঘন্য স্বরূপগুলোর বিনাশ করার প্রতিবদ্ধতা ব্যক্ত করেছে। এই সব কিছু এজন্য হয়েছে, কারণ পুরো দুনিয়া এবার বাচ্চাদের জন্য এক সুন্দর স্হান হয়ে ওঠার দিকে অগ্রসর হচেছ।" উনি বলেন – "শিক্ষা শাসন ক্ষমতা, ন্যায় ব্যবস্হা আর সমানতার চাবিকাঠি হয়। শিক্ষা গণতন্ত্র আর বৈশ্বিক সুশাসনের বুনিয়াদ হয়। 'সবার জন্য শিক্ষা' সামাজিক, রাজনৈতিক আর আর্থিক সংস্হানগুলোর

গণতন্ত্রীকরণের প্রথম শর্ত হয়।" উনি আরও বলেন – "গোটা দুনিয়ায় সেনাবাহিনীর ওপরে মাত্র 2.5 দিনে হওয়া খরচ দ্বারা গোটা দুনিয়ার বাচ্চাদের শিক্ষার ব্যবস্থা করা যেতে পারে। এটা হচ্ছে সেই খরচের এক-ষষ্ঠমাংশ... যেটা ইউরোপীয়ানরা কস্‌মেটিক্সের ওপরে খরচ করেন। গোটা দুনিয়ায় শিক্ষা থেকে বঞ্চিত বাচ্চাদের উচ্চ গুণত্ত্বাপূর্ণ শিক্ষা প্রদান করতে মোট 11 বিলিয়ন ডলার খরচ হবে... কিন্তু এই দুনিয়া কি বাস্তবে এতটা গরীব যে, সে এই খরচ বহন করতে পারবে না? এখানে দৃঢ় রাজনৈতিক ইচ্ছা আর দায়িত্ব পালনের ভাবনার আবশ্যকতা রয়েছে যে, আমরা সবার প্রথমে এই দুনিয়ার সকল বাচ্চাদের তালিম প্রদান করাটা সুনিশ্চিত করব। এই কাজে আপনারা সব থেকে গুরুত্বপূর্ণ ভূমিকা পালন করতে পারেন।"

উনি আরও বলেন – "আমি এখানে এই জিনিষটার পুনরাবৃত্তি করতে চাই যে, যে কোন শিল্প পরিবেশের বিনাশ আর প্রত্যক্ষ বা পরোক্ষ রূপে বাচ্চাদের মজদুরীর জোরে গড়ে উঠতে পারে না। প্রতিটি শিল্পকে নিজের দায়িত্ব বুঝতে হবে আর রাজনৈতিক শক্তিসম্পন্ন লোকেদের সারা দুনিয়ায় এটা প্রমাণ করে দেখাতে হবে যে, সংসারকে আসলে কারা চালাচেছ!? বিভিন্ন শিল্পকে এটা বুঝতে হবে যে, আজকের যুগের গ্রাহকেরা বাস্তবে এটা জানতে চান যে, চকোলেট, কার্পেট, ফুল আর অন্যান্য সকল প্রকারের ধান্ধায় শিশু-শ্রমিক বা বন্ধুয়া মজদুরদের উপযোগ করা হচেছ কি না? তাঁরা এটাও জানতে চান যে, শ্রমিকদের তাঁদের ন্যায্য অধিকার প্রদান করা হচেছ কি না? আজকের যুগের গ্রাহকেরা প্রতিটি শিল্প-কারখানায় ভালো আইন, সামাজিক দায়িত্বের পালন আর শ্রমিক কল্যাণের প্রচেষ্টার ব্যাপারে জানতে চান। প্রতিটি গ্রাহকের বিশ্বাস অর্জন না করে আর কার্যস্থলে ভালো পরিবেশ সৃষ্টি না করে কোন শিল্প আজকের যুগে গড়ে উঠতে পারে না।"

❑❑❑

12

সংঘর্ষ চলতেই থাকবে

নোবেল পুরস্কার প্রাপ্ত করার পরে কি কৈলাশ সত্যার্থী-র সংঘর্ষ শেষ হয়ে পড়েছে, না কি ভবিষ্যতে মানবতা ওনার নতুন কোন আন্দোলনকে অনুভব করবে ? এই প্রশ্নটা আমার মনে ছিল। কিন্তু আমি ওনার সাথে যোগাযোগ করে উঠতে পারছিলাম না। হঠাৎই 02 নভেম্বর, 2014 অপরাহ্ণে আমার ফোন বেজে উঠল। কৈলাশ সত্যার্থী নিজে অপর প্রান্ত থেকে বলছিলেন – "আমি জার্মানীতে আপনার মেল পড়েছিলাম। মাদার টেরেসা আপনাকে যে পত্র লিখেছিলেন... সেটাও আমি দেখেছি। পুস্তকের ব্যাপারে আপনার যে সহায়তা চাই, আমাকে জানান। প্রশ্ন পাঠান, আমার অফিস থেকে যে কেউ আমার সাথে কথা বলে আপনার প্রশ্নের উত্তর পাঠিয়ে দেবে।" আমি ওনাকে নোবেল পুরস্কার প্রাপ্তির জন্য অভিনন্দন জানিয়ে বললাম – "আপনার নোবেল পুরস্কার প্রাপ্তি ভারতের পক্ষে অত্যন্ত গৌরবের বিষয়...।" উনি আমার কথার মাঝখানে বলে উঠলেন – "এটা কেবলমাত্র ভারতেরই নয়... বরং গোটা দুনিয়ার কোটি-কোটি বাচ্চাদের সম্মান। আমি মলালা-র সাথেও কথা বলেছি... আমরা এক সাথে মিলে শিশু-শ্রম মেটানোর ওপরে কাজ করব।"

উনি বলেন যে, উনি ভগবানকে মানেন... কিন্তু উনি কট্টর রূপে ধার্মিক নন। উনি এমন আশা প্রকাশ করেন যে, এবার হয়তো ওনার কথা শোনা হবে আর এবার হয়তো উনি আগের থেকে অনেক বেশী কাজ করতে পারবেন এবং গোটা দুনিয়া জুড়ে আরও বেশী লোকেদের বাচ্চাদের গোলামীর বিরুদ্ধে সংঘর্ষে শামিল হওয়ার জন্য প্রস্তুত করতে পারবেন।

আমার ভালো করে মনে আছে যে, এক ইন্টারভিউতে উনি এমনটা বলেছিলেন – "বাচ্চাদের গোলামীর হাত থেকে বাঁচানোর আন্দোলন চালানোর সময় আমাকে অনেক অপমান সহ্য করতে হয়েছে। আমার মা-ও নিজের চোখে আমাকে মার খেতে দেখেছেন। আমি যখন নিজের এই উদ্দেশ্য পূর্তির জন্য ইঞ্জিনিয়ারের চাকরী ছেড়ে দিই... আমার মা খুব কান্নাকাটি

করেছিলেন... কিন্তু উনি আমার এই লড়াইকে বুঝতেন আর আমার উৎসাহ বর্দ্ধন করতেন।" আরও একটি ইন্টারভিউতে উনি বলেছিলেন – "আজ আমি বিশেষ রূপে নিজের সেই দুই সহযোগীদের কথা স্মরণ করতে চাই... যাঁদের এই সংঘর্ষে নিজেদের প্রাণ বিসর্জন দিতে হয়েছে। শয়তানেরা একজনকে গুলি করে আর অন্যজনকে মেরে-মেরে শেষ করে দিয়েছিল। আমার নিজের সর্বশরীরে চোটের চিহ্ন রয়েছে।" নিজের জীবনের সব থেকে বড় খুশীর মুহূর্তের উল্লেখ করে উনি বলেছিলেন – "যখন আমি বাচ্চাদের গোলামী থেকে মুক্ত করিয়ে তাদের মাতা-পিতার হাতে তুলে দিই... তখন তাদের চোখে আনন্দাশ্রু দেখে আমি নিজেকে স্বাধীন অনুভব করি।"

সমাজের জন্য কৈলাশ সত্যার্থী-র বার্তা অত্যন্ত স্পষ্ট আর হৃদয়স্পর্শী। উনি এমনটা বলেন যে, এক গ্রাহকের রূপে আপনারা সবাই সেই সব বস্তু বয়কট করুন... যেগুলোর উৎপাদনে যে কোন রূপে শিশু-শ্রমের উপযোগ করা হয়েছে। দোকানদের এই প্রশ্ন করতে কখনোই সংকোচ অনুভব করবেন না যে, তাঁদের দোকানেও কি ছোট বাচ্চারা কাজ করে? যেসব লোক সোশাল মীডিয়ায় রয়েছেন... তাঁরাও নিজেদের ধর্ম পালন করুন আর সকল প্রকারের শিশু-উৎপীড়ন বন্ধ করার কাজে সহায়তা করুন।

আমি ওনাকে এমন প্রশ্ন করেছিলাম – "শিশু-শ্রমের বিরুদ্ধে নিজের সংঘর্ষকে আপনি নিজে কি সংজ্ঞা দেবেন?" উনি আমার প্রশ্নের উত্তরে দুই শব্দের এক বাক্য বলেছিলেন – "বাচ্চাদের বন্ধু!" তারপর হঠাৎই উনি নিজের কাছে দাঁড়ানো কাউকে এমনটা বললেন – "এনাকে ই-মেল পাঠিয়ে দেবেন।" আমাদের বার্তালাপ হঠাৎ করে শেষ হয়ে আসছে – এমনটা মনে করে আমি ঘাবড়ে উঠলাম। আমি এমনটা ভাবতে লাগলাম যে, উনি আমার কথায় কিছু মনে করলেন না তো? কিন্তু সেই সময় ওনার মাথায় অন্য কিছু ঘুরে বেড়াচ্ছিল। উনি বলে উঠলেন – "হ্যাঁ... আমি বলছিলাম যে, আমি নিজেকে বাচ্চাদের বন্ধু মনে করি আর এটাই হচ্ছে আমার পরিচিতি। এই দুনিয়ায় কোন বাচ্চাকেই দয়নীয় মনে করা উচিত নয়। বাচ্চাদের সাথে ভালো ভাবে, প্রেমপূর্বক ব্যবহার করা উচিত। লোকেরা প্রায়ই বাচ্চাদের ব্যবহারকে বোকামী বা মূর্খতা মনে করে বসেন। লোকেদের নিজেদের এই চিন্তাধারা বদলে ফেলা উচিত। আমি তো গোটা দুনিয়া জুড়ে এমন সমানতা চাই, যাতে আমি নিজেও বাচ্চাদের থেকে কিছু শিখতে পারি। আমরা বাচ্চাদের থেকে কিছু শিখি না কেন? আপনারা সর্বদা এটা মাথায় রাখবেন যে, আমরা সবাই এক সাথে মিলে দুনিয়ার বাচ্চাদের বাঁচাতে পারি। এই ব্যাপারে আমার প্রিয় শ্লোগান হচ্ছে – "আহার-খেলা-প্রেম-শিক্ষা... প্রতিটি বাচ্চার অধিকার, নয় সেটা ভিক্ষা!"

যখন এই পুস্তক সম্পূর্ণ করার কাজে হঠাৎ করে কোন অজানা কারণে, সহযোগের সমস্ত সূত্র হঠাৎ করে গায়েব হয়ে গিয়েছিল... তখন আমি ইন্টারনেটে মজুদ তথ্য আর সোশাল মীডিয়া-র ব্যবহার করার সিদ্ধান্ত নিই। কৈলাশ সত্যার্থী-র টুইটর এ্যাকাউন্টে ওনার বেশ কিছু প্রেরক বাক্য আমাকে আকৃষ্ট করে। সম্প্রতি উনি লিখেছিলেন – "দাসত্বের সাফাইতে ব্যর্থতা বৈশ্বিক পাপ!" তার ঠিক পরেই উনি লিখেছেন – "আমি সংসদে শিশু-শ্রমের ওপরে সম্পূর্ণ নিষেধাজ্ঞার দাবী জানাচ্ছি।" ওনার আরও একটি টুইট্ ছিল – "অনেকে আমাকে এমন প্রশ্ন করেন যে, আমার মিত্র আর শত্রু কারা?" আমার জবাব হচ্ছে – "যেসব ব্যক্তি বাচ্চাদের বন্ধু... তাঁরা অনেক আগে থেকেই আমার মিত্র আর বাকীরাও এক দিন আমার মিত্র হয়ে পড়বেন।"

উনি আরও একটা টুইট্ করেছিলেন – "শিশু-শ্রমকে সমাপ্ত না করে শিক্ষা প্রাপ্ত করা সম্ভব নয়। আমি য়ুনেস্কো প্রমুখ ইরীনা বোকোভা-র সাথে মিলিত হয়েছি... উনি শিশু-শ্রম বিরোধিতাকে আরও বেশী গুরুত্ব প্রদান করার প্রতিশ্রুতি দিয়েছেন।"

নিশ্চিত রূপে কৈলাশ সত্যার্থী হয়তো কোন অত্যন্ত গুরুত্বপূর্ণ কাজে ব্যস্ত হয়ে পড়েছিলেন... এজন্য হয়তো ওনার স্টাফ ওনার থেকে আমার ই-মেলের প্রশ্নের জবাব হাসিল করার সময় পাননি আর কেউ হয়তো ওনাকে এই ব্যাপারে মনেও করিয়ে দেয়নি। কিন্তু কিছু গুরুত্বপূর্ণ প্রশ্নের জবাব উনি বিভিন্ন সাংবাদিকদের সাথে বার্তালাপ করার সময় দিয়েছেন। আপাততঃ তাতেই আমার কাজ হয়ে পড়েছে।

সম্প্রতি উনি অল্ জজীরা টি.ভি. চ্যানেলের সাথে কথা বলার সময় বলেছেন – "নোবেল পুরস্কার বাচ্চাদের সাথে সম্বন্ধিত বিষয়গুলোকে আরও বেশী গুরুত্ব প্রদান করে এই বিষয়কে আর গোটা দুনিয়ায় এর ওপরে কাজ করতে থাকা ব্যক্তিদের মজবুতী প্রদান করেছে... কিন্তু তার অর্থ এটা নয় যে, এর দ্বারা যুগ-যুগ ধরে চলে আসা শিশু-শ্রমের সমস্যা সমাপ্ত হয়ে পড়বে। আমাদের নিজেদের সংঘর্ষ চালিয়ে যেতে হবে। আমি এই ব্যাপারে মলালা-র সাথে কথা বলেছি আর এমন অনুরোধ জানিয়েছি যে, আমাদের এক সাথে মিলে এমন এক পরিস্থিতির জন্য কাজ করতে হবে... যেন কোন বাচ্চাকে সশস্ত্র সংঘর্ষ, বিদ্রোহ, আতংকবাদ আর হিংসার শিকার না হতে হয়। গোটা দুনিয়ার বাচ্চাদের জন্য আমাদের শান্তি নিয়ে আসতে হবে। আমাদের গোটা দুনিয়ার বাচ্চাদের এক নতুন আন্দোলনে শামিল করতে হবে – 'বাচ্চাদের জন্য শান্তি আর শান্তির জন্য বাচ্চা'।" উনি নোবেল পুরস্কার থেকে প্রাপ্ত অর্থের কি করবেন? এই প্রশ্নের উত্তরে উনি বলেছেন – "পুরস্কারের এক-একটা পাই-পয়সা শিশু-শ্রম, শিশু-বেশ্যাবৃত্তি আর শিশু-দাসত্বের আমাদের সংঘর্ষে খরচ

করা হবে।" এর অর্থ হচেছ এই যে, ভারতে কৈলাশ সত্যার্থী দ্বারা 35 বছর আগে শুরু করা বন্ধুয়া শিশু-শ্রম, শিশু-বেশ্যাবৃত্তি, শিশু-দাসত্ব, শিশু-অধিকার আর শিশু-শিক্ষার লড়াই এবার ভবিষ্যতের উদ্দেশ্যও প্রাপ্ত করে নিয়েছে।

এবার দেখার মত বিষয় হচেছ এটা যে, ভবিষ্যতের লড়াইকে কৈলাশ সত্যার্থী নিজের ব্যবস্হাপনা কৌশল, আন্তজার্ত্তিক খ্যাতির কারণে গড়ে ওঠা যোগাযোগ, আন্তজার্ত্তিক-রাষ্ট্রীয় মীডিয়ায় হঠাৎ করে প্রাপ্ত জনপ্রিয়তা এবং বিশ্বসনীয়তার জোরে কতদূর পর্যন্ত নিয়ে যেতে পারেন! সারা দুনিয়ার বাচ্চাদের এক নতুন আন্দোলনে শামিল করে উনি কি 'বাচ্চাদের জন্য শান্তি আর শান্তির জন্য বাচ্চা'-র নিজের নতুন উদ্দেশ্য প্রাপ্ত করতে পারবেন? বিভিন্ন ধান্ধায় বাচ্চাদের কেনা-বেচা আর বাচ্চাদের দিয়ে ব্যবসা করাতে থাকা লোকেরা কি কখনো হার মেনে নেবে? হিংসা, আতংক, যুদ্ধ আর শাসন ক্ষমতা পরিবর্তনে রক্ত ঝরাতে থাকা নিষ্ঠুর হাতিয়ার মাফিয়া আর সিদ্ধান্তহীন রাজনীতিবাজেরা কি ওনাকে সফল হতে দেবে?

এই সব প্রশ্ন পড়ে আপনাদের মনে যদি কোন নিরাশাজনক জবাব আসে... তাহলে আপনারা এটাও ভেবে দেখুন যে, আপনারা কি সঠিক অর্থে বাচ্চাদের নিজের বন্ধু বলা এই পাগলের জেদী স্বভাবকে জানেন? এই ব্যক্তির হাতে যখন কিছুই ছিল না... তখন উনি নোবেল শান্তি পুরস্কার পর্যন্ত পৌঁছে গেছেন। এখন তো ওনার দুই সন্তানও যুবা হয়ে উঠেছেন। এখন তো উনি আন্তজার্ত্তিক পুরস্কারের মেডেল আর সংযুক্ত রাষ্ট্র সঙ্ঘ সমেত দুনিয়ার 140-টি দেশের জন-নায়ক!

❑❑❑

13 

উপসংহার

10 ডিসেম্বর, 2014 – সেই দিনটা এসে গেল... যখন কৈলাশ সত্যার্থী-কে মলালা য়ুসুফজঈ-য়ের সাথে ওস্‌লো-র বিশ্ববিখ্যাত সিটি হলে 1300 বিশ্ববিখ্যাত ব্যক্তিত্বের উপস্থিতিতে 'নোবেল শান্তি পুরস্কার' প্রদান করা হল। দুই নোবেল পুরস্কার বিজেতা, পুরস্কার সমিতির সদস্যবৃন্দ এবং নোবেল সমিতির স্থায়ী সচিব সমেত সামনে বসে থাকা রাজ পরিবারের সদস্যদের সামনেই তৈরী মঞ্চের চেয়ারে বসেছিলেন। ওনাদের পেছনে বিশিষ্ট অতিথিদের মাঝে শান্তির নোবেল পুরস্কার বিজেতাদ্বয়ের আত্মীয়-স্বজনেরা বসেছিলেন।

নোবেল শান্তি পুরস্কার পদক, নরওয়ের মহানতম শিল্পীদের মধ্যে অন্যতম মূর্তিকার গুস্তাভ ভীগল্যাণ্ড দ্বারা এরিক লিণ্ডবর্গ নামক শিল্পীর সহায়তায় ডিজাইন করা হয়েছিল। এর আগে ভীগল্যাণ্ড মূল রূপে এই পদক 1902 সালে তৈরী করেন। প্রথমে এই পদক 23 ক্যারেট সোনার হত... যার ওজন ছিল 192 গ্রাম।1980 সালে এটা 18 ক্যারেট সোনা দিয়ে তৈরী করা হয় আর এটার ওজন হয় 196 গ্রাম। এর ব্যাস অবশ্য আগের মতই 6.6 সেমি.-ই রাখা হয়। পদকের সামনের অংশে এ্যালফ্রেড নোবেলের চিত্র, নাম আর ওনার জন্ম-মৃত্যুর বর্ষ অঙ্কিত থাকে। পদকের পেছনের অংশে আন্তর্জার্তিক ভ্রাতৃত্ব বোধের প্রতীক একে-অপরকে জড়িয়ে ধরা তিন নগ্ন পুরুষের চিত্র রয়েছে।

আপনারা এটা জেনে অবাক হয়ে উঠবেন যে, জার নিকোলাস (দ্বিতীয়), সম্রাট হেল সিলাসে, থমাস জি. মসার্ক, এডওয়ার্ড বনেস, নেভিল চেম্বরলিন, এ্যান্থনী ইডন, ক্লেমেন্ট এটলী সমেত র‍্যামসে ম্যাকডোনাল্ড, উইন্সষ্টন চার্চিল, ফ্র্যাঙ্কলিন ডি. রুজভেল্ট, হ্যারী এস,. ট্রুম্যান, ডোয়াইড ডি., চার্ল্স হ্যুজ, জন ফষ্টার ডলেস, পিয়র মেণ্ডেস-ফ্রান্স, কনরাড অডেনার, জুয়ান আর ইভা প্যারোঁ, জওহরলাল নেহরু এবং জুহোকুস্তী পসিকিভী-র মত বেশ কিছু প্রসিদ্ধ রাজনৈতিক নেতা

নোবেল পুরস্কার প্রাপ্ত করার পরে গন্যমান্য ব্যক্তিদের পদক এবং প্রশস্তিপত্র দেখাচ্ছেন শান্তির দূত কৈলাশ সত্যার্থী এবং য়ুসুফজঈ মলালা

আর রাষ্ট্রাধ্যক্ষদেরও 'নোবেল শান্তি পুরস্কার'-য়ের জন্য নামাঙ্কিত করা হয়েছিল... কিন্তু তাঁদের শেষ পর্যন্ত এই সম্মান প্রাপ্ত হয়নি। এমন কি ইটালীর বেনিটো মুসোলিনী (1935), জার্মানীর এ্যাডোল্ফ হিটলার (1939) এবং রাশিয়ার জোসেফ স্ট্যালিন (1945 আর 1948)-য়ের মত পরম শক্তিশালী একনায়কদেরও 'নোবেল শান্তি পুরস্কার'-য়ের জন্য নামাঙ্কিত করা হয়েছিল... কিন্তু তাঁদের সমস্ত প্রচেস্টা সত্ত্বেও তাঁদের এই সম্মান প্রাপ্ত হয়নি।

দুই বিজেতা এই সমারোহে নরওয়ের রাজা হেরাল্ড (পঞ্চম)-য়ের উপস্থিতিতে 'নরওয়ে নোবেল সমিতি'-র অধ্যক্ষের হাত থেকে 'নোবেল শান্তি পুরস্কার' প্রাপ্ত করেন। অনুষ্ঠানের শুরুতে সাদা পাঞ্জাবীর ওপরে ক্রীম কালারের শাল গায়ে চড়ানো কৈলাশ সত্যার্থী এবং পাঠানী সালওয়ার-কুর্তার ওপরে লাল রং-য়ের শাল জড়ানো মলালা-র আগমনে সভাগারে উপস্থিত প্রত্যেকে নিজের জায়গায় উঠে দাঁড়িয়ে করতালি দেন।

1901 সালের পর থেকে 2014 সাল পর্যন্ত 95 'নোবেল শান্তি পুরস্কার' প্রদান করা হয়েছে। 19-বার; 1914 - 1916, 1918, 1923, 1924, 1928, 1932, 1939 - 1943, 1948, 1955 - 1956, 1966 - 1967 আর 1972 সালে গোটা দুনিয়ায় কাউকেই এই পুরস্কারের যোগ্য বলে মনে করা হয়নি। এই বছরগুলোয় কাউকে কেন সম্মানিত করা হয়নি ? পুরস্কারের ব্যাপারে দেওয়া বিবরণের পরে কৈলাশ সত্যার্থী 'নোবেল ব্যাখ্যান' শুরু করেন। উনি শুরুতে সংস্কৃত ভাষায় এক বৈদিক শ্লোক উদ্ধৃত করে হিন্দীতে বলতে শুরু করেন। কিন্তু এর ঠিক 05 মিনিট পরেই উনি ইংরাজী ভাষায় নিজের ভাবনা ব্যক্ত করতে শুরু করেন। ভাষণ দেওয়ার সময় উনি মলালা-কে 'আমার প্রিয় কন্যা' বলে

সম্বোধিত করে উপস্থিত সকলের হৃদয় জয় করে নেন। শ্রী সত্যার্থী-র এমন সম্বোধনে পুরো সভাগার বেশ কয়েক বার হাততালিতে গুঞ্জরিত হয়ে ওঠে। মাঝে কৈলাশ সত্যার্থী-র লিখিত ভাষণের বেশ কয়েকটা পৃষ্ঠা হারিয়ে যাওয়ায় উনি সেই সব কাগজের সহায়তা ছাড়াই নিজের ভাষণ সমাপ্ত করেন।

উনি বলেন – "শান্তি আর মানবতার এই মঞ্চ থেকে আমি প্রচীন জ্ঞানের গ্রন্থ বেদ থেকে এক মন্ত্র উদ্ধৃত করতে পেরে নিজেকে অত্যন্ত সম্মানিত অনুভব করছি... যে মন্ত্রে সকল প্রকারের মানব নির্মিত সংকট থেকে মানবতাকে মুক্ত করার অদ্ভূত ক্ষমতা রয়েছে ঃ 'সংগচছধবং সংবদধভম সং বো মনাসিং জনতাম, দেবাভাগে যথাপূর্বে সঞ্জানানাম্ উপাসতে!' (অর্থাৎ সবার সাথে প্রেমপূর্বক মিলিত হোন্, প্রেমপূর্বক কথা বলুন, জ্ঞানী হোন্, নিজেদের পূর্বপুরুষদের মত আপনারাও নিজেদের কর্তব্যের পালন করুন)।"

উনি বলেন – "আমি ভগবান বুদ্ধ, গুরু নানক আর মহাত্মা গান্ধীর দেশ থেকে নরওয়ে পর্যন্ত নিজের এই সফরকে বিশ্বশান্তি আর মানবতার সব থেকে প্রচীন প্রান্তের সাথে আধুনিক প্রান্তকে যুক্ত করার যাত্রা হিসেবে মনে করি।"

নোবেল পুরস্কার প্রাপ্ত করার পরে সমারোহকে সম্বোধিত করছেন কৈলাশ সত্যার্থী

কৈলাশ সত্যার্থী এতটা বলামাত্র গোটা সভাগার হাততালিতে গুঞ্জরিত হয়ে ওঠে। নিজের ভাষণের সময় শ্রী সত্যার্থী বেশ কয়েক বার হাততালির মাধ্যমে সমর্থন আর সম্মান প্রাপ্ত করেন। ভাষণের সময় ওনার কথায় সেখানে মজুদ বিশিষ্ট ব্যক্তিত্বরা চোখ বন্ধ করে আর নিজেদের হৃদয়ের পরে হাত রেখে নিজেদের ভেতরে মজুদ বাচ্চা-কে অনুভব করেন। শ্রী সত্যার্থী বলেন – "বাচ্চাদের সম্পূর্ণ স্বাধীনতা প্রাপ্ত হওয়া উচিত। দুনিয়ার প্রতিটি বাচ্চার যেন স্কুলে যাওয়ার, খেলা করার আর পড়াশোনা করার অধিকার প্রাপ্ত হয়। বাচ্চাদের যদি সঠিক শিক্ষা না দেওয়া হয়... তাহলে মানবতার বিরাট বড় ক্ষতি হয়ে পড়বে।" উনি উপস্থিত সকলকে বৈশ্বিক উন্নতির প্রচেস্টায় যোগদান দেওয়ার প্রেরণা জুগিয়ে বলেন – "এতে পূর্ব থেকে

পশ্চিম পর্যন্ত আর উত্তর থেকে দক্ষিণ পর্যন্ত, দুনিয়ার যে কোন কোনায় বসবাস করা কোন ব্যক্তিরই বঞ্চিত থাকা উচিত নয়।" উনি বলেন – "আর্থিক উন্নতি আর বিকাশের রাস্তায় দুনিয়ার দক্ষিণ প্রান্ত থেকে উত্তর প্রান্ত পর্যন্ত এবং পূর্ব প্রান্ত থেকে পশ্চিম প্রান্ত পর্যন্ত, আমাদের মধ্যে কেউ যেন পেছনে থেকে না যান... কেন যেন আমাদের থেকে আলাদা না হয়ে পড়েন। আমরা সবাই এক সাথে চলব... এক সাথে চিন্তন করব আর এক সাথে মিলে এমন জ্ঞানের সৃজন করব, যার দ্বারা সমস্ত বিশ্বের কল্যাণ হতে পারবে।"

উনি হাততালির আওয়াজের মাঝেই বলেন – "আজ আমি নিজের মাতা-পিতাকে স্মরণ করছি, নিজের দেশকে স্মরণ করছি... যে দেশ স্বর্গের থেকেও ভালো। প্রতি বার আমি যখন কোন বাচ্চাকে গোলামী থেকে মুক্ত বরাই... আমি নিজেকে মুক্ত অনুভব করি। মুক্তির পরে বাচ্চাদের সরল মুখে স্বাধীনতার প্রথম হাসিতে, আমি সাক্ষাৎ পরমেশ্বরকে মুচকি হাসতে দেখতে পাই। আমি আমাদের আন্দোলনের সফলতার সর্বাধিক কৃতিত্ব দাসত্ব আর বাচ্চাদের গরিমার রক্ষা করার জন্য নিজেদের প্রাণ বিসর্জন দেওয়া ভারতীয় স্বেচ্ছাসেবক কালু কুমার, ধূম দাস, আদর্শ কিশোর আর পাকিস্তানী স্বেচ্ছাসেবক ইকবাল মসীহ-কে দিতে চাই। আমি আমাদের আন্দোলনে শহীদ হওয়া প্রতিটি সাথী, গোটা দুনিয়ায় ছড়িয়ে থাকা নিজেদের সকল সাথী এবং দেশবাসীদের পক্ষ থেকে অত্যন্ত বিনম্রতাপূর্বক এই পুরস্কার গ্রহণ করছি। ভগবান বুদ্ধ, গুরু নানক আর মহাত্মা গান্ধীর মহান ভূমি থেকে নরওয়ে পর্যন্ত আমার এই সফর বৈশ্বিক শান্তি আর ভ্রাতৃত্ব বোধের প্রাচীন আর আধুনিক – দুই কেন্দ্রের মাঝে এক সেতুর মত।"

উনি আরও বলেন – "যাদের আওয়াজ শুনতে পাওয়া যায় না... আমি তাদের নীরবতার প্রতিনিধি। আমি তাদের নির্দোষিতার বিলাপ আর অস্তিত্বহীন জীবনের প্রতিনিধি। আমি এখানে আমাদের বাচ্চাদের আওয়াজ আর স্বপ্ন আপনাদের সাথে ভাগ করে নেওয়ার জন্য এসেছি। আমি তাদের ভয়ভীত আর ক্লান্ত হয়ে ওঠা চোখ দুটোয় উঁকি মেরে দেখেছি। আজ থেকে 20 বছর আগে হিমালয়ের তলদেশে, আমি এক ছোট, রোগা-পাতলা ছেলের সাথে মিলিত হয়েছিলাম। সে আমাকে প্রশ্ন করেছিল – "এই দুনিয়া কি এতটাই গরীব যে, সে আমাকে একটা খেলনা আর বই দিতে পারে না... কিন্তু কাজ করার সরঞ্জাম বা বন্দুক উঠিয়ে নেওয়ার জন্য বাধ্য করে?" সশস্ত্র আতংকবাদীদের দ্বারা অপহৃত এক সুডানী শিশু-সৈনিকের সাথে আমার আলাপ হয়েছিল। তাকে বুনিয়াদী প্রশিক্ষণের সময়ই নিজের বন্ধু আর পরিবারের লোকেদের হত্যা করার জন্য বাধ্য করে তোলা হয়েছিল। সে আমাকে প্রশ্ন করেছিল – "আমার

দোষ কি ?" 12 বছর আগে, কোলম্বিয়ার গলিতে আমি এক কিশোরী-মায়ের দেখা পেয়েছিলাম... যাকে অপহরণ করার পরে তস্করী করা হয়েছিল, তারপর তার সাথে বলাৎকার করা হয়েছিল। তার পরে তাকে গোলাম বানিয়ে রাখা হয়েছিল। সে আমাকে প্রশ্ন করেছিল – "আমি কখনো কোন স্বপ্ন দেখিনি। আমার সন্তান কি দেখতে পারবে ?" বাচ্চাদের স্বপ্ন দেখা থেকে বঞ্চিত করে রাখার থেকে বড় হিংসা আমার মতে আর কিছুই হতে পারে না।"

উনি নিজের জীবনের উদ্দেশ্য স্পষ্ট করে জানিয়েছেন – "আমি দুনিয়ার সকল বাচ্চাদের পূর্ণ স্বাধীনতা চাই। তারা নিজেদের শৈশবের পূর্ণ আনন্দ উপভোগ করার স্বাধীনতা প্রাপ্ত করুক, জীবনে উন্নতি করার সুযোগ পাক, ভোজনের চিন্তা থেকে তাদের মুক্তি প্রাপ্ত হোক্, তারা যেন ভরপুর ঘুমোতে পারে, তারা যেন দিনের আলোর আনন্দ ওঠাতে পারে, প্রাণ খুলে হাসতে পারে, কাঁদতে পারে, নিজেদের মনের মত খেলা খেলতে পারে, যেটা শিখতে চায় শিখতে পারে, তারা যেন স্কুলে যাওয়ার স্বাধীনতা প্রাপ্ত করে আর সব থেকে বড় কথা হচ্ছে এই যে, তাদের যেন নিজেদের স্বপ্ন সাকার করে তোলার স্বাধীনতা থাকে।"

উনি আরও বলেন – "পৃথিবীর সকল মহান ধর্ম আমাদের বাচ্চাদের কথা মাথায় রাখতে আর তাদের সঠিক দেখাশোনা করতে শেখায়। যীশু বলেছিলেন – "বাচ্চাদের আমার কাছে আসতে দাও... পরমেশ্বরের সাম্রাজ্যে ওদের জন্য কোন বাধাই নেই!" পবিত্র কুরানে এমনটা বলা হয়েছে – "দারিদ্রতার কারণে নিজেদের বাচ্চাদের শেষ করে দিও না।" আমার এমনটা মনে হয় না যে, মন্দির-মসজিদ-চার্চ আর গীর্জাঘরগুলোয় বাচ্চাদের স্বপ্নের জন্য কোন জায়গা নেই। পুরো দুনিয়ায় সেনাবাহিনীর জন্য হতে থাকা মাত্র এক সপ্তাহের খরচে দুনিয়ার সকল দেশে পড়াশোনা থেকে বঞ্চিত হয়ে থাকা বাচ্চাদের স্কুলে নিয়ে আসা যেতে পারে। আমি এমনটা মানি না যে, আইন, সংবিধান, ন্যায়াধীশ আর পুলিশ আমাদের বাচ্চাদের সুরক্ষা প্রদান করতে অসমর্থ। আমি এমনটা কক্ষনো মানতে পারি না যে, গোলামীর শৃঙ্খল স্বাধীনতার উষ্ণতার থেকে বেশী মজবুত হতে পারে!"

"আমি যেসব সাহসী ব্যক্তিদের সাথে কাজ করার সুযোগ পেয়েছি... তাঁরাও এমনটা মানতেন না। আমরা কোন ধমকী, কোন ঝুঁকির সামনে কখনো মাথা নীচু করিনি। গত কয়েক দশকে কিছুটা উন্নতি হয়েছে ঠিকই... স্কুলে না যাওয়া বাচ্চাদের সংখ্যা অর্দ্ধেক হয়ে এসেছে। শিশু-মৃত্যুর হার আর কু-পোষণও অনেকটাই কমে এসেছে। লক্ষ-লক্ষ বাচ্চাদের মৃত্যুর হাত থেকে রক্ষা করা সম্ভবপর হয়েছে। দুনিয়ায় শিশু-মজদুরদের সংখ্যাও কমে এসে এক-তৃতীয়াংশ হয়ে পড়েছে। তবুও আপনারা যেন

আত্মসন্তুষ্টিতে ভরে উঠবেন না... চ্যালেঞ্জ এখনও শেষ হয়ে পড়েনি।" উনি অসহিষ্ণুতাকে গোটা দুনিয়ার মানবতার পক্ষে ভবিষ্যতে ঝুঁকি হয়ে ওঠা সব থেকে বড় সংকটের আখ্যা দিয়ে বলেছেন – "এই সংকট আমাদের সবার দরজা পর্যন্ত এসে উপস্থিত হয়েছে। আমরা নিজেদের বাচ্চাদের সেই শিক্ষা প্রদান করতে সম্পূর্ণ রূপে ব্যর্থ হচ্ছি... যেটা তাদের জীবনের অর্থ, লক্ষ্য আর সুরক্ষিত ভবিষ্যত প্রদান করতে পারবে এবং তাদের বৈশ্বিক নাগরিক হয়ে ওঠার মানসিকতা প্রদান করতে পারবে। আমার ভয় হচ্ছে যে, এই ব্যর্থতার পরিণতি আত্মঘাতী আর অভূতপূর্ব হিংসার রূপে আমাদের সামনে এসে না উপস্থিত হয়।"

নিজের ভাষণে পুরো দুনিয়ায় ছড়িয়ে পড়া হিংসার মোকাবিলায় শান্তি... আতংকবাদের মোকাবিলায় সহ্যশীলতা আর ভয়ের মোকাবিলায় সাহসকে গুরুত্ব প্রদানকারী মলালা-র মত যুবাদের উঠে দাঁড়ানোকে প্রশংসা করে উনি বলেছেন – "দূরে বসে সম্মেলন করলে আর পরামর্শ দিলে সমাধানের রাস্তা বার হয় না... বরং প্রতি দিন সমস্যার মোকাবিলা করতে থাকা দুনিয়ার জন্য অজানা এবং বিনা পরিচিতির ছোট সমূহ আর স্থানীয় সংগঠনগুলোই সমাধানের রাস্তা খুঁজে বার করতে পারে। আজ থেকে 18 বছর আগে, পৃথিবীর 103 দেশের আমার ভাই-বোনেরা 80,000 কিমি. পদযাত্রা করেছিলেন... যেটার পরিণাম শিশু-শ্রমের বিরুদ্ধে এক নতুন আন্তর্জার্তিক আইনের রূপে সামনে এসেছিল। আমরা এমনটা করে দেখিয়েছিলাম।"

উনি সভাগারে মজুদ বিশিষ্ট অতিথিদের সরাসরি প্রশ্ন করেন – "একজন একাকী ব্যক্তি দুনিয়াকে কি ভাবে বদলাতে পারেন ?" তারপর উনি এক কাহিনী শোনান – "এক জঙ্গলে এক বার ভয়ংকর আগুন লেগে যাওয়ায় প্রচণ্ড হৈ-চৈ পড়ে গেল। জঙ্গলের রাজা সিংহ সমেত সকল জানোয়ার নিজেদের প্রাণ বাঁচিয়ে পালাচ্ছিল... এমন সময় সিংহ দেখল যে, এক ছোট্ট পাখী পাগলের মত আগুনের দিকে উড়ে যাচ্ছে। সিংহ পাখীকে প্রশ্ন করল – "আরে! এ তুমি কি করছ ?" পাখীটার উত্তর শুনে সিংহ চমকে উঠল। পাখীটা বলল – "আমি আগুন নেভাতে যাচ্ছি।" সিংহ হেসে উঠে বলল – "তোমার এই ছোট্ট ঠোঁটের কয়েক ফোঁটা জলে আগুন কি ভাবে নিভবে ?" পাখী আগুনের দিকে উড়ে যেতে-যেতে বলল – "কম পক্ষে আমি নিজের ক্ষমতা অনুযায়ী কাজ তো করছি।"

কৈলাশ সত্যার্থী আরও বলেন – "আমরা যদি সবাই নিজের-নিজের ভূমিকা ঠিক ভাবে পালন করা শুরু করে দিই, তাহলে পরিস্থিতি বদলাতে বেশী সময় লাগবে না। আমরা সবাই বৈশ্বিকরণের যুগে বাস করছি আর আমরা সবাই তীব্র গতির ইন্টারনেটের সাথে যুক্ত হয়ে রয়েছি। আমরা নিজেদের উৎপাদন আর সেবাও একই বৈশ্বিক বাজারে বিক্রী

করি। প্রতি দিন বেশ কয়েক হাজার ফ্লাইট পৃথিবীর এক প্রান্তের সাথে অন্য প্রান্তকে যুক্ত করে রাখে... কিন্তু এক গুরুতর অভাব আমাদের সবার মধ্যে এসে উপস্থিত হচেছ, যেটা হচেছ করুণার অভাব। আমাদের এই অবস্থা থেকে জেগে উঠতে হবে আর গোটা দুনিয়ায় সহানুভূতির পরিবেশ সৃষ্টি করতে হবে... যেটা সবাইকে ন্যায়, সমানতা আর স্বাধীনতার অধিকার প্রদান করবে এবং পারস্পরিক সদ্‌ভাব দ্বারা বিশ্বকে উন্নত করে তুলবে।"

উনি মহাত্মা গান্ধীকে উদ্‌ধৃত করে বলেন – "আমরা যদি লোকেদের আসল শান্তির শিক্ষা দিতে চাই... তাহলে আমাদের বাচ্চাদের থেকে শুরু করতে হবে।" উনি পুরো দুনিয়ার উদ্দেশ্যে আহ্বাণ জানান – "নিজেদের মনে বাচ্চাদের প্রতি করুণা রেখে একতা স্থাপিত করুন।" উনি বেশ কিছু প্রশ্ন করেন – "তারা কার বাচ্চা... যে ফুটবল সেলাই করে, কিন্তু নিজে কখনো খেলতে পারে না? তারা আমাদের বাচ্চা! তারা কার বাচ্চা... যে পাথর খনি থেকে পাথর আর খনিজ বার করে? তারা আমাদের বাচ্চা! তারা কার বাচ্চা... যে কোকোর চাষ করে, কিন্তু নিজে কখনো চকোলেট চেখেই দেখেনি? তারা সবাই আমাদের বাচ্চা!"

উনি আরও বলেন – "আমরা এই দুনিয়ায় বাস্তবিক শান্তি নিয়ে আসার কাজ করছি আর এই কাজটা আমাদের বাচ্চাদের সাথে শুরু করতে হবে।" মহাত্মা গান্ধীর প্রসিদ্ধ উক্তি উদ্‌ধৃত করে উনি বলেন – "আমাদের বাচ্চাদের জন্য দয়ার মাধ্যমে পুরো দুনিয়াকে এক জোট করার জন্য পৃথিবীর লোকেদের আহ্বাণ জানান।"

উনি এক ঘটনার ব্যাপারে জানান, যাতে বেশ কয়েক প্রজন্ম ধরে ভারতের এক বন্ধুয়া মজদুর বাচ্চা মেয়ে, মাত্র 08 বছরের দেবলী নিজের মুক্তির ঠিক পরে, শ্রী সত্যার্থীর গাড়ীতে উঠে বসে এক অত্যন্ত সরল প্রশ্ন করেছিল – "আপনারা আরও আগে কেন আসেননি?" কৈলাশ সত্যার্থী বলেন – "ঐ বাচ্চা মেয়েটার সেই প্রশ্ন আজও আমার মাথার ভেতরে ঘুরে বেড়ায় আর এই প্রশ্নটা পুরো দুনিয়াকে নাড়া দেওয়ার ক্ষমতা রাখে। ওর প্রশ্ন ছিল যে, আমরা আরও আগে কেন আসিনি? আমরা কিসের জন্য অপেক্ষা করছিলাম? আমরা আর কত দেবলীদের বন্ধুয়া মজদুরের জীবন কাটাতে বাধ্য করে তুলব? আমরা আর কতজন বাচ্চা মেয়েদের অপহরণ হতে দেব? আমরা আর কতজন মেয়েদের বন্দীদশায় দেখব আর তাদের যৌন শোষণের শিকার হতে দেব? গোটা দুনিয়ায় দেবলীদের মত বাচ্চারা আমাদের এই নিষ্ক্রিয়তার ওপরে প্রশ্ন ওঠাচেছ আর আমাদের কার্যকলাপ দেখে চলেছে।"

উনি বলেন – "আমাদের এখুনি সামূহিক প্রচেস্টা চালাতে হবে। এই পরিস্থিতিতে 01 - 01 মিনিট অত্যন্ত মূল্যবান... প্রতিটি বাচ্চা আর

তাদের শৈশব অত্যন্ত গুরুত্বপূর্ণ। আমি বাচ্চাদের অবস্থা বদলানোর ব্যাপারে গোটা দুনিয়ার নিস্ক্রিয়তা আর উপেক্ষার প্রতি চ্যালেঞ্জ ছুঁড়ে দিচ্ছি। আমি এই নীরবতার সংস্কৃতি আর নিরপেক্ষতাকে চ্যালেঞ্জ জানাচ্ছি। আমি সরকার, সরকারী সংস্থা, শিল্প জগত, ধার্মিক প্রতিনিধি, নাগরিক সংগঠন আর প্রতিটি ব্যক্তিকে বাচ্চাদের বিরুদ্ধে হতে থাকা সকল প্রকারের হিংসা, দাসত্ব, দেহ ব্যবসা, তস্করী, বাল্য বিবাহ, শিশু-শ্রম, শিশু-যৌণ শোষণ আর নিরক্ষরতাকে সমাজ থেকে মুছে ফেলতে নিজেদের ভূমিকা পালন করতে আহ্বাণ জানাচ্ছি।"

উনি এমন পরামর্শ দেন – "সরকারের শিশু-হিতৈষী নীতি বানানো উচিত। শিশু-শিক্ষা আর যুবাদের ওপরে বেশী অর্থ খরচ করা উচিত। ব্যবসায়ীদেরও আরও বেশী দায়িত্বশীল আর সংবেদনশীল হয়ে ওঠা উচিত এবং সরকারী এজেন্সীগুলোর আরও বেশী ব্যবস্থা গ্রহণ করার সাথে-সাথে সবার সাথে মিলে কাজ করা উচিত।"

উনি নিজের ছোটবেলার সেই ঘটনার কথাও স্মরণ করেন... যেটা ওনাকে সমাজের বঞ্চিত বাচ্চাদের জন্য কাজ করার প্রেরণা জুগিয়েছিল। উনি বলেন – "আজ থেকে প্রায় 50 বছর আগে স্কুলের প্রথম দিনেই আমি স্কুলের দরজায় আমারই বয়সী এক বাচ্চাকে অন্য এক বাচ্চার জুতো পালিশ করতে দেখে আমি শিক্ষককে 02 প্রশ্ন করেছিলাম যে, সেই বাচ্চাটা স্কুলের বাইরে কেন বসে রয়েছে ? আর ও স্কুলে কেন আসছে না ? শিক্ষক মহাশয়ের কাণে আমার প্রশ্নের কোন জবাব ছিল না। এক দিন আমি সাহস জুটিয়ে সেই বাচ্চাটার বাবাকে প্রশ্ন করলে আমার প্রশ্নের উত্তরে সেই বাচ্চাটার বাবা বলেছিলেন – "বাবু ! আমরা আজ পর্যন্ত কখনো এই ব্যাপারে চিন্তাই করিনি। আমাদের জন্ম তো কেবলমাত্র কাজ করার জন্যই হয়েছে।" এই শুনে আমার প্রচণ্ড রাগ হয়ে পড়েছিল। এই ভেবে আমি আজও রাগে ভরে উঠি। আমি সেই পরিস্থিতিকে আজ চ্যালেঞ্জ জানাতে থাকি। আমি যখন বাচ্চা ছিলাম... তখন আমার দু চোখে ভবিষ্যতের এক স্বপ্ন ছিল যে, মুচির সেই ছেলেটা আমার সাথে এক ক্লাসে পড়ছে। ভবিষ্যতের সেই স্বপ্ন আজকের স্বপ্ন হয়ে উঠেছে।"

নিজের ভাষণে কৈলাশ সত্যার্থী সবার উদ্দেশ্যে এমন আহ্বাণ জানান – "আপনারা সবাই নিজেদের চোখ বন্ধ করে নিজেদের হৃদয়ের ওপরে হাত রেখে কয়েক মুহূর্তের জন্য নিজেদের ভেতরে লুকিয়ে থাকা সেই বাচ্চাটাকে অনুভব করুন।" উনি প্রশ্ন করেন – "আপনারা কি সেই বাচ্চাটাকে অনুভব করতে পারছেন ? এবার সেই বাচ্চাটার কথা শুনুন... আমি জানি যে, আপনারা তার কথা শুনতে পারছেন।"

নিজের ভাষণের শেষে কৈলাশ সত্যার্থী বলেন – "আজ আমি হাজার-হাজার মহাত্মা গান্ধী, মার্টিন লুথার কিং আর নেলসন ম্যাণ্ডেলাকে

এক সাথে এগিয়ে আসতে দেখতে পাচ্ছি। ছেলে-মেয়েদের কথা বলতে দেখতে পাচ্ছি। নিজেকে দেখতে পচিছ আর আমরা সবাই মিলে আপনাদের সবাইকে নিয়ে এগিয়ে চলেছি – এমনটা দেখতে পাচ্ছি। নিজেদের বাচ্চাদের জন্য আসুন... আমরা জ্ঞানের বৈশ্বীকরণ করি, ন্যায়ের বৈশ্বীকরণ করি, আমরা সবাই মিলে করুণার বৈশ্বীকরণ করি! আমি এই সভাগার আর পুরো দুনিয়ায় মজুদ লোকেদের গোটা দুনিয়ার বাচ্চাদের শোষণ থেকে শিক্ষার দিকে, দারিদ্রতা থেকে সম্পন্নতার দিকে, দাসত্ব থেকে মুক্তির দিকে এবং হিংসা থেকে শান্তির দিকে নিয়ে যাওয়ার চেষ্টা করার জন্য আহ্বাণ জানাচ্ছি। আসুন... আমরা অন্ধকার থেকে আলোর দিকে এগিয়ে চলি, নশ্বরতা থেকে দেবত্বের দিকে এগিয়ে চলি। আসুন... আপনারা সবাই পা বাড়ান!"

ওনার এই ভাষণের ঠিক আগে 'নরওয়ে নোবেল সমিতি'-র অধ্যক্ষ থার্বজন জগল্যাণ্ড নোবেল বিজেতাদের পরিচয় প্রদান করে বলেন – "শ্রী কৈলাশ সত্যার্থী দুনিয়া থেকে শিশু-শ্রম সমাপ্ত করার জন্য অক্লান্ত প্রচেষ্টা চালিয়েছেন এবং মলালা গোটা দুনিয়াকে নিজের বাহাদুরী দেখিয়েছেন। শ্রী সত্যার্থী বাচ্চাদের অধিকারের জন্য লড়াই করেছেন... যখন কি মলালা তালিবানদের সাথে টক্কর নিয়ে বালিকাদের শিক্ষার অধিকারের স্বপক্ষে আওয়াজ উঠিয়েছেন।" শান্তির ক্ষেত্রে নোবেল পুরস্কার প্রদান করার পরে ভারতীয় সরোদ বাদক ওস্তাদ আমজদ আলী খান নিজের দুই পুত্র – অমান আর অয়ানের সাথে অনুষ্ঠান পেশ করেন। এর আগে পাকিস্তানী গায়ক রাহত ফতেহ আলী খান-ও কাওয়ালী পেশ করেন।

পুরস্কার সমারোহের পরে সভাস্হলেই পুরস্কার বিজেতা, রাজ পরিবার, বিশিষ্ট আমন্ত্রিত এবং নিবাচিত অতিথিদের জন্য এক দুর্লভ ব্যঞ্জনের রাজকীয় ভোজ আয়োজিত করা হয়। এই ভোজের জন্য প্রমুখ শেফ ক্লস লিণ্ডবর্গ আর ড্যানিয়েল রুস কপির স্যুপ, রেড কিং ক্র্যাব মোজেক, অচারী মটর, লেবু দিয়ে সাজানো কপির ডাঁটার সব্জী, লাল হরিণের মশলাদার রান, মিষ্টি গাজরের মশলাদার সব্জী, নুনে বেক করা শালগম-বীট-রাঙালু, কাঠের আগুনে ভাজা সোনালী পেঁয়াজ, চীজের সুস্বাদু আলুর মিষ্টি ছাড়া কীমা, বেশ কয়েক প্রকারের জুস, গোটল্যাণ্ডের জংলী রসভরীর শরবত, সেফ্‌ন-পানা-কোটা পেস্ট্রী এবং ব্রাউন বাটার স্পঞ্জ কেক বানানো হয়েছিল। বেশ কয়েক প্রকারের পানীয় পদার্থও অতিথিদের পরিবেশন করা হয়। এই প্রকারে এক অবিস্মরণীয় সমারোহের সমাপন হয়... কিন্তু এটা কৈলাশ সত্যার্থী-র সংঘর্ষের সমাপন নয়!

ওনার এই সফর তো এখনও চলতেই থাকবে...!

০০০

বাংলা বই

ম্যানেজমেন্ট গুরু
নরেন্দ্র মোদী

ভারতের গৌরব
নরেন্দ্র মোদী

মালালা

কি করবেন
যখন
মা হবেন
?

টীন ফিটনেসের জন্য

4 সপ্তাহে ওজন কমান
YOU choose

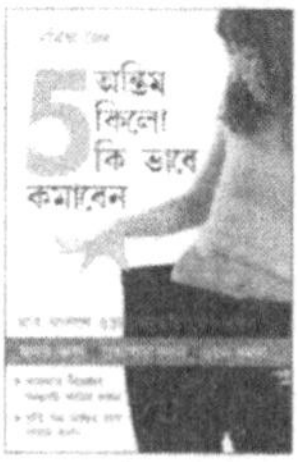
5 অন্তিম কিলো কি ভাবে কমাবেন

ডায়নামিক মেমোরী
ইংলিশ স্পীকিং কোর্স

কম্প্যুটার কোর্স

মহান চাণক্য

চাণক্য নীতি

কৌটিল্য অর্থশাস্ত্র

কেন
আমার বাচ্চা
খাবার খায় না?

নিজের
সন্তানকে
চড়
মারতে শিখুন
S.L.A.P.

টাইম
ম্যানেজমেন্ট

ভগবদ্গীতা
সফলতার
সূত্র

ইতিবাচক
চিন্তাধারার
জাদু

পাওয়ার
থিঙ্কিং

ম্যানেজমেন্ট গুরু
ভগবান শ্রীকৃষ্ণ

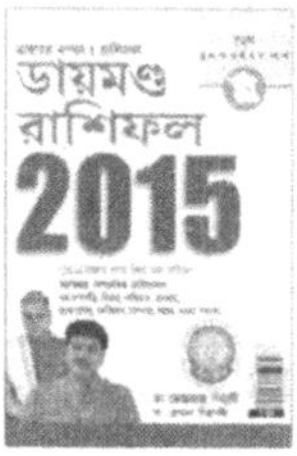
ডায়মণ্ড
রাশিফল
2015

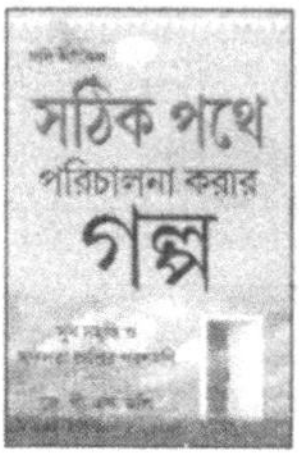
সঠিক পথে
পরিচালনা করার
গল্প

লাল গ্রহ

জীবনর
লক্ষ্য

DISCOVER
WITHIN